广西壮族自治区科学技术情报研究所智库丛书

U0660648

高新技术企业培育实务

刘移山　李小燕　编著

广西人民出版社

图书在版编目（CIP）数据

高新技术企业培育实务 / 刘移山，李小燕编著 . — 南宁：
广西人民出版社，2022.7
（广西壮族自治区科学技术情报研究所智库丛书）
ISBN 978-7-219-11413-1

Ⅰ . ①高… Ⅱ . ①刘… ②李… Ⅲ . ①高技术企业—企业
管理—研究—中国 Ⅳ . ① F279.244.4

中国版本图书馆 CIP 数据核字（2022）第 140772 号

责任编辑　杨　苑
责任校对　邓　韬
封面设计　王程媛

出版发行　广西人民出版社
社　　址　广西南宁市桂春路 6 号
邮　　编　530021
印　　刷　广西壮族自治区地质印刷厂
开　　本　889mm × 1194mm　1 / 16
印　　张　13
字　　数　340 千字
版　　次　2022 年 7 月　第 1 版
印　　次　2022 年 7 月　第 1 次印刷
书　　号　ISBN 978-7-219-11413-1
定　　价　68.00 元

前　言

习近平总书记指出："创新始终是一个国家、一个民族发展的重要力量，也始终是推动人类社会进步的重要力量。"

党的十九大报告明确提出加快建设创新型国家。创新是引领发展的第一动力，是建设现代化经济体系的战略支撑。要瞄准世界科技前沿，强化基础研究，实现前瞻性基础研究、引领性原创成果重大突破。加强应用基础研究，拓展实施国家重大科技项目，突出关键共性技术、前沿引领技术、现代工程技术、颠覆性技术创新，为建设科技强国、质量强国、航天强国、网络强国、交通强国、数字中国、智慧社会提供有力支撑。深化科技体制改革，建立以企业为主体、市场为导向，产学研深度融合的技术创新体系，加强对中小企业创新的支持，促进科技成果转化。倡导创新文化，强化知识产权创造、保护、运用。培养造就一大批具有国际水平的战略科技人才、科技领军人才、青年科技人才和高水平创新团队。

高新技术企业是指在《国家重点支持的高新技术领域》内，持续进行研究开发与技术成果转化，形成企业核心自主知识产权，并以此为基础开展经营活动，在中国境内（不包括港、澳、台地区）注册一年以上的居民企业。它是知识密集、技术密集的经济实体。高新技术企业认定政策是一项引导政策，目的是引导企业激发自主创新热情，提高科技创新能力，走自主创新、持续创新的发展道路。因此，加快培育高新技术企业，大力支持高新技术企业开展技术创新活动，是我国建设创新型国家、全面建成小康社会、实现社会主义现代化的重要基础。同时，促进高新技术企业的健康快速发展也是培育创造新技术、新业态和提供新供给的生力军，是促进经济升级发展的重要抓手。

2008年，科技部、财政部、国家税务总局出台了高新技术企业认定政策，以减免企业所得税等鼓励企业开展研究开发和技术创新。2016年，科技部、财政部、国家税务总局联合修订发布了新版《高新技术企业认定管理办法》（国科发火〔2016〕32号）、《高新技术企业认定管理工作指引》（国科发火〔2016〕195号）。进一步放宽了认定条件，简化了认定管理工作流程，拓展并细化了技术领域，加强了认定企业后续的监管。新的认定办法充分体现了国家加大高新技术企业培育的意志，进而推动企业加大研发投入，实现产业转型升级。

本书是广西壮族自治区科学技术情报研究所一批长期从事高新技术企业培育和认定管理服务的工作人员通力合作的结晶。其中吴秋菊编写第一章"绪论"和第三章"研发活动管理"，卓志昊编写第二章"高新技术企业认定"和第七章"创新能力评价"，李全文编写第四章"知识产权创造与管理"和第五章"成果转化"，张娜、李立编写第六章"财务管理"，闭合、吕溉之编写第八章"评审专家评价要点"、第九章"高新技术企业税收优惠政策"和第十章"监督管理"。

本书力求从高新技术企业培育的重点、难点入手，结合《高新技术企业认定管理办法》要求，重点介绍和阐释高新技术企业的研发活动管理、知识产权创造与管理、成果转化以及财务管理的内在要求和实务操作，是一本培育高新技术企业的实用工具书。由于编者水平有限，加之时间仓促，错误和不足之处在所难免，敬请读者批评指正。

编　者

二〇二二年三月

目　录

第一章　绪论

第一节　高新技术企业的内涵

在科技部、财政部、国家税务总局发布的《高新技术企业认定管理办法》（国科发火〔2016〕32号）中，高新技术企业是指在《国家重点支持的高新技术领域》内，持续进行研究开发与技术成果转化，形成企业核心自主知识产权，并以此为基础开展经营活动，在中国境内（不包括港、澳、台地区）注册的居民企业。高新技术企业是成长速度最快的市场主体、创新强度最高的创新主体、经济动能转换中贡献最大的企业群体。

高新技术企业政策在引导企业自主创新、科技创新，推动高新技术产业发展和结构调整等方面发挥了积极作用。中国现行的高新技术企业政策的历史发展进程分为五个阶段：

第一阶段：国务院于1991年发布《国家高新技术产业开发区高新技术企业认定条件和办法》（国发〔1991〕12号），授权原国家科学技术委员会组织开展国家高新技术产业开发区内高新技术企业认定工作，并配套制定了财政、税收、金融、贸易等一系列优惠政策。

第二阶段：1996年将高新技术企业认定范围扩展到国家高新区外（国科发火字〔1996〕018号）。

第三阶段：1999年中共中央、国务院召开科技大会之后，再次修订了国家高新区内高新技术企业认定标准（国科发火字〔2000〕324号）。

第四阶段：2008年4月14日正式发布《高新技术企业认定管理办法》，同年7月8日发布配套文件《高新技术企业认定管理工作指引》。

第五阶段（现行政策）：2016年1月29日发布新版的《高新技术企业认定管理办法》，同年6月27日发布配套文件《高新技术企业认定管理工作指引》。

第二节　高新技术企业培育的重要意义

高新技术企业培育，是指以高新技术企业认定条件为基础，对一些尚未达到认定标准的企业进行全方位指导，使其各方面条件符合高企认定标准的科技服务活动。高新技术企业培育工作是以增强企业自主创新能力为核心，优化发展环境，支持和引导创新要素向企业集聚，大力培育有潜力的科技型中小企业成长为高新技术企业，有利于发展壮大广西高新技术企业队伍，进一步推动产业结构调整和经济发展方式的转变。

目前，全国各地纷纷出台了高新技术企业培育实施方案，如《福州市关于进一步加强高新技术企业培育工作的若干措施》，对新认定的省高、国高按照省级高新技术企业出入库奖励标准给予配套奖励。对重新认定或直接认定的国家高新技术企业给予每家20万元奖励；对市级以上众创空间、孵化器，每培育一家国家高新技术企业，奖励运营单位5万元。江苏省印发了《江苏省高新技术企业培育"小升高"行动工作方案（2019—2020年）》，到2020年，全省高新技术企业数量较快增长，总数达3万家，在全国继续保持前列；企业创新水平显著增强，规模以上高新技术企业研发机构建有率达100%，高新技术企业研发经费投入占全省企业研发经费投入的比重达60%，高新技术企业有效发明专利拥有量突破15万件。苏州市印发了《苏州市高新技术企业培育新三年行动方案（2021—2023年）》，到2021年，力争有效高新技术企业数净增3000家，到2023年，苏州市有效高新技术企业数量达到1.6万家。河北省印发了《高新技术企业后备培育工程实施方案》，建立高新技术后备企业库，年均入库培育企业1000家以上，认定高新技术企业500家以上。加强对高新技术企业的培育成为各地高新技术企业管理工作的重要任务。

第三节　国内外高新技术企业发展现状

一、国外高新技术企业发展现状

高新技术企业是发达国家经济发展和转型的重要支撑，发达国家非常重视高新技术企业的发展，在法律、税收优惠、融资渠道等方面采取措施来支持高新技术企业发展。具体而言主要表现在以下方面：

（一）为高新技术企业发展提供法律保障

美国通过颁布相关法律，促进中小企业投资，尤其是科技型中小企业投资的发展，从而缓解了该阶段企业融资难问题。比如1958年美国颁布了《中小企业投资法案》，该法案规定由美国小企业管理局直接管辖小企业投资公司，并向从事高科技风险投资的企业提供政府软贷款。1980年美国颁布了《小企业投资促进法》，该法将合伙企业的性质确定为商业公司，从而明确了合伙企业的公司地位。1981年美国通过了《股票选择权促进法》，该法允许投资者通过股票期权的方式获得报酬，从而激励了创业投资的发展。从日本来看，19世纪50年代以来，日本累计颁布了30多个促进中小企业发展的法律，对促进中小企业及其投融资的发展产生了重要作用；20世纪90年代，在国际竞争加剧，通过技术改良方式参与竞争面临较大挑战的情况下，日本在1995年颁布《科学技术基本法》，该法中明确提出科技立国的发展战略，以提高日本的科技创新能力，并在该法律之下制订了一系列的发展规划和研究开发制度，对高科技项目实施相应的税收和融资优惠，推进了技术的产业化和商品化。这些法律的颁布对日本高新技术产业发展起到了重要作用。

（二）对高新技术企业提供税收优惠政策

各国都对高新技术企业发展和投资给予税收减免等优惠政策。美国政府曾颁布促进高新技术企业发展的税务计划，并从1962年起对高新技术企业投资实行免税政策，允许高新技术企业对新设备的投资直接冲抵其应纳所得税额。美国政府还对科研费用实行税收优惠，规定用于科学研究和实验设计的费用，企业可以作为日常生产费用，从应税所得中一次性扣除，或者在若干年后从全部所得中扣除。1978年，美国长期资本收益税从49.5%调整到28%，这次税率下调促进了美国风险投资业的发展。此外，美国对长期投资的资本利息所得税实行差额税制，允许高新技术企业资本所得税与资本损失相冲抵。1981年美国颁布的《经济复兴税法》对高科技开发研究投资税收由49%降至25%，1986年该法的修正案将投资税进一步减至20%。日本为鼓励高新技术企业发展，对高新技术企业实行设备投资减税、亏损金返还、试验研究费折旧、个人投资者优惠税制等税收优惠政策。韩国则通过一系列减免税收、加速折旧、准备金制度税收优惠等措施推动本国的技术创新。

（三）拓展中小高新技术企业的融资渠道

各国政府通过发展风险投资等直接融资和建立多层次的融资体系来拓宽中小高科技企业的融资渠道。美英等政府通过扶持风险投资发展、建立创业板市场等举措鼓励民间资金投资于早期阶段的高新技术企业，实现风险资本的良性循环。美国曾颁布200多条规范和鼓励风险投资发展的法案，如《经济复兴税收法》规定投资于高科技企业的风险投资可以享受减免税优惠，并且还拓宽了风险投资的资金来源，鼓励养老基金、学校基金、保险基金以及家族资金参与风险投资，使得风险投资的来源渠道实现多元化，在此基础上发展中小高科技企业融资市场，即纳斯达克市场，为风险投资等股权投资提供了顺畅的退出渠道，实现了资本的良性循环，从而支撑了美国风险投资和创新经济的发展。与美国鼓励民间风险投资发展不同，英国是政府部门和金融机构直接从事风险投资活动，并且也通过开创非正式的证券交易市场的方式促进风险投资的退出和中小高新技术企业的融资。日本通过发达的政策性银行体系为中小高新技术企业提供融资服务。韩国则通过政府基金、政策性银行、金融机构、担保机构以及风险投资机构等多种机构为中小高新技术企业提供融资服务。

（四）加大对中小高新技术企业的创新支持

为加大政府对中小高技术企业发展的扶持，各国政府大多成立了专门的中小企业管理部门，并在资金扶持、政府采购和政策方面给予倾斜。在管理部门方面，美国成立了中小企业管理局，专门负责中小企业的管理并为其提供融资服务。英国则设立了国家企业委员会来加大对中小高科技企业的投资。在资金扶持方面，美国政府专门设立了小企业研究基金，并规定国家科研基金的一定比例要用于支持小企业的技术研发。1982年美国政府推出"小企业创新研究计划"，要求政府部门拿出一定数额的资金，鼓励中小企业参与政府相关项目的研究与开发。在政府采购方面，为扶持高科技企业发展，美国政府规定政府采购中的一定份额必须分配给中小高科技企业，美国小企业管理局还通过合同招标的方式将部分项目交给小企业经营。英国政府也规定，政府部门、实验室、国有企业必须从本国公司采购计算机、电子产品及通信器材；在国际采购中，采购部门必须证明在采购活动中本国供应商得到平等竞争的机会。在政策扶持方面，日本政府采取了多方面协助中小企业的技术创新措施，包括技术培训、技术指导和咨询服务等技术开发辅助政策和措施。在技术开发方面，日本通过国家或公立机构专门研究开发面向中小企业的技术，直接对中小企业自主进行的技术开发和产业化进行政策支持。

二、我国高新技术企业发展现状

数据显示，2010—2019年以来，我国高新技术企业数量不断增长，特别在"十三五"期间，数量增速均在25%以上，私营企业、民营企业是我国高新技术企业发展中最重要的主体。在经营情况方面，2010—2019年主要经营指标均稳步增长，高新技术企业整体呈现良好的发展局面。

（一）"十三五"期间企业数量高速增长

高新技术企业是经过国家相关部门（主要是科技部）认定的企业，通常包括在高新区内的企业，也包括高新区外的认证企业。高新技术企业是知识密集、技术密集型的经济实体，是推动国家产业转型、科技创新的重要主体之一。

数据显示，2010—2019年以来，我国高新技术企业数量不断增长，且年增速基本维持在15%以上，特别在"十三五"期间，数量增速均在25%以上。2019年，全国高新技术企业数量达21.85万个，同比增长26.9%；2020年，据国家税务总局的相关数据统计，全国高新技术企业达27.50万个。

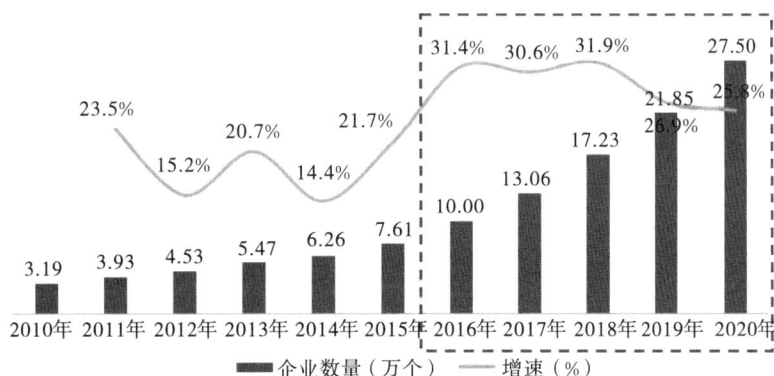

资料来源：科技部火炬中心、国家税务总局前瞻产业研究院整理　@前瞻经济学人APP

图1-1　2010—2020年中国高新技术企业数量增长趋势

目前，私营企业、民营企业已成为我国高新技术企业发展的重要主体。2019 年，从企业注册类型来看，我国高新技术企业中，私营企业数量达 10.70 万个，占高新技术企业总量的 48.97%；其次是有限责任公司，数量达 7.46 万个，占比约 34.12%。

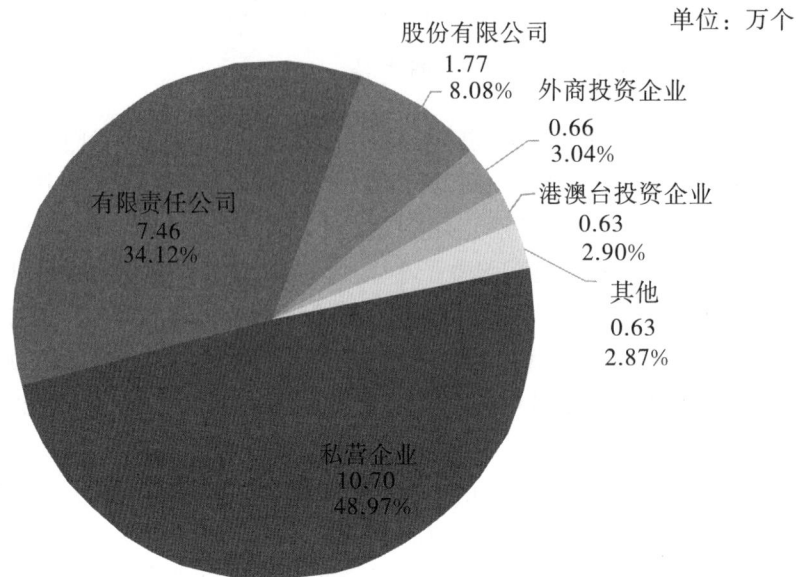

资料来源：科技部火炬中心前瞻产业研究院整理　　　　@前瞻经济学人APP

图 1-2　2019 年中国高新技术企业数量结构（按企业注册类型）

（二）主要经济指标不断增长

在企业数量高速增长的同时，我国高新技术企业的经营指标也不断增长。2019 年，全国高新技术企业共实现营业收入 45.10 万亿元，同比增长 15.9%；实现工业总产值 28.87 万亿元，同比增长 12.3%；实现净利润 2.73 万亿元，同比增长 4.6%。

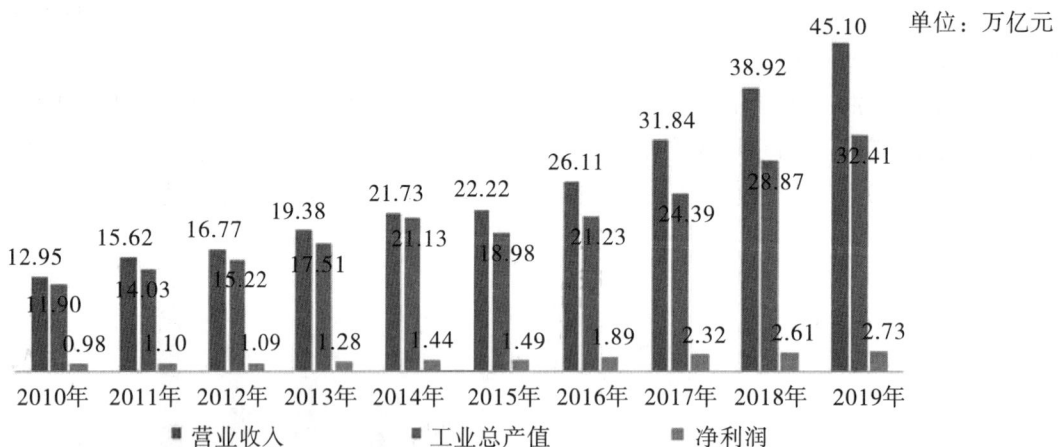

资料来源：科技部火炬中心前瞻产业研究院整理　　　　@前瞻经济学人APP

图 1-3　2010 —2019 年中国高新技术企业主要经营指标增长情况

在营收结构中，全国高新技术企业实现的产品销售收入最多，达 36.47 万亿元，占营收比重达 80.87%；其次是技术收入，实现 5.70 万亿元，占比约 12.63%。

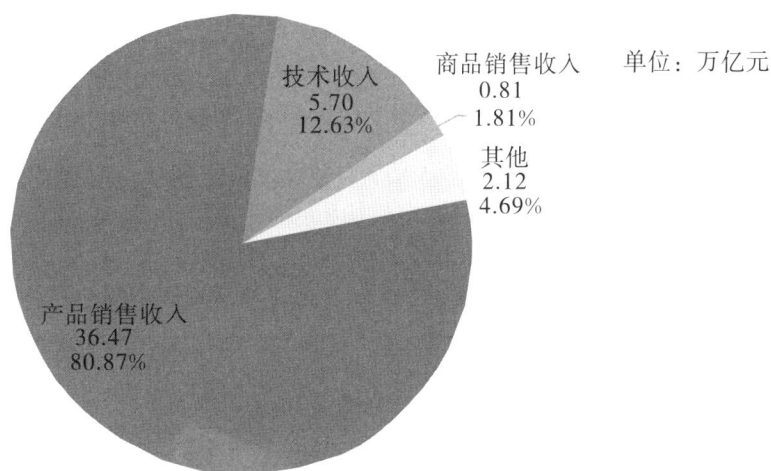

注：①技术收入：指企业全年用于技术转让、技术承包、技术咨询与服务、技术入股、中试产品
收入以及接受外单位委托的科研收入等；
②产品销售收入：指企业全年销售全部产成品、自制半成品和提供劳务服务等所取得的收入；
③商品销售收入：指企业销售以出售为目的而购入的非本企业生产产品的销售收入。

资料来源：科技部火炬中心前瞻产业研究院整理　　　　　　　　　　　　@前瞻经济学人APP

图1-4　2010—2019年中国高新技术企业主要经营指标增长情况

（三）制造业企业数量、营收规模均有所增长

在高新技术企业中，2019年高新技术产业制造业企业数量达3.13万个，实现营业收入7.77万亿元，均较2018年有所增长。分行业类别来看，电子及通信设备制造业的企业数量和营收规模均名列前茅，1.53万家企业实现营收4.92万亿元；医药制造业的营收规模位列第二，4643家企业实现1.29万亿元。

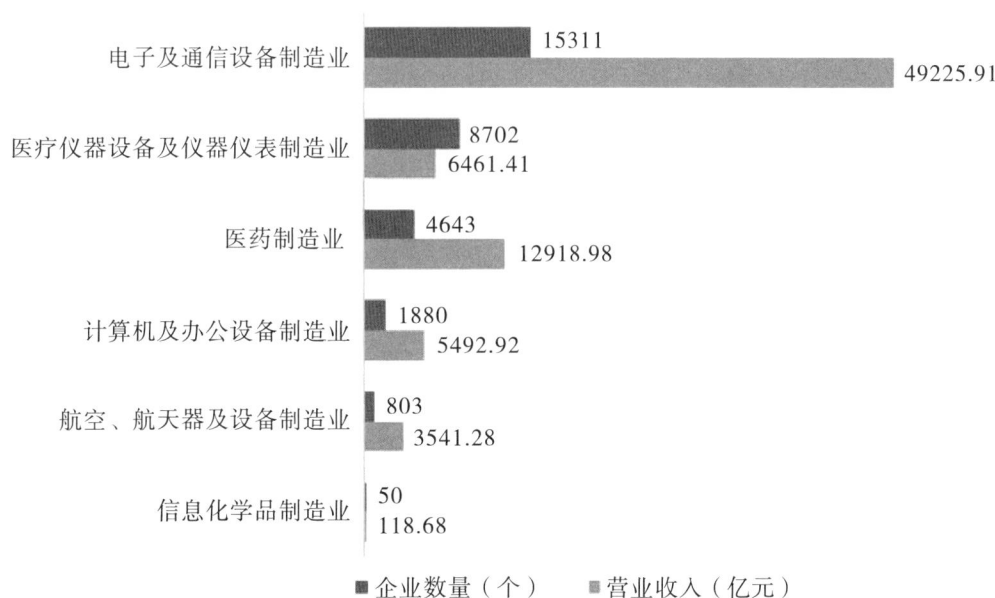

资料来源：科技部火炬中心前瞻产业研究院整理　　　　　　　　　　　　@前瞻经济学人APP

图1-5　2019年中国高新技术企业制造业企业数量及营收情况

三、广西高新技术企业发展现状

（一）总体情况

2016年以来，广西壮族自治区党委、政府全面贯彻落实创新驱动发展战略，实施"三百二千"科技创新工程。广西高新技术企业认定机构积极执行国家加快发展高新技术企业的方针政策，加强对高新技术企业的政策扶持，加大高新技术企业的培育力度，把培育高新技术企业作为发展高新技术产业、提升企业自主创新能力的重要抓手。在各项政策的激励下，2019年广西高新技术企业增长数量、增长比例均大幅提高。2019年，全区有1557家企业申报国家高新技术企业，同比增长24.6%；高新技术企业保有量达到2388家，较2018年净增加520家，增长率27.8%。"三百二千"科技创新工程中"新增1000家高新技术企业"的任务提前一年完成，为实现高新技术企业再倍增计划的目标任务打下了良好基础。

在经济发展方面，截至2019年底，广西高新技术企业存量达2388家，占全区市场主体总数的0.079%，较2018年净增加520家，增长率27.8%。其中，规模以上高新技术企业1058家，占同期全区规模以上企业的17.13%。科技部火炬统计数据显示，2019年广西的高新技术企业实现营业总收入7037.82亿元，同比增长9.01%，占全区规模以上企业营业总收入的40.39%。实现工业总产值5175.99亿元，同比下降0.32%，占全区工业总产值的29.43%；主营业务收入6808.31亿元，同比增长9.55%，占全区主营业务收入的40.03%；利润总额261.84亿元，同比下降14.72%，占全区利润总额的28.34%。

在自主创新方面，广西的高新技术企业建有109家自治区级工程技术中心和2家国家级工程技术中心，分别占自治区级工程技术中心的54.77%和广西国家级工程技术中心的66.67%。根据科技部火炬统计数据，2019年广西高新技术企业申请专利7785件，其中申请发明专利数3239件；专利授权数5067件，其中授权发明专利1035件；获得软件著作权2941件，发表论文2865篇，形成国家或行业标准153件，认定登记的技术合同1169项。

在资本市场方面，截至2019年底，广西高新技术企业共有上市及新三板、四板挂牌企业120家，占广西高新技术企业总数的5.02%。其中深交所主板4家，上交所（含B股）10家，香港4家，深交所创业板1家，新三板36家，深交所中小板11家，地方四板54家。

（二）高新技术企业总体发展情况

1. 各地市分布情况

从地域分布来看，全区14个地市高新技术企业数量均有较大幅度的提高，其中南宁市高新技术企业数量继续稳居第一，达到990家，占全区高新技术企业数量的41.4%；柳州、桂林高新技术企业分别达到536家和308家，分别占全区高新技术企业数量的22.4%和12.9%。高新技术企业主要集中在南宁、桂林、柳州3个广西主要城市，占全区高新技术企业数量的76.8%，其他地市的高新技术企业数量还较少，地区发展不均衡。

2. 各技术领域分布情况

从2019年度全区高新技术企业技术领域分布来看，电子信息领域企业616家，占比25.8%；生物与新医药领域企业352家，占比14.7%；航空航天领域企业9家，占比0.4%；新材料领域企业292家，占比12.2%；高技术服务领域企业441家，占比18.5%；新能源与节能领域企业103家，占比4.3%；资源与环境领域企业155家，占比6.5%；先进制造与自动化领域企业420家，占比17.6%。

3. 收入规模分布

从上年度销售收入情况分布来看，上年度销售收入在 5000 万元（含）以下的企业有 1652 家，占比 69.18%；5000 万元至 2 亿元（含）的企业有 418 家，占比 17.50%；2 亿元以上的企业有 318 家，占比 13.32%。

（三）经济运行情况

1. 主要经济情况

2019 年，全区高新技术企业实现工业总产值 5175.99 亿元，营业收入 7037.8 亿元，净利润 225.3 亿元，出口总额 269.5 亿元，减免税总额 50.5 亿元。从经济总量上看，工业总产值、净利润、减免税总额较上年度分别下降了 0.86%、14.33%、44.90%，营业收入、出口总额等经济总量指标的年均增长率分别为 9.01%、26.35%，保持不错增长趋势。

表 1-1 近三年高新技术企业主要经济指标表

主要经济指标	2017 年	2018 年	2019 年
高新技术企业数（家）	1204	1868	2388
工业总产值（亿元）	4811.00	5221.2	5175.9
营业收入（亿元）	5266.3	6456.0	7037.8
净利润（亿元）	257.56	262.99	225.3
出口总额（亿元）	235.7	213.3	269.5
减免税总额（亿元）	38.05	91.65	50.5

2. 各技术领域经济状况

从各技术领域企业的经济数据来看，2019 年在广西高新技术企业分布的 8 个技术领域中，生物与新医药、高技术服务、新能源与节能 3 个领域各项经济指标较上年度均有增长，高技术服务领域较上年度增幅最大，其中工业总产值增长 79.2%，营业收入增长 58.5%，净利润增长 66.1%，出口总额增长 82.8%，减免税总额增长 69.7%。电子信息领域营业收入及出口总额降幅最大，较上年度分别下降了 25.1% 及 23.7%，先进制造及自动化领域净利润降幅最大，较上年度下降了 29.6%，新材料领域减免税总额降幅最大，较上年度下降了 73%。

表 1-2 高新技术领域主要经济指标

技术领域	企业数（家）		工业总产值（亿元）		营业收入（亿元）		净利润（亿元）		出口总额（亿元）		减免税总额（亿元）	
	2018 年	2019 年	2018 年	2019 年	2018 年	2019 年	2018 年	2019 年	2018 年	2019 年	2018 年	2019 年
电子信息	385	616	100.41	112.93	308.97	231.27	11.13	12.96	58.28	44.46	2.87	3.52
生物与新医药	303	352	387.18	445.47	398.28	453.19	27.54	31.71	17.65	22.91	7.96	9.03
航天航空	4	9	0.24	0.21	0.50	0.61	0.0036	0.028	0	0	0.003	0.013
新材料	208	292	1680.22	1497.5	1628.83	1544.3	64.66	24.67	52.72	52.71	47.75	12.89
高技术服务	350	441	106.96	191.66	1133.54	1796.12	28.58	47.47	8.48	15.50	3.7	6.28

续表

技术领域	企业数（家）		工业总产值（亿元）		营业收入（亿元）		净利润（亿元）		出口总额（亿元）		减免税总额（亿元）	
	2018年	2019年	2018年	2019年	2018年	2019年	2018年	2019年	2018年	2019年	2018年	2019年
新能源及节能	92	103	182.41	201.46	269.81	345.86	2.74	8.26	2.93	3.17	0.93	1.00
资源与环境	146	155	378.76	364.73	390.04	423.67	26.72	28.70	2.65	3.61	8.60	3.41
先进制造与自动化	380	420	2385.06	2362.07	2326.03	2242.79	101.65	71.59	70.61	127.2	19.84	14.44

3. 上缴利税及税收减免情况

国家火炬中心统计数据显示，2019年实际上缴税费总额255.73亿元，同比增长3.04%。其中增值税141.24亿元，同比增长8.89%；所得税44.0亿元，同比下降2.20%。有2056家企业享受高新技术企业税收优惠、研发经费加计扣除等税收优惠政策，占广西高新技术企业总数的86.97%，共减免税48.05亿元，同比增长2.26%。其中有735家企业享受高新技术企业所得税减免，减免企业所得税15.54元；有514家高新技术企业享受研发费用加计扣除政策，减免企业所得税16.43亿元。

4. 上市情况

截至2019年底，广西高新技术企业共有上市及新三板、四板挂牌企业120家，占广西高新技术企业总数的5.02%。其中深交所主板4家，上交所（含B股）10家，香港4家，深交所创业板1家，新三板36家，深交所中小板11家，地方四板54家。

（四）科技创新情况

1. 科技投入情况

全区2019年高新技术企业科技活动经费支出242.51亿元，比2018年的206.09亿元增长17.7%。从各地市投入情况来看，排名前三的地市分别为柳州市、南宁市、桂林市，投入分别为86.33亿元、59.44亿元、18.06亿元，南宁、柳州2市占全区科技活动经费投入总量的60.1%。

从技术领域来看，先进制造与自动化、高技术服务、新材料3个领域的科技活动经费投入较大，分别为81.12亿元、59.64亿元及39.98亿元，占全区科技活动经费投入的比例分别为33.45%、24.59%、16.24%。

从企业规模来看，科技活动经费投入与收入成正比，收入2亿元以上的企业科技活动经费为208.62亿元，占比86.04%；收入在5000万元至2亿元（含）之间的企业科技活动经费为19.01亿元，占比7.84%。

表1-3 企业规模对应科技活动经费情况

企业规模	科技活动经费投入（亿元）	占全区高新技术企业科技活动经费比重（%）	科技活动经费占营业收入比重（%）
5000万元（含）以下	14.85	6.12%	8.26%
5000万元至2亿元（含）	19.01	7.84%	4.68%
2亿元以上	208.62	86.04%	3.23%

2. 科技活动人员投入

2019 年，全区高新技术企业中从业人员 399346 人，较上年度增长 9.65%，其中科技活动人员 85678 人，较上年度增长 7.66%，占从业人员总数的 21.45%。其中，具有中、高级技术人员 41461 人，占科技人员总数的 48.39%。

表 1-4　各高新技术领域科技活动人员情况

技术领域	科技活动人员（人）	从业人员平均人数（人）	科技活动人员占从业人员比重（%）
电子信息	10764	40580	26.53%
生物与新医药	10068	51701	19.47%
航空航天	71	167	42.51%
新材料	13238	78650	16.83%
高技术服务	18340	74789	24.52%
新能源与节能	3533	19170	18.43%
资源与环境	4749	24066	19.73%
先进制造与自动化	24915	110223	22.60%
合计	85678	399346	21.45%

从各领域科技活动人员数量看，先进制造与自动化领域企业科技活动人员最多，为 24915 人，占该领域当年从业人数的 22.60%；其次是高技术服务领域，科技活动人员 18340 人，占该领域当年从业人员的 24.52%。

从科技活动人员占从业人员比重看，除去基数较低的航空航天领域，电子信息领域科技活动人员占比最高，为 26.53%；其次是高技术服务及先进制造与自动化领域，占比分别为 24.52% 和 22.60%。

从各领域科技活动人员数量看，南宁市科技活动人员最多，为 26435 人，占该领域当年从业人数的 24.16%；其次是柳州市，科技活动人员 25264 人，占该领域当年从业人员的 22.29%。

从科技活动人员占从业人员比重看，也是南宁市占比最高，为 24.16%；其次是贵港市和桂林市，占比分别为 23.48% 和 22.63%。

3. 科技活动产出情况

2019 年，全区高新技术企业科技活动相关主要产出多项指标明显下降。除新产品产值、期末拥有有效专利数、获得软件著作权及发表科技论文较上年度增长外，其余指标均下降，其中高新技术产品（服务）收入下降最多，达到 63.31%。申请专利 7785 件，同比下降 4.61%，占全区的 18.55%；申请发明专利 3239 件，同比下降 11.55%，占全区的 26%；专利授权 5067 件，同比下降 10.05%，占全区的 22.34%；授权发明专利 1035 件，同比下降 39.51%，占全区的 30.33%；形成国家或行业标准 153 件，同比下降 17.30%；认定登记的技术合同 1169 项，同比下降 1.76%。

表 1-5　企业科技活动产出情况

产出类型	2018 年	2019 年	增幅（%）
新产品产值（亿元）	2917.25	4213.8	44.44%
高新技术产品（服务）收入（亿元）	4007.65	1470.54	−63.31%
专利申请数（件）	8161	7785	−4.61%

续表

产出类型	2018 年	2019 年	增幅（%）
其中申请发明专利（件）	3662	3239	−11.55%
专利授权数（件）	5633	5067	−10.05%
其中授权发明专利（件）	1711	1035	−39.51%
期末拥有有效专利数（件）	24505	28264	15.34%
其中发明专利（件）	8281	8426	1.75%
获得软件著作权（件）	2587	2941	13.68%
形成国家或行业标准（项）	185	153	−17.30%
发表科技论文（篇）	2238	2865	28.02%
认定登记的技术合同数（项）	1190	1169	−1.76%

第四节　高新技术企业发展趋势

通过上述分析可以大体推测出"十四五"期间国家高新技术企业将呈如下四个发展趋势：

（一）国家高新技术企业数量仍将快速增长

主要体现在拟认定与有效认定企业数量上。伴随着我国进入经济高质量发展阶段，以及国家对高新技术产业发展的大力扶持，可以预见的是将会有越来越多的企业加入高新技术企业行列当中。此外，由于不同地区的资源和环境禀赋存在差异，地区间、行业间的高新技术企业仍会保持结构性差异。

（二）国家高新技术企业在今后一段时期内仍将以中小企业为主

原因在于新兴产业主要集中在知识密集型产业。"小而美"往往是这类企业的特点，而传统资本密集型、劳动密集型产业在数字经济、工业互联网的加持下也将不断"瘦身"。与此同时，也应看到在市场竞争环境中，不少行业由于马太效应、规模效益的作用，市场集中度将不断提升，单个高新技术企业的规模也可能不断扩大，产生大型企业，其员工数量也将继续增长。

（三）国家高新技术企业综合实力将长久优于非高新技术企业

国家高新企业脱胎于一般企业，由于其产品（服务）属于《国家重点支持的高新技术领域》规定的范围，在市场环境中相应地会更具竞争力，加之各地政府不断出台针对高新技术产业的扶持政策，持续为高新技术企业的发展提供更有利的营商环境，可以预见的是，其经营水平向好、盈利水平向高、发展持续向优的态势不减。

（四）国家高新技术企业创新质量将进一步增强

高新技术企业由于在认定环节就对企业的研发投入、研发人员人数作出了硬性规定，因此高新技术企业在研发实力上要优于其他一般企业。近年来，我国政府、企业对创新的重视程度日益提升，其中发明专利申请连续 8 年第一，研发人员总量连续 6 年位居世界第一就是最有力的证明。在此背景下，国家高新技术企业未来的创新标准势必会水涨船高。

第二章　高新技术企业认定

第一节　发展历程

1988 年 8 月，经国务院批准，原国家科学技术委员会开始组织实施火炬计划。同期，配合火炬计划的实施，原国家科委颁布了《关于高技术、新技术企业认定条件和标准的暂行规定》。其后，我国高新技术企业的认定条件和管理办法就伴随着国家火炬计划的不断深入实施而不断演变。

一、形成期

标志性文件：原国家科委颁布了《关于高技术、新技术企业认定条件和标准的暂行规定》。

时间：1988—1990 年。

1989 年底，全国已认定几千家高新技术企业，这些企业不仅实行技工贸一体化的市场化管理和经营，而且具备较强的依靠科技进步、发展高新技术产业的意识和实力，形成了我国高新技术企业队伍的雏形。根据建立较早的 15 个高新区统计，1989 年底已按照《关于高技术、新技术企业认定条件和标准的暂行规定》认定了 2065 家高新技术企业，其职工总数达 4.7 万人，其中大专以上科技人员占 40% 以上；技工贸总收入达 26.2 亿元。

二、探索期

标志性文件：《国务院关于批准关键高新技术产业开发区和有关政策规定的通知》（国发〔1991〕12 号）、《国家高新技术产业开发区外高新技术企业认定条件和办法》（国科发火字〔1996〕018 号）。

时间：1991—1999 年。

1991 年发布了《国务院关于批准关键高新技术产业开发区和有关政策规定的通知》（国发〔1991〕12 号）。《国家高新技术产业开发区高新技术企业认定条件和办法》作为第一附件一同发布，授权原国家科委开展高新区内高新技术企业认定工作，并配套制定了一系列财政、税收、金融、贸易政策。1996 年发布了《国家高新技术产业开发区外高新技术企业认定条件和办法》（国科发火字〔1996〕018 号），高新技术企业认定的范围扩展到高新区外。各类政策的出台有力地推动了我国高新技术企业的发展壮大。据统计，至 1999 年底，我国共有 17118 家高新技术企业，从业人员 364 万人，实现工业总产值 10558.8 亿元，出口创汇 203 亿美元，实现净利润和上缴税额均超过 700 亿元。

三、发展期

标志性文件：《国家高新技术产业开发区高新技术企业认定条件和办法》（国科发火字〔2000〕324 号）。

时间：2000 —2007 年。

1999 年中共中央、国务院召开科技大会之后，根据新形式要求，科技部再次修订了国家高新区内高新技术企业认定标准。2000 年实行的高新技术企业认定管理办法中，具体的认定标准相对以前的条件要求更为严格和明确，主要是基于以下几个方面：一是和《高新技术产品目录》挂钩；二是对研发经费强度的要求；三是研发人员、科技人员比重；四是高新技术产品与技术性收入比重。截至 2007 年，根据这些条件认定的高新技术企业数量已超过 5.6 万家，其研究开发经费总支出已经达到 1995.4 亿元，占全社会研究开发经费的 54.5%。

四、转型期

标志性文件：《科技部、财政部、国家税务总局关于印发〈高新技术企业认定管理办法〉

的通知》（国科发火〔2008〕172号）、《科技部、财政部、国家税务总局关于印发〈高新技术企业认定管理工作指引〉的通知》（国科发火〔2008〕362号）。

时间：2008—2015年。

2008年4月，经国务院批准，科技部、财政部、国家税务总局共同颁布了新的《高新技术企业认定管理办法》，2008年7月发布了配套文件《高新技术企业认定管理工作指引》。办法突出强调和鼓励企业创新，将企业研发投入强度、研发活动、自主知识产权尤其是核心专利技术作为评审认定的核心指标。同时，不再划定地域范围，只要符合国家标准，就可以被认定为高新技术企业，而不论其是否在高新区内。新的高新技术企业认定办法实现了由区域政策向产业政策的转移。2008年起，我国高新技术企业的发展又开始了新的征程，进入了转型期，直至2015年。2015年末，全国高新技术企业达到7.61万家，从事科技活动人员525.54万人，R&D人员296.52万人，科技活动经费支出10869.17亿元，拥有知识产权210.96万件，贡献营业收入222234.13亿元，工业总产值185305.56亿元，净利润14894.78亿元，上缴税收11052.05亿元。

五、壮大期

标志性文件：《财政部、国家税务总局、科技部关于修订印发〈高新技术企业认定管理办法〉的通知》（国科发火〔2016〕32号）、《科技部、财政部、国家税务总局关于修订印发〈高新技术企业认定管理工作指引〉的通知》（国科发火〔2016〕195号）。

时间：2016年至今。

针对原有的高新技术企业认定办法存在没有规定关键认定指标的测度依据、对研究开发活动一直没有给出评价标准和费用归集标准的不足，2016年，财政部、国家税务总局、科技部重新修订印发《高新技术企业认定管理办法》及《高新技术企业认定管理工作指引》，确定了企业研究开发活动界定标准及费用归集标准，对科技人员、研究开发人员、自主知识产权、科技成果转化能力等相应指标也给予了明确说明。进一步明确认定标准、规范操作程序、改革管理体制、加强政策协调。总体目标就是要在建设创新型国家的战略指引下，通过鼓励创新的政策导向和新税制优化产业结构的引导功能，进一步增强我国高新技术企业以自主研发为核心的综合创新能力，促进高新技术产业升级发展。高新技术企业发展也进入了快速壮大期。截至2020年，全国高新技术企业规模已壮大到27.5万家，实现营业收入51.3万亿元、工业总产值37.8万亿元、利润总额3.8万亿元。

第二节　认定条件

根据《财政部、国家税务总局、科技部关于修订印发〈高新技术企业认定管理办法〉的通知》（国科发火〔2016〕32号）第十一条，认定为高新技术企业须同时满足八大条件：

一、企业注册时间要求

企业申请认定时须注册成立一年以上。

解读： 企业在申报高新技术企业认定之时，须注册成立365个日历天数以上。

二、知识产权要求

企业通过自主研发、受让、受赠、并购等方式，获得对其主要产品（服务）在技术上发挥核心支持作用的知识产权的所有权。

解读：

1. 知识产权须在中国境内授权或审批审定，并在中国法律的有效保护期内。知识产权权属人应为申请企业。

2. 不具备知识产权的企业不能认定为高新技术企业。

3. 高新技术企业认定中，对企业知识产权情况采用分类评价方式，其中，发明专利（含国防专利）、植物新品种、国家级农作物品种、国家新药、国家一级中药保护品种、集成电路布图设计专有权等按Ⅰ类评价，实用新型专利、外观设计专利、软件著作权等（不含商标）按Ⅱ类评价。

4. 按Ⅱ类评价的知识产权在申请高新技术企业时，仅限使用一次。已用Ⅱ类知识产权不参与创新能力知识产权评价，仅可作为高新技术产品（PS）/研究开发项目（RD）/科技成果的关联。

5. 在申请高新技术企业及高新技术企业资格存续期内，知识产权有多个权属人时，只能由一个权属人在申请时使用。

6. 申请认定时专利的有效性以企业申请认定前获得授权证书或授权通知书并能提供缴费收据为准。

7. 企业拥有的知识产权不得在认定当年申请并在当年获得。

三、技术领域要求

对企业主要产品（服务）发挥核心支持作用的技术属于《国家重点支持的高新技术领域》规定的范围。

解读：

企业须在《国家重点支持的高新技术领域》内，持续进行研究开发与技术成果转化，形成企业核心自主知识产权，并以此为基础开展经营活动，其主要产品（服务）发挥核心支持作用的技术属于《国家重点支持的高新技术领域》规定的范围。其中《国家重点支持的高新技术领域》共八大领域，具体包括：电子信息技术、生物与新医药技术、航空航天技术、新材料技术、高技术服务业、新能源与节能技术、资源与环境技术、先进制造与自动化。

四、科研人员比例要求

企业从事研发和相关技术创新活动的科技人员占企业当年职工总数的比例不低于10%。

解读：

1. 企业科技人员是指直接从事研发和相关技术创新活动，以及专门从事上述活动的管理和提供直接技术服务的，累计实际工作时间在183天以上的人员，包括在职、兼职和临时聘用人员。

2. 企业职工总数包括企业在职、兼职和临时聘用人员。在职人员可以通过企业是否签订了劳动合同或缴纳社会保险费来鉴别，兼职、临时聘用人员全年须在企业累计工作183天以上。

五、研发投入要求

企业近三个会计年度的研究开发费用总额占同期销售收入总额的比例符合如下要求：

1. 最近一年销售收入小于5000万元（含）的企业，比例不低于5%；

2. 最近一年销售收入在5000万元至2亿元（含）的企业，比例不低于4%；

3. 最近一年销售收入在2亿元以上的企业，比例不低于3%。

其中，企业在中国境内发生的研究开发费用总额占全部研究开发费用总额的比例不低于60%。

解读：

1. 研究开发活动是指，为获得科学与技术（不包括社会科学、艺术或人文学）新知识，创造性运用科学技术新知识，或实质性改进技术、产品（服务）、工艺而持续进行的具有明确目标的活动。不包括企业对产品（服务）的常规性升级或对某项科研成果直接应用等活动（如直接采用新的材料、装置、产品、服务、工艺或知识等）。

2. 研究开发费用的归集范围

（1）人员人工费用

包括企业科技人员的工资薪金、基本养老保险费、基本医疗保险费、失业保险费、工伤保险费、生育保险费和住房公积金，以及外聘科技人员的劳务费用。

（2）直接投入费用

直接投入费用是指企业为实施研究开发活动而实际发生的相关支出。包括直接消耗的材料、燃料和动力费用；用于中间试验和产品试制的模具、工艺装备开发及制造费，不构成固定资产的样品、样机及一般测试手段购置费，试制产品的检验费；用于研究开发活动的仪器、设备的运行维护、调整、检验、检测、维修等费用，以及通过经营租赁方式租入的用于研发活动的固定资产租赁费。

（3）折旧费用与长期待摊费用

折旧费用是指用于研究开发活动的仪器、设备和在用建筑物的折旧费。长期待摊费用是指研发设施的改建、改装、装修和修理过程中发生的长期待摊费用。

（4）无形资产摊销费用

无形资产摊销费用是指用于研究开发活动的软件、知识产权、非专利技术（专有技术、许可证、设计和计算方法等）的摊销费用。

（5）设计费用

设计费用是指为新产品和新工艺进行构思、开发和制造，进行工序、技术规范、规程制定、操作特性方面的设计等发生的费用。包括为获得创新性、创意性、突破性产品进行的创意设计活动发生的相关费用。

（6）装备调试费用与试验费用

装备调试费用是指工装准备过程中研究开发活动所发生的费用，包括研制特殊、专用的生产机器，改变生产和质量控制程序，或制定新方法及标准等活动所发生的费用。试验费用包括新药研制的临床试验费、勘探开发技术的现场试验费、田间试验费等。

为大规模批量化和商业化生产所进行的常规性工装准备和工业工程发生的费用不能计入归集范围。

（7）委托外部研究开发费用

委托外部研究开发费用是指企业委托境内外其他机构或个人进行研究开发活动所发生的费用（研究开发活动成果为委托方企业拥有，且与该企业的主要经营业务紧密相关）。委托外部研究开发费用的实际发生额应按照独立交易原则确定，按照实际发生额的80%计入委托方研发费用总额。

（8）其他费用

其他费用是指上述费用之外与研究开发活动直接相关的其他费用，包括技术图书资料费、资料翻译费、专家咨询费、高新科技研发保险费，研发成果的检索、论证、评审、鉴定、验收费用，知识产权的申请费、注册费、代理费，会议费、差旅费、通信费等。此项费用一般不得超过研究开发总费用的20%，另有规定的除外。

3. 企业在中国境内发生的研究开发费用

企业在中国境内发生的研究开发费用，是指企业内部研究开发活动实际支出的全部费用与委托境内其他机构或个人进行的研究开发活动所支出的费用之和，不包括委托境外机构或个人完成的研究开发活动所发生的费用。受托研发的境外机构是指依照外国和地区（含港澳台）法律成立的企业和其他取得收入的组织，受托研发的境外个人是指外籍（含港澳台）个人。

4. 企业研究开发费用归集办法

企业应设立研究开发费用辅助核算账目，正确归集研发费用，由具有资质并符合本《工作指引》相关条件的中介机构进行专项审计或鉴证。

5. 销售收入

销售收入为主营业务收入与其他业务收入之和。主营业务收入与其他业务收入按照企业所得税年度纳税申报表的口径计算。

六、高新技术产品（服务）收入要求

近一年高新技术产品（服务）收入占企业同期总收入的比例不低于60%。

解读：

1. 高新技术产品（服务）收入

高新技术产品（服务）收入是指企业通过研发和相关技术创新活动取得的产品（服务）收入与技术性收入的总和。对企业取得上述收入发挥核心支持作用的技术应属于《技术领域》规定的范围。其中技术性收入包括：

（1）技术转让收入：指企业技术创新成果通过技术贸易、技术转让所获得的收入；

（2）技术服务收入：指企业利用自己的人力、物力和数据系统等为社会和本企业外的用户提供技术资料、技术咨询与市场评估、工程技术项目设计、数据处理、测试分析及其他类型的服务所获得的收入；

（3）接受委托研究开发收入：指企业承担社会各方面委托研究开发、中间试验及新产品开发所获得的收入。

2. 总收入是指收入总额减去不征税收入。

七、企业创新能力要求

企业创新能力评价应达到相应要求。

解读：

企业创新能力主要从知识产权、科技成果转化能力、研究开发组织管理水平、企业成长性等4项指标进行评价。各级指标均按整数打分，满分为100分，综合得分达到70分以上（不含70分）为符合认定要求。4项指标分值结构详见下表。

表2-1 企业创新能力要求评价

序号	指标	分值
1	知识产权	≤ 30
2	科技成果转化能力	≤ 30
3	研究开发组织管理水平	≤ 20
4	企业成长性	≤ 20

1. 知识产权（≤ 30分）

由技术专家对企业申报的知识产权是否符合《认定办法》和《工作指引》要求，进行定性与定量结合的评价。

表2-2 知识产权评价指标

序号	知识产权相关评价指标	分值
1	技术的先进程度	≤ 8
2	对主要产品（服务）在技术上发挥核心支持作用	≤ 8
3	知识产权数量	≤ 8
4	知识产权获得方式	≤ 6
5	（作为参考条件，最多加2分） 企业参与编制国家标准、行业标准、检测方法、技术规范的情况	≤ 2

2. 科技成果转化能力（≤ 30 分）

由技术专家根据企业科技成果转化总体情况和近三年内科技成果转化的年平均数进行综合评价。同一科技成果分别在国内外转化的，或转化为多个产品、服务、工艺、样品、样机等的，只计为一项。

A. 转化能力强，≥ 5 项（25 ～ 30 分）

B. 转化能力较强，≥ 4 项（19 ～ 24 分）

C. 转化能力一般，≥ 3 项（13 ～ 18 分）

D. 转化能力较弱，≥ 2 项（7 ～ 12 分）

E. 转化能力弱，≥ 1 项（1 ～ 6 分）

F. 转化能力无，0 项（0 分）

3. 研究开发组织管理水平（≤ 20 分）

由技术专家根据企业研究开发与技术创新组织管理的总体情况，结合以下几项评价，进行综合打分。

（1）制定企业研究开发的组织管理制度，建立研发投入核算体系，编制研发费用辅助账。（≤ 6 分）

（2）设立内部科学技术研究开发机构并具备相应的科研条件，与国内外研究开发机构开展多种形式的产学研合作。（≤ 6 分）

（3）建立科技成果转化的组织实施与激励奖励制度，建立开放式的创新创业平台。（≤ 4 分）

（4）建立科技人员的培养进修、职工技能培训、优秀人才引进，以及人才绩效评价奖励制度。（≤ 4 分）

4. 企业成长性（≤ 20 分）

由财务专家选取企业净资产增长率、销售收入增长率等指标对企业成长性进行评价。企业实际经营期不满三年的按实际经营时间计算。计算方法如下：

（1）净资产增长率

净资产增长率 = 1/2 ×（第二年末净资产 ÷ 第一年末净资产 + 第三年末净资产 ÷ 第二年末净资产）– 1

净资产 = 资产总额 – 负债总额

资产总额、负债总额应以具有资质的中介机构鉴证的企业会计报表期末数为准。

（2）销售收入增长率

销售收入增长率 = 1/2 ×（第二年销售收入 ÷ 第一年销售收入 + 第三年销售收入 ÷ 第二年销售收入）– 1

企业净资产增长率或销售收入增长率为负的，按 0 分计算。第一年末净资产或销售收入为 0 的，按后两年计算；第二年末净资产或销售收入为 0 的，按 0 分计算。

以上两个指标分别对照下表评价档次（A、B、C、D、E、F）得出分值，两项得分相加计算出企业成长性指标综合得分。

表 2-3　企业成长性得分

成长性得分	指标赋值	分数					
		≥ 35%	≥ 25%	≥ 15%	≥ 5%	> 0	≤ 0
≤ 20 分	净资产增长率赋值≤ 10 分	A	B	C	D	E	F
	销售收入增长率赋值≤ 10 分	9 ～ 10 分	7 ～ 8 分	5 ～ 6 分	3 ～ 4 分	1 ～ 2 分	0 分

八、安全生产及环保要求

企业申请认定前一年内未发生重大安全、重大质量事故或严重环境违法行为。

解读：

企业在上一年度发生重大安全、重大质量事故或严重环境违法行为的不得申报。认定机构依据有关部门根据相关法律法规对企业出具的处罚意见对"重大安全、重大质量事故或有严重环境违法行为"进行判定处理。

第三节　认定程序

根据《财政部、国家税务总局、科技部关于修订印发〈高新技术企业认定管理办法〉的通知》（国科发火〔2016〕32号）第十二条，高新技术企业认定程序如下：

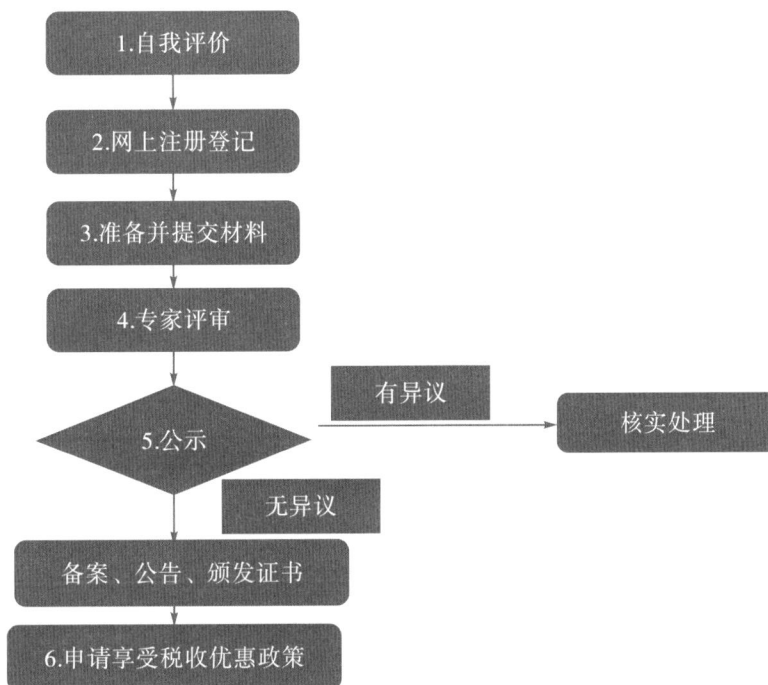

高新技术企业申报及认定流程图

1. 企业对照本办法进行自我评价

认为符合认定条件的在科技部政务服务平台注册登记，向认定机构提出认定申请。申请时提交下列材料：

（1）高新技术企业认定申请书；

（2）证明企业依法成立的相关注册登记证件；

（3）知识产权相关材料（知识产权证书及反映技术水平的证明材料、参与制定标准情况等）、科研项目立项证明（已验收或结题的项目需附验收或结题报告）、科技成果转化（总体情况与转化形式、应用成效的逐项说明）、研究开发组织管理（总体情况与四项指标符合情况的具体说明）等相关材料；

（4）企业高新技术产品（服务）的关键技术和技术指标、生产批文、认证认可和相关资质证书、产品质量检验报告等相关材料；

（5）企业职工和科技人员情况说明材料，包括在职、兼职和临时聘用人员人数、人员学历结构、科技人员名单及其工作岗位等；

（6）经具有资质并符合《工作指引》相关条件的中介机构出具的企业近三个会计年度（实际年限不足三年的按实际经营年限，下同）研究开发费用、近一个会计年度高新技术产品（服务）收入专项审计或鉴证报告，并附研究开发活动说明材料；

（7）经具有资质的中介机构鉴证的企业近三个会计年度的财务会计报告（包括会计报表、会计报表附注和财务情况说明书）；

（8）近三个会计年度企业所得税年度纳税申报表。

对涉密企业，须将申请认定高新技术企业的申报材料做脱密处理，确保涉密信息安全。

2. 专家评审

认定机构应在符合评审要求的专家中随机抽取专家组成专家组，对每个企业的评审专家不少于 5 人（其中技术专家不少于 60%，并至少有 1 名财务专家）。每名技术专家单独填写《高新技术企业认定技术专家评价表》（表一），每名财务专家单独填写《高新技术企业认定财务专家评价表》（表二），专家组组长汇总各位专家分数，按分数平均值填写《高新技术企业认定专家组综合评价表》（表三）。

3. 审查认定

认定机构结合专家组评审意见，对申请企业进行综合审查，提出认定意见并报领导小组办公室。认定企业由领导小组办公室在"高新技术企业认定管理工作网"公示 10 个工作日，无异议的，予以备案，并在"高新技术企业认定管理工作网"公告，由认定机构向企业颁发统一印制的高新技术企业证书；有异议的，由认定机构进行核实处理。

第四节　认定材料编制

企业对照《认定办法》和《工作指引》进行自我评价。符合认定条件的在"高新技术企业认定管理工作网"（现已整合至"科技部政务服务平台"）注册登记，向企业所在地的认定机构提出认定申请。并提交包含《高新技术企业认定申请书》（在线打印并签名、加盖企业公章）、证明企业依法成立的营业执照等相关注册登记证件的复印件、企业职工和科技人员情况说明材料、知识产权相关材料、研究开发活动相关材料、高新技术产品（服务）相关材料、科技成果转化相关材料、研究开发组织管理相关材料、企业近三个会计年度研究开发费用、近一个会计年度高新技术产品（服务）收入专项审计或鉴证报告、企业近三个会计年度的财务会计报告、近三个会计年度企业所得税年度纳税申报表、承诺书等材料。

一、高新技术企业认定申请书

1. 科技部政务服务平台注册

企业需登录科技部政务服务平台（网址：https：//fuwu.most.gov.cn/）进行网上注册登记并提交，科技部火炬中心统一审核并激活账号（确认激活需 3 个工作日）。

2. 科技部政务服务平台上申请

企业网上注册登记后，首先根据用户名和密码登录科技部政务服务平台，按要求填写《高新技术企业认定申请书》，并上传相关附件材料。

3. 申请书生成下载

科技部政务服务平台填写完成后在线生成并下载《高新技术企业认定申请书》，打印后需签名、加盖企业公章。待认定机构审核完成后提交至认定机构。

二、企业注册登记证件

企业需提供依法成立的营业执照等相关注册登记证件，食品、化工、医疗等特殊行业还需提供相关准入资质证明材料。

三、企业职工和科技人员情况说明材料

包括在职、兼职和临时聘用人员人数、人员学历结构、科技人员名单及其工作岗位等。企业需按照认定通知要求提供上年度企业职工人数、学历结构以及科技人员情况说明、企业科技人员概况表，同时还须提供上年度年末社保缴纳人数证明材料（只需汇总数）。

四、知识产权相关材料

包括知识产权证书及反映技术水平的证明材料、参与制定标准情况等。自主研发获得知识产权须附证书，受让、受赠、并购获得知识产权须附证书及专利权人变更手续合格通知书，并附上相关知识产权（附缴费证明），发明和实用新型专利需附上专利说明书摘要。企业主持或参与编制国家标准、行业标准、检测方法、技术规范，还需提供相应证明材料。

五、研究开发活动相关材料

包括各级政府科技计划项目立项合同以及具有研发目标、创新内容、研发人员、时间、经费安排以及研发成效等方面内容的企业研发活动证明材料等。已验收或结题的项目还需附验收或结题报告。研发活动证明材料应与《高新技术企业认定申请书》的《企业研究开发活动情况表》相对应。

六、高新技术产品（服务）相关材料

包括企业高新技术产品（服务）的关键技术和技术指标的具体说明，即高新技术产品（服务）情况说明，分别说明高新技术产品（服务）的名称、核心技术情况、所属技术领域、与专利的关联性等。同时还需提供相关的生产批文、认证认可和资质证书、产品质量检验报告等材料。

七、科技成果转化相关材料

包括证明所填内容是有效科技成果的材料和证明科技成果已转化的材料，例如知识产权证书、科技奖励证书、成果鉴定报告、科技立项及验收报告等，形成的产品如产品证书、产品检测报告、产品查新报告、产品销售证明、生产登记批准书等，形成的服务如销售合同、发票、用户意见、收入证明等，形成的样品、样机如检测报告、实物照片等。

八、研究开发组织管理相关材料

包括企业制定的研究开发的组织管理制度，编制的研发费用辅助账；设立的内部科学技术研究开发机构及相应的科研条件证明，与国内外研究开发机构开展多种形式产学研合作证明；制定的科技成果转化的组织实施与激励奖励制度，建立的开放式的创新创业平台证明；建立的科技人员的培养进修、职工技能培训、优秀人才引进，以及人才绩效评价奖励等制度。

九、专项审计报告

需提供经具有资质并符合《高新技术企业认定管理工作指引》中相关条件的中介机构出具的企业近三个会计年度（实际年限不足三年的按实际经营年限）研究开发费用、近一个会计年度高新技术产品（服务）收入专项审计或鉴证报告，并附研究开发活动说明材料。

十、近三年年度审计报告

需提供经具有资质的中介机构鉴证的企业近三个会计年度（实际年限不足三年的按实际经营年限）的财务会计报告（包括会计报表、会计报表附注和财务情况说明书）。

十一、近三年企业所得税纳税申报表

需提供近三个会计年度（实际年限不足三年的按实际经营年限）企业所得税年度纳税申报表（包括主表及附表）。

十二、承诺书

需提供企业申请认定前一年内未发生重大安全、重大质量事故或严重环境违法行为的承诺保证书。

第五节　高新技术企业资格的取消与保留

一、高企资格被取消的主要原因

根据《高新技术企业认定管理办法》第十九条，已认定的高新技术企业有下列行为之一的，由认定机构取消其高新技术企业资格：

1. 在申请认定过程中存在严重弄虚作假行为的；
2. 发生重大安全、重大质量事故或有严重环境违法行为的；
3. 未按期报告与认定条件有关的重大变化情况，或累计两年未填报年度发展情况报表的。

对被取消高新技术企业资格的企业，由认定机构通知税务机关按《中华人民共和国税收征收管理法》及有关规定，追缴其自发生上述行为之日所属年度起已享受的高新技术企业税收优惠。

二、高新技术企业资格的保留

根据《高新技术企业认定管理办法》第十七条、第十八条，高新技术企业发生更名或与认定条件有关的重大变化（如分立、合并、重组以及经营业务发生变化等），经认定机构审核符合认定条件的，其高新技术企业资格不变。

跨认定机构管理区域整体迁移的高新技术企业，在其高新技术企业资格有效期内完成迁移的，其资格继续有效。

第六节　认定申报实务中的共性问题解析

一、技术领域和知识产权常见问题

1. 企业申请高新技术企业认定该如何选择技术领域？

答：无论从事何种行业的企业，申报时应按照对企业主要产品（服务）发挥核心支持作用的技术属于《国家重点支持的高新技术领域》规定的范围中的四级目录来进行选择，企业申报时可根据自己情况查找。

2. 企业有两个或两个以上高新技术产品，那这些高品都必须是同一个技术领域吗？

答：企业申报的技术领域，用生产技术来选择技术领域，哪一种产品销售收入占的比重比较大，就建议用占比较大的这个生产技术作为主要技术领域，不同产品可以选不同的技术领域。

3. 企业如果提供的是当年新申请的或是转让的专利和知识产权，可以在评定中获分吗？分值会不会受到影响？

答：企业在认定当年新申请的或者通过转让、受赠、并购等方式获得知识产权的，在评定中得 0 分。

4. 企业对知识产权拥有 5 年以上独占许可权，是否可以申报认定高新技术企业？

答：不可以。最新修订的《高新技术企业认定管理办法》取消了"5 年以上独占许可"获得知识产权的方式。

5. 知识产权有多个权属人的，是否可以在高新技术企业申请时使用？

答：可以，但是在企业高新技术企业及高新技术企业资格存续期内，只能由一个权属人用于高新技术企业认定。

6. Ⅰ类知识产权在第二次使用时，评分分值是否会与第一次使用有所不同？

答：Ⅰ类知识产权的评分只会根据《高新技术企业认定管理工作指引》中规定的 5 项相关评价指标进行综合评价，不会因使用次数受到影响。

二、企业职工和科技人员情况常见问题

1. 企业的职工较少，比如全部职工只有 4 个人，其中科技人员 2 人，是否符合申报要求？

答：对于科技人员的占比，认定办法只规定了科技人员占职工总数的比例不低于 10%，并没有人数限制。

2. 企业职工大多是大专以下的学历人员，能否纳入科技人员范畴？

答：认定工作中的企业科技人员并没有学历的限制，只要该员工是直接从事研发和相关技术创新活动，或专门从事上述活动的管理和提供直接技术服务的，累计实际工作时间在 183 天以上，都可以纳入科技人员范畴。

三、研究开发活动及高新技术产品常见问题

1. "研究开发活动证明材料"是指什么？

答：研发活动是评判高企的重要指标，需要企业提供做了哪些研发活动的证明，如项目立项合同、验收报告、查新报告等研发活动的证明材料。

2. "研发项目证明"对已验收或结题项目，必须要提供验收或结题报告吗？

答：必须要提供。

3. 失败的研发活动是否可以进行归集？

答：只要是研发活动，不管是否成功，费用都可以进行归集。

4. 一个研发项目只能产生一项产品吗？

答：两者不是一一对应的关系。

5. 高新技术产品（服务）收入和主要产品（服务）收入如何认定，有何要求？

高新技术产品（服务）是指对其发挥核心支持作用的技术属于《国家重点支持的高新技术领域》规定范围的产品（服务）。高新技术产品（服务）收入是指企业通过研发和相关技术创新活动取得的产品（服务）收入与技术性收入的总和。主要产品（服务）则指拥有在技术上发挥核心支持作用的知识产权所有权的高新技术产品（服务），且要求收入之和在企业同期高新技术产品（服务）收入中超过 50%。

6. 近三年在工商部门更换过公司名称，在提供合同发票、研发立项的资料时，要如何清晰地证明这些材料是同一家公司的呢？

答：如果在近三年内进行了企业更名，只需要提供工商部门的企业名称变更证明材料，企业更名前相应的合同、发票、研发立项等资料不用更换。

7. 如果发票是开具体项目的，每个项目名称都不同，高新技术产品是否需要每一个都按项目名来列出？

答：发票是指企业对外提供的产品的销售或者提供服务的收入的票据，如果产品种类比较多，企业可以进行一个归类，按类别来分，服务销售收入按一类，技术性服务收入按一类，若产品种类较多，可以根据产品系列等将较多品种的产品进行归类列出。

四、科技成果转化常见问题

1. 科技成果转化证明材料如何提供？

答：科技成果来源可以从专利、科研项目立项和验收证明等方面提供证明材料，转化结果可从新产品或新技术推广应用证明等方面提供材料。

2. 一项成果转化为多个产品或多个成果转化成一个产品，算作多少次转化？

答：同一成果转化不同产品或服务只能计算一次，多个成果转化成一个产品的，几个成果就计算转化几次。

3. 成果转化必须要进行成果转化登记吗？

答：没有强制性的要求，科技企业自身的科研活动产生的科技成果，科技成果登记企业自愿登记。

4. 科技成果转化一览表中的转化时间是指什么时间？

答：转化时间是指企业具体地把科技成果运用到生产，实际转化为产品或其他形式成果的那一个年份。

五、研发组织管理常见问题

1. 企业提供的产学研协议，是不是要求必须在近三年签订，申报当年签订的可不可以？

答：关于产学研合作协议没有时间的限制，只要企业能够提供相应的合作协议以及相应的证明材料。重点是证明材料，需提供实质开展合作证明，如企业向科研院所、高等院校支付费用的凭证，项目共同申请的知识产权或者共同发表的论文等。

2. 产学研协议除了项目支出发票可以证明，还有哪些可以作为辅助的证明资料？

答：产学研合作必须要有实质开展合作的证明文件，除了企业向科研院所、高等院校支付相关费用的凭证之外，还可以是共同申请获得立项的项目，获得授权的知识产权，发表的论文等证明材料。

3. "建立开放式的创新创业平台"具体是指什么？

答：是指提供公共服务的平台，例如众创空间、检验检测中心等公共服务平台。

六、财务方面常见问题

1. 公司规模小可以申报高新技术企业吗？

答：根据《高新技术企业认定管理办法》的相关规定，当前高新技术企业认定的主要要求有研发占比、资产增长率、销售收入增长率、高新技术产品（服务）收入占比等。也就是说高新技术企业的认定和公司的规模大小没有关系，只要公司各项占比能够达到要求，就可以申请高新技术企业。

2. 企业近三年净资产存在负值，如何计算企业成长性指标？

答：负值一律按 0 进行计算。第一年末财务数据为 0 或负值的，按后两年计算；第二年末财务数据为 0 或负值的，按 0 分计算。

3. 企业在申请认定高新技术企业刚刚注册成立满一年，成长性指标得分如何计算？

答：按 0 分计算。

4. 成立两年的企业是否有其他的成长性计算公式，还是按原公式直接按其中一年为零分计算呢？

答：没有其他成长性计算公式。按两年的财务数据计算成长性指标即可。

第七节 纸质申请材料编制要求

一、高新技术企业认定纸质材料内容及要求

1. 科技部政务服务平台填报生成的"高新技术企业认定申请材料"。

2. 企业注册登记与资质证明。企业营业执照副本、特殊行业资质等。

3. 人员情况证明。加盖公章的上年度企业职工人数、学历结构以及科技人员情况说明、企业科技人员概况表，以及社保部门出具的企业上年度年末社保缴纳人数证明材料（只需汇总数）。

4. 知识产权证明材料。知识产权证书，相关知识产权请附缴费证明，受让、受赠、并购获得知识产权需附专利权人变更手续合格通知书，发明和实用新型专利需附上专利说明书摘要；企业有参与编制国家标准、行业标准、检测方法、技术规范情况，还需附上相关证明。

5. 近三年研究开发活动证明材料。各级政府科技计划项目立项合同以及具有研发目标、创新内容、研发人员、时间、经费安排以及研发成效等方面内容的企业研发活动证明材料等，已验收或结题项目需附验收或结题报告。

6. 高新技术产品证明材料。加盖公章的高新技术产品（服务）情况说明，并附上产品相关的生产批文、产品质量检验报告、销售合同、发票、实物照片等材料。

7. 近三年科技成果转化证明材料。需提供证明有效科技成果的材料和证明科技成果已转化的材料，根据不同成果类型及转化结果提供。

8. 企业研究开发的组织管理水平证明材料。需提供研发组织管理制度、研发投入财务管理制度、研发机构科研条件、产学研合作、成果转化实施与奖励制度、创新创业平台、人才培养、引进、奖励相关制度等材料。

9. 专项审计或鉴证报告（原件）。需提供经具有资质并符合《高新技术企业认定管理工作指引》中相关条件的中介机构出具的企业近三个会计年度（实际年限不足三年的按实际经营年限）研究开发费用、近一个会计年度高新技术产品（服务）收入专项审计或鉴证报告，并附研究开发活动说明材料。

10. 近三年年度审计报告。需提供经具有资质的中介机构鉴证的企业近三个会计年度（实际年限不足三年的按实际经营年限）的财务会计报告（包括会计报表、会计报表附注和财务情况说明书）。

11. 近三年企业所得税纳税申报表（原件）。需提供由地方税务主管单位加盖公章的近三个会计年度（实际年限不足三年的按实际经营年限）企业所得税年度纳税申报表（包括主表及附表）。

12. 承诺书（原件）。需提供企业申请认定前一年内未发生重大安全、重大质量事故或严重环境违法行为的承诺保证书。

13. 其他证明。其他可反映企业相关能力的证明材料。

二、高新技术企业认定申请材料编制要求

1. 申报企业须按照《高新技术企业认定管理办法》及《高新技术企业认定管理工作指引》有关要求，如实填报高新技术企业认定申请材料，材料应尽量采用正反面打印或复印并胶装合订成册。

2. 所有申报材料应按装订顺序逐页编制总页码，并在申报材料内提供材料总目录和相应的页码范围，每个部分有单独的材料一览表及相应的页码范围。

3. 装订顺序：

（1）总目录；

（2）高新技术企业认定申请材料；

（3）其他材料按"纸质材料内容"顺序装订。

第八节　中介机构的资质要求与选择

专项审计报告或鉴证报告（以下统称专项报告）应由符合以下条件的中介机构出具。企业可自行选择符合以下条件的中介机构。

一、中介机构基本条件

1. 具备独立执业资格，成立三年以上，近三年内无不良记录。

2. 承担认定工作当年的注册会计师或税务师人数占职工全年月平均人数的比例不低于 30%，全年月平均在职职工人数在 20 人以上。

3. 相关人员应具有良好的职业道德，了解国家科技、经济及产业政策，熟悉高新技术企业认定工作有关要求。

二、专项审计机构推荐名单申报及公布

认定办对中介机构提交的申报材料进行审核后，对符合资格条件且信誉和业绩优良的中介机构，由认定办公布，供申请认定和重新认定的企业自主选择。未申报，但符合资质条件的中介机构也可以依照政策规定开展专项审计工作，但须提交与上述相同的资格审核材料。

三、中介机构职责

接受企业委托，委派具备资格的相关人员，依据《高新技术企业认定管理办法》和《高新技术企业认定管理工作指引》，客观公正地对企业的研究开发费用和高新技术产品（服务）收入进行专项审计或鉴证，出具专项报告。

四、中介机构纪律

中介机构及相关人员应坚持原则，办事公正，据实出具专项报告，对工作中出现严重失误或弄虚作假等行为的，由认定机构在"高新技术企业认定管理工作网"上公告，自公告之日起 3 年内不得参与高新技术企业认定相关工作。

第三章　研发活动管理

根据《高新技术企业认定管理工作指引》（国科发火〔2016〕195号）的要求，企业研究开发组织管理水平主要包括4部分：企业研究开发的组织管理制度；研究开发机构和产学研情况；科技成果转化的制度及创新创业平台；科技人员的培养、优秀人才引进，以及人才绩效评价奖励制度。

研究开发活动是指，为获得科学与技术（不包括社会科学、艺术或人文学）新知识，创造性运用科学技术新知识，或实质性改进技术、产品（服务）、工艺而持续进行的具有明确目标的活动。不包括企业对产品（服务）的常规性升级或对某项科研成果直接应用等活动（如直接采用新的材料、装置、产品、服务、工艺或知识等）。

加强研发活动管理就是为了强化高新技术企业创新策划及分析评估、强化创新活动的科学组织实施、强化创新投入保障、强化创新成果的质量及转化应用等，选准创新发展方向、合理确定创新发展目标、科学组织开展创新发展活动，切实提高创新发展成效和企业发展实力及核心竞争力。

第一节　研发活动类型

企业研发活动一般分为自主研发、委托研发、合作研发、集中研发以及以上方式的组合。

一、自主研发。是指企业主要依靠自己的资源，独立进行研发，并在研发项目的主要方面拥有完全独立的知识产权。

二、委托研发。委托外部研究开发费用是指企业委托境内外其他机构或个人进行研究开发活动所发生的费用（研究开发活动成果为委托方企业拥有，且与该企业的主要经营业务紧密相关）。委托外部研究开发费用的实际发生额应按照独立交易原则确定，按照实际发生额的80%计入委托方研发费用总额。

三、合作研发。是指立项企业通过契约的形式与其他企业共同对同一项目的不同领域分别投入资金、技术、人力等，共同完成研发项目。

四、集中研发。是指企业集团根据生产经营和科技开发的实际情况，对技术要求高、投资数额大、单个企业难以独立承担，或者研发力量集中在企业集团，由企业集团统筹管理研发的项目进行集中开发。

第二节　研发活动立项

根据《高新技术企业认定管理工作指引》（国科发火〔2016〕195号）的要求，企业研究开发情况主要包括：项目的技术领域、起止时间、研发费用、立项目的与组织实施方式、核心技术和创新点、取得的阶段性成果以及附件材料。

一、项目的技术领域

（一）确定方法

一般情况下，具体领域的确定可以从以下几个方面着手：

1. 判断企业所属行业。

2. 对企业主营产品及产品所使用的技术进行领域划分，主要根据企业的主营产品及所使用的技术、企业自有设备及使用技术、知识产权（专利、制定或参与制定的行业标准、论文等）、研发项目等来确定。其中，如果研发项目较多，可以根据获得的自主知识产权确定。

3.企业产品较多，且门类较多不能完全划归到同一门类下时，可以划分主营领域与次主营领域，主营领域与次主营领域划分时根据产品的销售收入、研发项目的立项以及知识产权的相关比例确定。

（二）确定领域的注意事项

1.领域必须确定到三级领域。

2.如果三级领域的划分不能十分清晰，则需要提交企业主营产品及相关技术的说明，说明本行业发展的相关情况以及本企业的技术特点在所选领域内，符合所选领域。

3.领域确定以后，企业的项目资料，如核心技术和关键技术、创新点等，尽量结合所属的领域来编写。

二、项目可行性分析报告 / 立项申报书

包括以下内容：

（一）项目的背景和意义，简述本项目与国家科技发展政策、区域科技发展部署的关联性，申请立项的重要性、必要性、可行性等。

（二）国内外研究开发现状和发展趋势（包括知识产权状况），简单阐述该研发技术在国内外研究开发现状和发展趋势。

（三）拟承担单位的技术优势和条件，重点说明项目承担单位（含合作单位）的基本信息、核心团队、上一年研发经费支出以及本单位财务收支概况等情况。

（四）项目目标、研究内容和关键技术，提出研究内容及拟解决的关键问题、项目绩效目标，包括产出指标、服务指标、经济效益指标、社会效益、人才培养指标等。

（五）技术路线方案、创新点，详细阐述该项目技术的路线方案，与现有技术的不同和创新点。

（六）经费的预算，按照直接费用和间接费用进行项目经费预算及说明。

（七）年度进度和目标，按年度对项目实施内容进行分解，说明项目预算、申请额，以及具体实施内容、目标、绩效指标。

（八）预期成果，预计项目产生的经济效益、社会效益、生态效益等，合理评估项目产出结果。

（九）项目负责人的技术水平和组织管理能力介绍，说明该项目组成员情况、项目前期工作基础，说明为实现预期目标在技术、设备、人才、资金等方面具备的现有条件和优势。

第三节　研发管理制度

一、高新技术企业对研发管理制度的评价

由技术专家根据企业研究开发与技术创新组织管理的总体情况，对以下进行评价：
制定企业研究开发的组织管理制度，建立研发投入核算体系，编制研发费用辅助账。（≤6分）
建立科技成果转化的组织实施与激励奖励制度，建立开放式的创新创业平台。（≤4分）

二、高新技术企业对研发管理制度的要求

管理制度要制定研发项目组织管理、研发支出财务核算办法、成果转化及创新创业管理办法、人才引进、进修、培训和考评管理办法等制度。应包括科研立项管理制度、研发投入核算体系、研发费用辅助账等。

科研立项管理制度：目的是为了规范内部科研项目的管理，对研究开发过程中的立项、审批、过程管理、结题验收等进行明确规定。

研发准备金制度：目的是为了规定预先提取的专门用于技术研发和科技成果转化的储备资金，是公司研发机构研发经费保障制度。应对研发准备金的提取与分配、使用范围、管理、核算、报告与披露等方面进行规定。

研发投入核算体系：目的是为了规定公司科研项目经费的支出范围以及项目经费预算的编制原则与标准。应对公司相关部门职责、研发投入资金的申请与使用、投入资金的预算与使用范围、研发阶段报告及总结、监督与违纪处理等方面进行规定。

准备材料：各项制度正式公开文档、研发费用辅助账账本以及其他证明材料。

第四节　研发管理机构

一、高新技术企业对研发管理机构的评价

由技术专家根据企业研究开发与技术创新组织管理的总体情况，对以下进行评价：

设立内部科学技术研究开发机构并具备相应的科研条件，与国内外研究开发机构开展多种形式产学研合作。（≤6分）

二、高新技术企业对研发管理机构的要求

企业研发管理机构是企业技术创新的基础平台，是全面提高自主创新能力的中坚力量。企业应设置专职或兼职研发管理机构（如研发中心、技术研究院、工程技术中心、技术中心等），建立应包括研究开发机构成立通知、运营情况介绍、大型科研设备的清单，产学研合作协议及合作证明材料（如支付高校/科研院所费用凭证，共同申请科技项目、知识产权、论文等证明）。

成立研发中心的通知：提供企业内部研发机构的成立文件（研发机构获得第三方认定的，提供工程中心、企业技术中心等第三方批文及证书/牌匾）。

产学研管理办法：与国内外高校建立产学研战略合作关系，并对具体合作过程的责任、义务、经费分配、知识产权归属等进行规范。

准备材料：研发机构成立的通知、研发机构的组织架构图、研发场地和主要研发设备（近三年）的照片或购置发票、产学研合作协议和开展产学研合作过程中的证明材料（如支付高校/科研院所费用凭证，共同申请科技项目、知识产权、论文等证明）。

第五节　研发人员管理

一、高新技术企业对研发人员的评价

由技术专家根据企业研究开发与技术创新组织管理的总体情况，对以下进行评价：

建立科技人员的培养进修、职工技能培训、优秀人才引进以及人才绩效评价奖励制度。（≤4分）

二、高新技术企业对研发人员的要求

研发人员即企业科技人员，是指直接从事研发和相关技术创新活动，以及专门从事上述活动的管理和提供直接技术服务的，累计实际工作时间在183天以上的人员，包括在职、兼职和临时聘用人员。要求企业从事研发和相关技术创新活动的科技人员占职工总数的比例不低于10%，并建立科技人员的培养进修、职工技能培训、优秀人才引进，以及人才绩效评价奖励制度。包括具体的人才培训、进修制度、优秀人才的引进工作办法和科技人员的绩效评价体系。

人才培训、进修制度：就企业内部人员培训、参加职业资格培训、行业技术推广培训等制定详细

的管理办法。

优秀人才引进工作办法：详细说明优秀人才引进的使用范围、引进条件、考核指标等。

科技人员的绩效评价体系：从研发中心考核工作的分工、工作要求、考核目标及实施办法、考核结果的管理及申诉办法等方面进行规范。

准备材料：人才培养、引进的制度文件，人才绩效评价奖励制度的正式文件，其中组织内部培训可以提供内部培训通知、照片，参与外部培训可提供培训通知、培训费发票等；人才引进除政策文件外可提供实行情况说明；科技人员的绩效评价体系除提供政策文件外可提供奖励制度实施的证明。

第六节　研发管理流程

包括企业的立项、实施、结题等全流程管理，需要提交的材料包括立项、中期、验收材料和其他材料，如项目仍在研，可不提供结题材料，可由已取得的成果证明材料代替。项目技术资料管理要求，资料完整：技术小结、数据记录与分析、技术路线、设计方案、工艺图纸、知识产权、重要技术参数标注。表达清晰：通俗易懂，便于交流和分享。真实再现：可追溯、可验证，便于查询。

一、项目立项

首先，制定研发战略。建立与企业目标一致的新产品开发策略，在资源配置上重视柔性运用和引入，重视与企业其他部门及外部的沟通，注重新产品研发的定位与未来趋势。

其次，对研发活动项目化。提出项目，开展项目可行性研究，对文献分析、市场调查、技术分析、竞争对手分析、市场容量等进行分析。确定项目，确定研发内容，判断研发条件，确定研发周期，制定计划进度，确定技术指标，提出预期成果，提出费用预算，组建项目团队等。

立项申请书应从项目的研究背景、研究的目的、主要研究内容和创新点、组织实施方式、预计进度、经费预算、参与人员情况、预期成果等方面进行撰写。

准备材料：项目的立项申请书、立项审批决议表。

二、项目实施

主要从研发设计、开发调试、测试验证、研发构型、关键技术攻关、原理样机/工程样机/生产样机、研发验证等方面进行项目的实施。

针对一些项目周期较长的研发项目，可以提供项目中期检查报告，中期报告主要从项目的进展情况、阶段性成果、后期工作安排等方面撰写。

准备材料：项目的中期检查报告、审批意见书、阶段性成果证明材料。

三、项目结题

项目完成时，可以进行知识产权的申报、撰写结题报告、申请结题验收、进行成果登记、组织成果报奖、实施成果转化。

项目结题证明材料应从项目的实施成果、经费的使用情况等方面进行撰写，并附成果证明，如样机照片、专利证书、论文发表情况、检测报告等。

准备材料：结题报告、项目结题决议以及其他证明文件。

若项目为非企业自主研发项目，如政府项目、委外项目、外部委托项目等，应提供项目合同书、申请书、结题报告等相关证明材料。

也可提供领料单等过程证明材料证明项目的研发、费用的投入等情况。

表 3-1 近三年研究开发活动一览表（例）

序号	研发活动名称	证明材料及其所在页次
RD01		

高新技术企业申报书 RD 研发活动表填写（例）

第四章 知识产权创造与管理

第一节 知识产权的定义及类型

一、知识产权的定义

知识产权是指公民、法人或者其他组织在科学技术方面或文化艺术方面，对创造性的劳动所完成的智力成果依法享有的专有权利。知识产权从本质上说是一种无形财产权，其客体是智力成果或是知识产品，是一种无形财产或者一种没有形体的精神财富，是创造性的智力劳动所创造的劳动成果。它与房屋、汽车等有形财产一样，都受到国家法律的保护，都具有价值和使用价值。

二、知识产权的类型

在2021年1月1日实施的《中华人民共和国民法典》中第一百二十三条规定："民事主体依法享有知识产权。知识产权是权利人依法就下列客体享有的专有的权利：（一）作品；（二）发明、实用新型、外观设计；（三）商标；（四）地理标志；（五）商业秘密；（六）集成电路布图设计；（七）植物新品种；（八）法律规定的其他客体。"

（一）著作权。著作权，可以理解为自然科学、社会科学以及文学、音乐、戏剧、绘画、雕塑、摄影和电影摄影等方面的作品组成版权，自作品创作完成之日起产生。版权是法律上规定的某一单位或个人对某项著作享有印刷出版和销售的权利，任何人要复制、翻译、改编或演出等均需要得到版权所有人的许可，否则就是对他人权利的侵权行为。著作权通常有狭义和广义之分，在中国，著作权用在广义时，包括（狭义的）著作权、著作邻接权、计算机软件著作权等，属于著作权法规定的范围。这是著作权人对著作物（作品）独占利用的排他的权利。狭义的著作权又分为发表权、署名权、修改权、保护作品完整权、使用权和获得报酬权（《中华人民共和国著作权法》第十条）。著作权分为著作人身权和著作财产权，具体来说，著作权包括发表权、修改权、保护作品完整权、复制权、发行权、出租权、展览权、表演权、放映权、广播权、信息网络传播权、摄制权、改编权、翻译权、汇编权及其他应当由著作权人享有的权利。

（二）专利权。专利权（Patent Right），简称"专利"，是指发明创造人或其权利受让人对特定的发明创造在一定期限内依法享有的独占实施权，是知识产权的一种。我国于1984年公布《中华人民共和国专利法》，1985年公布该法的实施细则，对有关事项作了具体规定，其性质主要体现在：排他性、时间性和地域性。专利权的主体即专利权人，是指依法享有专利权并承担相应义务的人，如发明人、发明人所在单位、受让人、外国人。专利权的客体，也称为专利法保护的对象，是指依法应授予专利权的发明创造。根据《中华人民共和国专利法》第二条的规定，专利法的客体包括发明、实用新型和外观设计3种。发明是指对产品、方法或者其改进所提出的新的技术方案。实用新型是指对产品的形状、构造或者其结合所提出的适于实用的新的技术方案。外观设计是指对产品的形状、图案或者其结合以及色彩与形状、图案的结合所做出的富有美感并适于工业应用的新设计。国防专利是指涉及国防利益以及对国防建设具有潜在作用需要保密的发明专利。

（三）商标权。商标权（Trademark Right），是指商标主管机关依法授予商标所有人对其注册商标受国家法律保护的专有权，是用以区别商品和服务不同来源的商业性标志，由文字、图形、字母、数字、三维标志、颜色组合和声音等，以及上述要素的组合构成。商标权是一种无形资产，具有经济价值，可依法转让。中国商标权的获得必须履行商标注册程序，而且实行申请在先原则。商标是产业活动中的一种识别标志，所以商标权的作用主要在于维护产业活动中的秩序，与专利权的作用主要在于促进产业的发展不同，其性质主要体现在独占性、地域性、时效性、财产性和类别性上。

（四）商业秘密权。商业秘密权即民事主体对属于商业秘密的技术信息或经营信息依法享有的专有权利。商业秘密的权利人不能排斥他人以合法手段获得或使用相同的商业秘密，商业秘密的效力完全取决于权利人的保密程度，没有地域限制、时间限制。之所以将商业秘密作为知识产权加以保护，是因为知识产权制度的宗旨是保护智力成果，保护无形财产，而商业秘密恰恰是智力成果、无形财产。就客体的非物质性而言，商业秘密权与著作权、专利权、商标权一样都具有无形财产权的本质属性，因此将商业秘密权视为知识产权的一种也不难理解和接受。商业秘密是一种特殊的知识产权，作为一种无形财产权，商业秘密的权利人与有形财产所有权人一样，依法对商业秘密享有占有权、使用权、收益权和处分权。

（五）植物新品种权。植物新品种权即完成育种的单位或个人对其授权的品种依法享有的排他使用权。植物新品种是指经过人工培育的或者对发现的野生植物加以开发，具备新颖性、特异性、一致性、稳定性，并有适当的命名的植物新品种。完成育种的单位和个人对其授权的品种享有排他的独占权，即拥有植物新品种权。新品种保护权享有期限，一般来说，木本植物培育的时间较长，因此保护的期限也较长。我国已有明确规定：藤本植物、林木、果树和观赏树木的品种权保护期限为20年，其他为15年。

（六）集成电路布图设计专有权。该权利是指自然人、法人或其他组织依法对集成电路布图设计享有的专有权。集成电路布图设计是指附着于各种载体上的电子元件和连接这些元件的连线布局设计。布图设计应当是作者依靠自己的脑力劳动完成的，设计必须是突破常规的设计或者即使设计者使用常规设计但通过不同的组合方式体现出独创性时，都可以获得法律保护。集成电路布图设计专有权包括：复制权，即重新制作含有该布图设计的集成电路；商业利用权，是指专有权人为商业目的而利用布图设计或含有布图设计的集成电路的权利。

（七）商号独占使用权。商号是企业在经营活动中表明身份以区别于其他企业的标志。我国一般采用先申请原则，即两个以上的企业向同一登记主管机关申请相同符合规定的厂家名称，登记主管机关根据申请在先的原则核定。此外，对商号权采取登记生效主义。商号权包括厂家名称设定权、厂家名称使用权、厂家名称转让权和厂家名称许可使用权。

第二节　高新技术企业认定对知识产权的要求

拥有知识产权是高新技术企业认定的必要条件，高新技术企业认定所指的知识产权须在中国境内授权或审批审定，并在中国法律的有效保护期内，知识产权权属人应为申请企业，不具备知识产权的企业不能认定为高新技术企业。在实际的高新技术企业认定过程中，往往存在以下要求：

一、高新技术企业认定中对企业知识产权情况采用分类评价方式，其中，发明专利（含国防专利）、植物新品种、国家级农作物品种、国家新药、国家一级中药保护品种、集成电路布图设计专有权等按Ⅰ类评价；实用新型专利、外观设计专利、软件著作权等（不含商标）按Ⅱ类评价，按Ⅱ类评价的知识产权在申请高新技术企业时，仅限使用一次。不属于以上两类的其他知识产权在高新技术企业认定过程中不予以认可和评价得分。

二、在申请高新技术企业及高新技术企业资格存续期内，知识产权有多个权属人时，只能由一个权属人在申请时使用。

三、申请认定时专利的有效性以企业申请认定前获得授权证书或授权通知书并能提供缴费收据为准。

四、发明、实用新型、外观设计、集成电路布图设计专有权可在国家知识产权局网站（http://www.sipo.gov.cn）查询专利标记和专利号；国防专利须提供国家知识产权局授予的国防专利证书；植物新品种可在农业部植物新品种保护办公室网站（http：//www.cnpvp.cn）和国家林业局植物新品种保护办公室网站（http：//www.cnpvp.net）查询；国家级农作物品种是指农业部国家农作物品种审定委员会审定公告的农作物品种；国家新药须提供国家食品药品监督管理局签发的新药证书；国家一级中药保护品种须提供国家食品药品监督管理局签发的中药保护品种证书；软件著作权可在国家版权局中国版权保护中心网站（http：//www.ccopyright.com.cn）查询软件著作权标记（亦称版权标记）。

五、申请认定前获得授权证书或授权通知书并能提供缴费凭证为准。

六、如有受让、受赠、并购等权属变更行为的，应在申报材料中提交知识产权审批审定部门出具相关文书（如登记簿副本、"软著登记事项变更或补充说明"等）。

表4-1　企业拥有知识产权一览表（例）

序号	知识产权名称	类别	授权日期	授权号	获得方式	出让方	转让时间	证明材料
IP01	一种XX垃圾处理设备	实用新型	2020.08.04	201921542XXX.8	自主研发	—	—	专利证书： 专利年费发票： 说明书摘要：
...								

（一）"类别"填写发明专利（含国防专利）、实用新型、非简单改变的外观设计、软件著作权、植物新品种、国家级农作物品种、国家新药、国家一级中药保护品种、集成电路布图设计专有权等；

（二）"授权日期"填写知识产权证书上的授权时间，转让获得的知识产权亦如此填写；

（三）"获得方式"填写自主研发、权属转让（受让、受赠、并购）等；

（四）"出让方"填写，若以转让方式获得知识产权，须填写"出让方"名称；

（五）"转让时间"填写知识产权权属相关变更手续的批复时间或权属转让生效时间；

（六）自主研发获得知识产权须附证书，受让、受赠、并购获得知识产权须附证书、受让/受赠协议及专利权人变更手续合格通知书，相关知识产权请附缴费证明；

（七）发明和实用新型专利需附上专利说明书摘要。

第三节　高新技术企业知识产权评价要求

一、核心自主知识产权

核心自主知识产权，是指企业作为权利人在中国境内（不含港澳台地区）注册的，近三年内通过自主研发、受让、受赠、并购等方式获得，对企业主要产品（服务）的核心技术发挥支持作用的自主知识产权，且发挥核心支持作用的技术及知识产权属于《国家重点支持的高新技术领域》规定的范围。因此，拥有核心自主知识产权的产品才能被称为高新技术产品。

二、知识产权评价要求

知识产权评价分值总共30分，主要由技术专家对企业申报的知识产权是否符合《认定办法》和《工作指引》要求，从以下几个方面进行定性与定量结合的评价。

表4-2　知识产权评价指标

序号	知识产权相关评价指标	分值
1	技术的先进程度	≤8
2	对主要产品（服务）在技术上发挥核心支持作用	≤8
3	知识产权数量	≤8

续表

序号	知识产权相关评价指标	分值
4	知识产权获得方式	≤ 6
5	企业参与编制国家标准、行业标准、检测方法、技术规范的情况（附加分）	≤ 2

（一）技术的先进程度

　　　　A. 高（7～8分）　　　B. 较高（5～6分）

　　　　C. 一般（3～4分）　　D. 较低（1～2分）

　　　　E. 无（0分）

（二）对主要产品（服务）在技术上发挥核心支持作用

　　　　A. 强（7～8分）　　　B. 较强（5～6分）

　　　　C. 一般（3～4分）　　D. 较弱（1～2分）

　　　　E. 无（0分）

（三）知识产权数量

　　　　A. 1项及以上（Ⅰ类）（7～8分）

　　　　B. 5项及以上（Ⅱ类）（5～6分）

　　　　C. 3～4项（Ⅱ类）（3～4分）

　　　　D. 1～2项（Ⅱ类）（1～2分）

　　　　E. 0项（0分）

（四）知识产权获得方式

　　　　A. 有自主研发（1～6分）

　　　　B. 仅有受让、受赠和并购等（1～3分）

（五）企业参与编制国家标准、行业标准、检测方法、技术规范的情况（此项为加分项，加分后"知识产权"总分不超过30分。相关标准、方法和规范须经国家有关部门认证认可）。

　　　　A. 是（1～2分）

　　　　B. 否（0分）

第四节　高新技术企业知识产权创造与保护

一、专利创造与挖掘

（一）原创性发明

原创性发明，是指一种全新的技术方案，在技术史上未曾有过先例，为人类科学某个时期的发展开创了新纪元，例如蒸汽机、电、雷达、计算机、芯片、激光器等。

（二）组合发明

组合发明，是指将某些技术方案进行组合，构成一项新的技术方案，解决存在的技术问题。例如将汽轮机与船组合成为轮船，解决船行动力问题。

（三）选择发明

选择发明，是指从现有技术中公开的宽范围中，有目的地选出现有技术中未提及的范围或个体的发明。例如，制造汽车轮胎，原来确定加入石墨的比例是小于 3%，并认为超过这一比例产品质量会降低。但一个新来的操作工将 3% 错成加 30%，其产品性能却比以前提高了。

（四）应用创新

应用创新是指将某一技术领域的现有技术转用到其他技术领域中的发明。例如将现有互联网技术应用到生产制造就产生了工业互联网和智能制造。

（五）已知产品的新用途

已知产品的新用途是指将已知产品用于新目的的发明。例如，将作为木材杀菌剂用作除草剂而取得意想不到的技术效果。

（六）要素变更的发明创造

（1）要素关系改变

要素改变是指发明与现有技术相比，其形状、尺寸、比例、位置及作用关系等发生变化。例如将螺旋桨的尺寸、厚度、材料、角度等要素改变而产生意想不到的技术效果而制作成切草机、破碎机等。

（2）要素替代

要素替代的发明是指产品或方法的某一项或多项要素由其他已知要素替代而取得了意想不到的效果。例如汽车发动机采用铝合金材料替代铸铁材料使汽车更加轻量化和节油。

（3）要素的新增或减少

减少或增加发明创造中的某一项或多项要素而带来意想不到的技术效果。例如，一项产品发明省去一个或多个零部件或者一项方法发明省去一步或多步工序后，与现有技术相比依然保持原有的全部功能或提升某些功能。

二、专利保护

申请专利既可以保护自己的发明成果，防止科研成果流失，同时也有利于科技进步和经济发展，企业可以通过申请专利的方式占据新技术及其产品的市场空间，获得相应的经济效益，如通过生产销售专利产品、转让专利技术、专利入股等方式获利。当市场上出现产品被仿制等知识产权侵权状况后，企业可利用专利权和法律途径来维护企业自身的合法权益。总的来说，企业拥有专利权具有以下六大好处：

（一）制止仿制行为，利于占领市场。

（二）保护企业技术优势，人才流动专利不动。

（三）提高企业知名度，增加竞争机会。

（四）增加企业资产总值，有利于做强企业。

（五）排除他人告侵权的干扰，维护经营秩序。

（六）享受政府的优惠政策。

第五节　高新技术企业知识产权管理策略

一、设立专门的知识产权机构

企业知识产权管理机构是负责知识产权战略具体实施的部门。高新技术企业应根据自身的经营状况和经济技术实力设立相应的知识产权管理的专门机构。其职责除了包括制定企业规章制度、组织实施知识产权培训、研究制定知识产权战略、处理企业内外知识产权业务等方面外，还包括制定企业知识产权发展规划，对本企业技术、产品领域知识产权发展状况和动态进行跟踪分析，为企业经营管理提供建议，为企业开展经营管理从技术开发、产品营销方面提供知识等。

二、完善知识产权内部管理制度

高新技术企业应完善包括知识产权评估制度、保密制度、成果归档制度、劳动合同制度、技术合同管理制度在内的一系列知识产权管理规则，切实保障企业的合法权益。高新技术企业对其拥有的无形资产应当定期进行评估，因为无形资产是高新技术企业总资产的重要组成部分，对其进行评估，有利于及时掌握企业资产的变化，调整企业发展战略。

三、强化合同知识产权条款审核

高新技术企业转让科技成果，进行技术交易，应当严格按照《中华人民共和国合同法》有关的规定，签订有关技术开发、转让、咨询、服务以及技术入股、联营、培训、中介等合同，并且应在合同中明确约定有关知识产权归谁所有、如何使用以及由此产生的利益如何分配等事项。同时，企业应在知识产权保护工作中完善技术秘密保护机制，对在研项目和尚未形成成果的项目加强技术保密，真正使企业的技术秘密得到保护。明确企业在与员工签订劳动合同的同时签订保密协议，以更好地维护企业的权益，避免因技术秘密的泄露给公司造成巨大损失。

四、建立企业无形资产管理台账

知识产权是一种无形资产，通过知识产权科学、合理的评估，真实地计算出高新技术企业自身知识产权的价值和使用价值，建立企业的专利、商标等无形资产管理台账并进行清单式管理，这样既有利于高效地开展业务，又可以提高职工保护知识产权的责任感和自豪感，增强企业凝聚力。

五、建立有效的激励机制

激励机制对于释放人的积极性、主动性具有巨大的促进作用。通过激励机制，完善知识和技术作为生产要素参与分配的制度，对为企业知识产权建设作出贡献的人，企业要落实国家的有关奖励政策，从物质上和精神上给知识产权创造者予以奖励，特别是对为企业的发展作出了显著贡献的科技人员及管理人员采取一次性、效益提成、技术作价入股等多种形式的奖励，真正做到多劳、多贡献多得，从而提高知识产权创造者的积极性，使他们自觉保护本单位的知识产权，维护本单位的合法权益。

六、加强知识产权人才的培养

知识产权管理的好坏，归根到底是知识产权人才在起作用。能否培养和造就一大批高素质的知识产权管理队伍直接关系到高新技术企业知识产权管理制度的成败。首先，应重视知识产权人才的引进工作，并为他们提供良好的工作环境和待遇，使他们全身心地投入到知识产权保护工作中去。其次，加大知识产权人才培训与教育的投入力度，采取多种形式提高知识产权人员的业务水平和综合素质。如通过演讲、专题讲座、知识竞赛等活动，普及知识产权方面的知识，有目的、有计划地选择企业中的知识产权骨干人员到国内外高校学习，了解国内外知识产权发展的最新动态，提高企业知识产权管理水平。加强企业与学校的联系，委托国内高等院校，针对本企业的实际情况，对知识产权人员进行专门培训，提高他们运用、管理及保护知识产权的能力。

第五章　科技成果转化

第一节　科技成果的定义及来源

一、科技成果的定义

按照国科发火〔2016〕195号《高新技术企业认定管理工作指引》要求，科技成果转化一般是指为提高生产力水平而对科技成果进行的后续试验、开发、应用、推广直至形成新产品、新工艺、新材料，发展新产业等活动。依照《中华人民共和国促进科技成果转化法》，科技成果是指通过科学研究与技术开发所产生的具有实用价值的成果（专利、版权、集成电路布图设计等）。狭义的理解，高企认定中只有"专利、版权、集成电路布图设计"才能算为"科技成果"。广义的理解，在符合文件精神的前提下，可以将"工作指引"中归入"知识产权"部分评分的成果，也定义为符合高企评审标准的"科技成果"。

此外，"工作指引"中明确指出，企业参与编制的国家标准、行业标准、检测方法、技术规范也是"知识产权"部分的加分项。因此，在某些情况下，可以将"国家标准、行业标准、检测方法、技术规范"纳入"科技成果"的理解范畴中。

二、科技成果的来源

企业用以转化的科技成果通常有两种来源，其一是内部研发型（自主研发），其二是外部引入型（受让、受赠、并购、其他）。

内部研发型的科技成果又可以分为"全自主开发"和"合作、委托开发"，但无论哪一种，都应该提供相应研发项目及活动的立项报告、验收报告，或者合作、委托开发合同及资金往来证明等作为科技成果来源的证明材料。

外部引入型的科技成果则可提供经备案登记的专利转让合同、技术使用许可协议、技术转让合同以及资金给付证明，或者无形资产价值评估报告、无形资产投资入股证明等成果来源证明材料。

三、不同来源科技成果对应的研发费用

针对"自主研发"的科技成果，即企业从研发出"科技成果"到实施"科技成果转化"都是由自己全部或部分参与完成的。那么，其相应的研发费用应该属于"内部研究开发投入额"。

针对"合作、委托开发"的科技成果，其相应的研发费用会存在"委托外部研究开发投入额"。

针对"外部引入型"的科技成果，即企业只完成"成果转化实施"阶段的相关研发活动。相应的研发费用中还应该包含"无形资产摊销"科目，以对应"科技成果"的作价引入。

第二节　高新技术企业认定对科技成果转化的要求

一、科技成果转化形式

在高新技术企业的认定过程中无论是哪种来源的科技成果，在科技成果转化实施阶段，其形式大体上可以分为两类，一是内部转化，即企业"自行投资实施转化"。二是外部转化，包括"向他人转让该技术成果；许可他人使用该科技成果；以该科技成果作为合作条件，与他人共同实施转化；以该科技成果作价投资、折算股份或者出资比例；以及其他协商确定"等多种方式。

二、科技成果获取时效要求

根据文件要求，"科技成果"无论是"内部研发"还是"外部引入"的，其成果诞生及获得时间，并不要求是"近三年内"。也就是说，三年前或者五年前研发出来的科技成果（如六年前授权的发明专利），只要在"近三年内"完成成果转化，是可以计分的。然而，如果是申报高新技术企业当年才诞生的科技成果，理论上是不可能回到"近三年内"来实施成果转化，所以可不计分。

三、科技成果转化时效要求

《高新技术企业认定管理工作指引》文件中提到的是"近三年内科技成果转化的年平均数"，且有明确说明"近三年"即"年限"中的"近三个会计年度"。根据文件精神，科技成果转化应该是在企业申报时"近三个会计年度"内完成的，才能计分。

要证明"近三年内科技成果转化"，应该提供申报时"近三个会计年度"内实施并完成成果转化的证明文件。无论科技成果最后的转化形式是"样机样品""PS"，又或者是其他形式，相关证明材料中的时间显示必须要在"近三年内"。

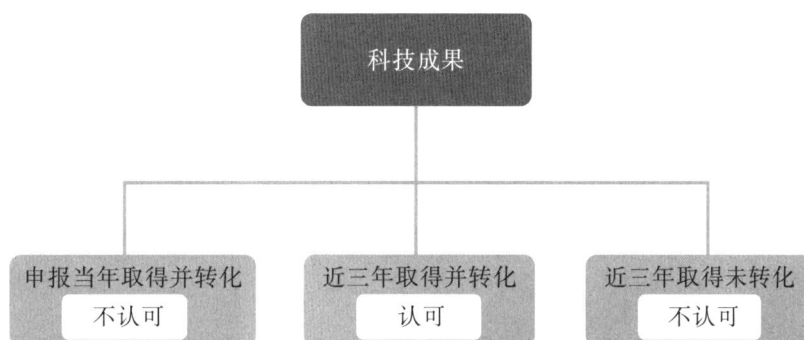

四、科技成果转化的次数限定

《高新技术企业认定管理工作指引》文件中明确指出，同一科技成果分别在国内外转化的，或转化为多个产品、服务、工艺、样品、样机等的，只计为一项。任意一项科技成果，无论实施转化了多少次，转化成了多少个产品、服务等，都仅能以首次实施成果转化为计，只计为一项。如该科技成果在"近三年前"已经转化过一次或多次，那么就算在"近三年内"再次实施了转化，转化成任意新的高新收入形式，也不能再计为本次申报的科技成果转化项数。

五、科技成果转化总量要求

《高新技术企业认定管理工作指引》要求企业科技成果转化数量年平均数 ≥ 5 项可得 25 ～ 30分（科技成果转化能力评定分值满分为 30 分），但在实际的认定过程中由技术专家根据企业科技成果转化总体情况和近三年内科技成果转化的年平均数进行综合评价，多数企业科技成果转化年平均数达不到 5 项，即科技成果总数达不到 15 项而造成丢分较多。具体打分指标如下：

A. 转化能力强，≥ 5 项（25 ～ 30 分）

B. 转化能力较强，≥ 4 项（19 ～ 24 分）

C. 转化能力一般，≥ 3 项（13 ～ 18 分）

D. 转化能力较弱，≥ 2 项（7 ～ 12 分）

E. 转化能力弱，≥ 1 项（1 ～ 6 分）

F. 转化能力无，0 项（0 分）

第三节 科技成果转化证明

科技成果转化一直是高新技术企业认定的难点与重点，也是失分的重灾区，很多企业最后只差几分而与高新技术企业失之交臂，就是在科技成果转化证明材料上出了问题。特别指出的是，在高新技术企业申报实务中，企业应该分清楚"科技成果证明材料"和"成果转化证明材料"的关系和区别。"科技成果证明材料"，要用以证明"科技成果"的来源及其具体体现形式（知识产权、标准规范等）；"成果转化证明材料"，只用以证明"科技成果"最终实施了转化而形成高新收入、样机样品、转让入股等。

一、科技成果来源证明

通过内部研发形成的科技成果，又可以分为"自主开发"和"合作、委托开发"，但无论哪一种，都应该提供相应研发项目及活动的立项报告、验收报告，或者合作、委托开发合同及资金往来证明等作为科技成果来源的证明材料。

通过外部引入形成的科技成果，则可提供经备案登记的专利转让合同、技术使用许可协议、技术转让合同以及资金给付证明，或者无形资产价值评估报告、无形资产投资入股证明等成果来源证明材料。

二、科技成果转化证明

科技成果内部转化的可从生产批文、新产品或新技术推广应用证明（销售合同、发票、用户试用报告等）、产品质量检验报告等方面提供材料，以证明该"科技成果"确实通过转化"形成新产品、新工艺、新材料，发展新产业"等。如果最终形成了高技术产品（服务）收入的，还应该填写 PS 表，并提供与收入对应的合同和发票来证明。

科技成果外部转化可从技术合同、合作协议等方面提供材料，证明该"科技成果"按照一定的价值，给予明确的外部接受方来具体实施转化。但是，外部转化实施的最终结果是什么，或许涉及其他商业机密，工作指引未明确要求去证明。

第四节 RD—科技成果—PS 三者之间的逻辑关系

一、科技成果与 RD 之间的关系

高新技术企业申报中的"RD"定义为"企业研究开发活动"，而"企业研究开发活动"从广义上看，又包含了"科技成果研发"和"成果转化实施"两个阶段。因此 RD 和科技成果的关系，大体上可以分为两种情况：

情况一，RD 仅作为"内部研发型"科技成果的来源。这种情况下，某一个科技成果必然来自某一个 RD；反之，某一个 RD 却未必只产生一个科技成果，可能会产生多项科技成果。此外，研发未完成或未成功的 RD，也可能一个科技成果都没有产生。所以，RD 和科技成果从数量上并不能简单等同，在理想情况（RD 都研发成功）下，科技成果数通常是大于等于 RD 数。

情况二，RD 还作为"外部引入型"科技成果实施转化的研发过程。这种情况下，RD 就不会产生科技成果，而是会对应"消化、吸收"某一项科技成果。所以，这种 RD 通常跟科技成果是一一对应的。

二、科技成果与 PS 之间的关系

高新技术企业申报中的"PS"定义为"高新技术产品（服务）"，还要体现具体收入金额。回顾前述"科技成果转化"的相关内容，理论上某一个 PS 可能来自某一个或者多个科技成果。例如一

些大型高科技仪器设备，作为单个 PS 却包含了很多项专利技术，即多项科技成果转化成为一个 PS，反之则不成立，即一项科技成果只计一次转化。

此外，一些科技成果却未必会转化成具体的 PS，因为科技成果转化实施后的形式还包括样机样品、作价投资等。进而可以理解，RD 和 PS 是通过科技成果的研发和转化实现了对应和连接关系。三者逻辑关系如下图：

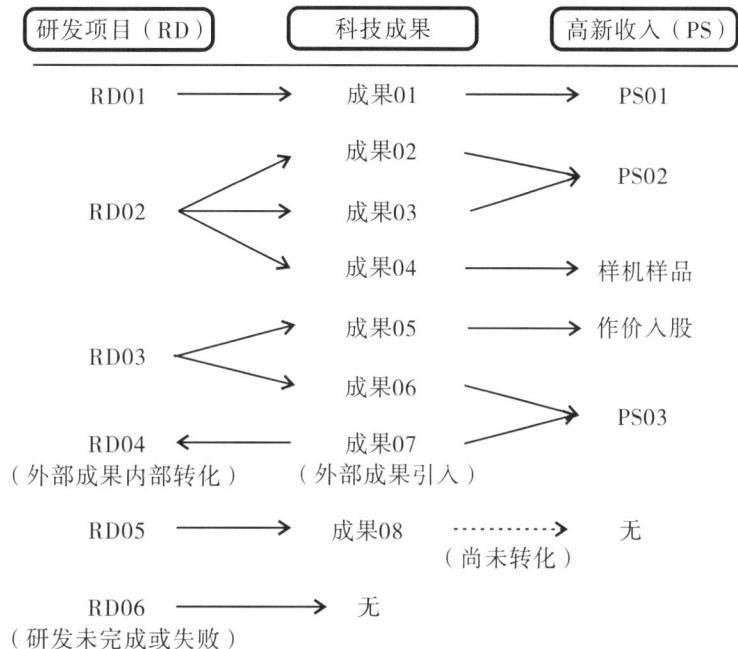

可见，RD、科技成果、PS 三者并非简单的一一对应关系。而在现实中企业的研究开发及科技成果转化活动，情况更为复杂多样。

综上，高新技术企业认定申报及评审中，关于"科技成果转化"方面的问题是最多的，也是最复杂的。实际操作时，还是要认真领会《高新技术企业认定管理办法》（国科发火〔2016〕32 号）和《高新技术企业认定管理工作指引》（国科发火〔2016〕195 号）两份文件的精神，并严格按照其要求来执行。

三、科技成果转化的核心简述

（一）科技成果一般包括专利、版权、技术使用许可证、注册的软件版权、集成电路布图设计等。

（二）科技成果转化的判断依据是：企业以技术成果形成产品、服务、工艺、样品、样机等。

（三）科技成果可以不在近三年产生，但是转化一定要在近三年内。

（四）同一个成果在多个年度转化，以首次转化为准。

（五）一个成果转化为多个产品只能算一个转化，但多个成果转化为一个产品可以算多个转化。

第六章　财务管理

第一节　高新技术企业认定的财务要求

根据《高新技术企业认定管理办法》（国科发火〔2016〕32号）及《高新技术企业认定管理工作指引》（国科发火〔2016〕195号）规定，企业认定为高新技术企业须满足以下财务管理要求。

一、企业主要产品（服务）收入方面

《高新技术企业认定管理办法》（国科发火〔2016〕32号）第十一条第（三）款规定"对企业主要产品（服务）发挥核心支持作用的技术属于《国家重点支持的高新技术领域》规定范围"。需要明确的是：

高新技术产品（服务）是指对产品（服务）主要竞争优势发挥核心支持作用的关键技术，属于《国家重点支持的高新技术领域》规定范围的产品（服务）。这里明确了只要企业关键技术符合《国家重点支持的高新技术领域》规定范围，就算企业及其产品（服务）属于传统产业，也可以被认定为高新技术企业。

主要产品（服务）是指高新技术产品（服务）中，拥有在技术上发挥核心支持作用的知识产权的所有权，且收入之和在企业同期高新技术产品（服务）收入中超过50%的产品（服务）。通俗地说，即具有核心自主知识产权的高新技术产品（服务），其收入之和占近一年所有高新技术产品（服务）收入的50%及以上。

二、企业研究开发费用方面

根据《高新技术企业认定管理办法》（国科发火〔2016〕32号）规定，企业近三个会计年度（实际经营期不满三年的按实际经营时间计算）的研究开发费用总额占同期销售收入总额的比例符合如下要求：

（一）最近一年销售收入小于5000万元（含）的企业，比例不低于5%。

（二）最近一年销售收入在5000万元至2亿元（含）的企业，比例不低于4%。

（三）最近一年销售收入在2亿元以上的企业，比例不低于3%。

其中，企业在中国境内发生的研究开发费用总额占全部研究开发费用总额的比例不低于60%。

注：销售收入为主营业务收入与其他业务收入的总和，主营业务收入与其他业务收入按照企业所得税年度纳税申报表的口径计算。

三、高新技术产品（服务）收入方面

高新技术产品（服务）收入占比是指高新技术产品（服务）收入与同期总收入的比值。《高新技术企业认定管理办法》（国科发火〔2016〕32号）第十一条第（六）款规定："近一年高新技术产品（服务）收入占比不低于60%。"

（一）高新技术产品（服务）收入

高新技术产品（服务）收入是指企业通过研发和相关技术创新活动取得的产品（服务）收入与技术性收入的总和。对企业取得上述收入发挥核心支持作用的技术应属于《国家重点支持的高新技术领域》规定的范围。其中，技术性收入包括技术转让收入、技术服务收入、接受委托研究开发收入三部分：

1.技术转让收入：指企业技术创新成果通过技术贸易、技术转让所获得的收入。

2.技术服务收入：指企业利用自己的人力、物力和数据系统等为社会和本企业外的用户提供技术资料、技术咨询与市场评估、工程技术项目设计、数据处理、测试分析及其他类型的服务所获得的收入。

3.接受委托研究开发收入：指企业承担社会各方面委托研究开发、中间试验及新产品开发所获得的收入。

企业应正确计算高新技术产品（服务）收入，由具有资质并符合《高新技术企业认定管理工作指引》相关条件的中介机构进行专项审计或鉴证。

（二）总收入

总收入是指收入总额减去不征税收入，包括主营业务收入、其他业务收入、营业外收入等所有征税收入。收入总额与不征税收入按照《中华人民共和国企业所得税法》《中华人民共和国企业所得税法实施条例》的规定计算。

第二节　研发经费管理

一、研发准备金制度

研发准备金是指为保证企业研发项目的资金需求，企业根据国家法律法规或企业内部权力机构的决议，在研发项目实际开展研发活动前或研发过程中提前储备的专门用于研发项目支出的资金。

研发准备金制度是指规范研发准备金的形成、使用、核算、信息披露等事项的管理措施。各地区实施研发准备金奖补政策。广西壮族自治区人民政府《关于促进全社会加大研发经费投入的实施意见》（桂政发〔2018〕25号）规定：对建立研发准备金制度的企业，按照事前备案、事后补助的方式，由自治区财政按其上一年度享受研发经费加计扣除政策的新增研发经费投入的一定比例予以补助。对研发经费与主营业务收入之比超过2%的普通企业、超过5%的高新技术企业或已建立自治区级创新研发平台的企业，根据对其申报科研项目的评审情况，给予一定比例的后补助支持。

二、研发费用归集

（一）研发费用归集的重要性

1.科技项目研发费用如何建账、采取何种核算方式、企业哪些人的工资可以纳入研发费用、材料消耗凭证如何分割、房屋和设备折旧如何在研发项目之间分摊、无形资产摊销及其引发的纳税调整等，这是企业财务经常遇到的问题。

2.企业有研发项目，必然发生研发费用，有研发费用必须通过账务处理来反映。做好每个研发项目经费的辅助账（备查账），准确完整地核算研发支出，归集研发费用才能正确反映企业的研究开发情况，才能合法享受研发费用税前加计扣除和高新技术企业的所得税税率优惠政策。

（二）研发费用归集内容

研发费用归集内容包括企业内部研发投入、委托外部研发机构的研发投入两部分。企业内部研发投入主要包含人员人工费用、直接投入费用、折旧费用与长期待摊费用、设计费用、装备调试费用、无形资产摊销、其他费用等7个方面。委托外部研发机构的研发投入是指企业委托境内外其他机构或个人进行研究开发活动所发生的费用（研究开发活动成果为委托方企业拥有，且与该企业的主要经营业务紧密相关）。

（三）研发费用归集口径

研发费用的归集有三个口径：会计核算口径、高新技术企业认定口径和研发费用加计扣除税收规定口径。

三、研发费用归集范围与分摊方法

（一）人员人工费用

1.范围：直接从事研发活动人员的工资薪金、基本养老保险费、基本医疗保险费、失业保险费、工伤保险费、生育保险费和住房公积金，以及外聘科技人员的劳务费用。

（1）直接从事研发活动人员包括研究人员、技术人员、辅助人员。研究人员是指主要从事研究开发项目的专业人员；技术人员是指具有工程技术、自然科学和生命科学中一个或一个以上领域的技术知识和经验，在研究人员指导下参与研发工作的人员；辅助人员是指参与研发活动的技工。外聘研发人员是指与本企业或劳务派遣企业签订劳务用工协议（合同）和临时聘用的研究人员、技术人员、辅助人员。

（2）企业按照协议（合同）约定支付给劳务派遣企业，且由劳务派遣企业实际支付给外聘研发人员的工资薪金等费用，属于外聘研发人员的劳务费用。

（3）工资薪金包括按规定可以在税前扣除的对研发人员股权激励的支出。

2.归集和分摊方法：如果企业研发人员比较充足，可以不同的研发项目分配不同的研发人员，在这种情形下，可以直接将研发人员的人工费用计入所研发的项目。但是实际情形是，很多企业研发人员并不是很充裕，往往一个研发人员同时要进行几个研发项目的研发工作，或研发人员同时从事非研发活动，在这种情形下，企业应对相关人员活动做考勤记录、工作工时的必要记录，按实际统计的工作量及工时占比等合理方法进行分摊，无工作量统计的，则选择当期各项目直接投入占总投入比例或者预算比例等可行方法进行分摊。

在分摊过程中，一方面要结合实际，分摊结果必须体现实际情况，另一方面，也要尽量减轻财务人员的负担，体现简化原则，这样才具有可操作性。

3.注意事项

（1）科技人员与研发人员统计：主要统计企业的全时工作人员，兼职或临时聘用人员全年累计工作183天以上。

（2）高企申报材料中列明的科技人员及研发人员应该与财务核算相一致（科技人员和研发人员工资发放表）。

（3）企业科技人员及研发人员工资花名册必须单独做册，研发科技人员名字须在有关科技研发项目申报书、任务书上体现。参加多个科技研发项目的科研人员在同一年度累计工作时间不能超过12个月。

（二）直接投入费用

1.范围：企业为实施研究开发活动而实际发生的相关支出。包括：

（1）直接消耗的材料、燃料和动力费用。

（2）用于中间试验和产品试制的模具、工艺装备开发及制造费，不构成固定资产的样品、样机及一般测试手段购置费，试制产品的检验费。

（3）用于研究开发活动的仪器、设备的运行维护、调整、检验、检测、维修等费用，以及通过经营租赁方式租入的用于研发活动的固定资产租赁费。

2.归集和分摊方法：一般为直接计入，对动力费用，共同使用的模具、样品、样机及一般测试手段购置费及仪器、设备租赁费等，企业应对其使用情况做必要记录，按各研发项目使用的工作量、工时占比或预算比例等合理方法进行分配后计入。

3.注意事项

（1）研发活动中领用材料手续的完备性。研发领用材料必须有领料单，领料单上须有相关研发人员签字，同时须注明领用的研发项目名称。财务核算时须根据领料单记录的内容核算相应研发项目的费用。

（2）研发用材料费用占研发费用的比例的合理性。在核算中应重点关注材料费用占研发费用比例的合理性，尽量避免高出行业水平太多，一般情况下不超过50%，否则，容易被认为将生产材料计入研发费用。

（3）水电费（燃料费）分配的合理性。研发费用核算中不能把企业发生的所有水电费用计入研发费用，或研发费用中不核算水电费，也不能只将某几月的水电费全额计入研发费用，而其他月份不核算。研发费用核算中水电费（燃料费）的分配要考虑整体合理性，如可以按研发设备的耗电定额分配，也可以按研发设备原值占企业所有设备的原值比重分配等。

（三）折旧费用与长期待摊费用

1.范围：用于研究开发活动的仪器、设备和在用建筑物的折旧费，以及研发设施的改建、改装、装修和修理过程中发生的长期待摊费用。

2.归集和分摊方法：属于多个项目使用的，按各研发项目使用的工作量等可行方法计算后计入。如果企业为了减少设备的闲置，未购置研发专用设备，而是使用生产设备进行研发，那么就按照研发工时占总工时的比例将生产设备折旧计入研发费用中。

3.注意事项

（1）除了研发所需直接仪器和设备（如加工、检测等）外，研发部门使用的电脑、打印机等日常设备也可以作为研发设备处理。

（2）企业的固定资产管理中对研发用设备应归入研发部门管理。不得将生产及其他用途的设备折旧费计入研发费。如果生产和研发共用设备，按使用工时做好折旧分摊表。

（3）改建、改装、装修和修理过程中发生的长期待摊费用摊销计入研发费用，相关设施必须真实为研发设施，不得将生产、行政办公等设施的相关费用摊入研发费用。

（4）研发设施的改建、改装、装修和修理过程中发生的长期待摊费用摊销计入研发费用时，相关的内部管理程序及相关资料要完备，有项目审批、预算、决算、付款凭证等。

（四）无形资产摊销费用

1.范围：研究开发活动的软件、知识产权、非专利技术（专有技术、许可证、设计和计算方法等）的摊销费用。

2.归集和分摊方法：单个项目直接计入，属于多个项目使用的，按各研发项目使用的工作量或者预算金额比例等可行方法计算后分摊。

3.注意事项

（1）购买的专利技术用于研发活动的，在研发活动期间发生的无形资产摊销费用才可以计入研发费用。

（2）专有技术购入后，在会计科目上必须以无形资产入账。如果企业作为费用一次列支，则该费用不能在任何项目中进行分摊。

（3）投资者投入的无形资产的成本，应该按照评估价值和相关税费确定。

（4）自行研发的无形资产的成本，由符合资本化条件后至达到预定用途前发生的支出构成。

（5）研发部门使用的管理、设计软件所形成的无形资产摊销可计入研发费用。不得将生产、仓库、财务等部门的管理、核算软件支出计入研发费用，不得将企业整体的 ERP 软件费用全部计入研发费用。

（五）设计费用

1. 范围：为新产品和新工艺进行构思、开发和制造，进行工序、技术规范、规程制定、操作特性方面的设计等发生的费用。包括为获得创新性、创意性、突破性产品进行的创意设计活动发生的相关费用。

2. 归集和分摊方法：一般不会有共同费用，可直接计入。

3. 注意事项

设计费用一般为委托外部单位对企业研发项目进行的设计，须开具相应的发票方可入账，可直接根据设计费用所对应的研发项目直接计入，不需要分摊。

（六）装备调试费用与试验费用

1. 范围：工装准备过程中研究开发活动所发生的费用，包括研制特殊、专用的生产机器，改变生产和质量控制程序，或制定新方法及标准等，新药研制的临床试验费、勘探开发技术的现场试验费、田间试验费等。

2. 归集和分摊方法：一般不会有共同费用，可直接计入。如果试制的新产品（新工艺）对应多项研发项目，就需要进行分摊。采用的分摊方法为：按照研发项目预算金额的比例进行分配。

3. 注意事项：仅为研发过程中的装备调试费，为大规模批量化和商业化生产所进行的常规性工装准备和工业工程发生的费用不能计入；企业研发过程中发生的模具和工具开发费用尽可能在此内容核算，不在"直接投入"科目核算，这样可有效降低直接投入占研发费用的比重。

（七）其他费用

1. 范围：上述费用之外与研究开发活动直接相关的其他费用，包括技术图书资料费、资料翻译费、专家咨询费、高新科技研发保险费，研发成果的检索、论证、评审、鉴定、验收费用，知识产权的申请费、注册费、代理费，会议费、差旅费、通信费等。

2. 归集和分摊方法：单个项目发生的直接计入，属于多个项目的，按预算占比进行分摊；若费用较小，则可直接计入某项目。

3. 注意事项

（1）其他费用一般不得超过研究开发总费用的 20%，另有规定的除外。

（2）会议费，差旅费，研发人员培训费、培养费，专家咨询费，研发成果的论证、评审、验收、评估以及知识产权的申请费、注册费、代理费，外聘专家费等均可计入研发费用。但专利的维护费、诉讼费不得计入研发费用。

（3）其他费用计入研发费用时，应注明具体发生的研发项目，必须为相关的研发人员真实发生的费用，相关的证明资料要齐全。

（八）委托外部研究开发费用

1. 范围：指企业委托境内外其他机构或个人进行研究开发活动所发生的费用（研究开发活动成果为委托方企业拥有，且与该企业的主要经营业务紧密相关）。

企业在中国境内发生的研究开发费用，是指企业内部研究开发活动实际支出的全部费用与委托境内其他机构或个人进行的研究开发活动所支出的费用之和，不包括委托境外机构或个人完成的研究开发活动所发生的费用。受托研发的境外机构是指依照外国和地区（含港澳台）法律成立的企业和其他取得收入的组织，受托研发的境外个人是指外籍（含港澳台）个人。

委托外部研究开发费用的实际发生额应按照独立交易原则确定，按照实际发生额的80%计入委托方研发费用总额。

2. 归集和分摊方法：委托外部研究开发费用如果在合同中明确费用是用于某一项目的研发，直接计入该项目即可，不需要分摊。如果同时涉及几个研发项目，而且金额也未分别列明，这时需要按照研发项目预算金额的比例进行分摊。

3. 注意事项

（1）产学研合作是高新技术企业申报中的重要指标，在高企申报评审中占较大的分值。

（2）企业的产学研合作项目应符合高新技术领域，必须与企业的高新产品密切相关。

（3）委托外部研究开发必须有委托外部研发的合同或协议，结算时必须出具正规的合法票据，必须要有付款凭证。

四、研发费用科目设置及财务核算

（一）研发费用核算方式

1. 研发费用核算方式有费用化和资本化两种。新《企业会计准则第6号——无形资产》对研发费用会计处理方法的规定：我国实行一定条件下研发费用资本化核算方式，即科技项目研究阶段的支出全部费用化，计入当期损益；开发阶段的支出符合资本化条件的，确认为无形资产。

2. 研发费用资本化必须同时满足以下5个条件：

（1）项目技术可行（技术条件已具备或已经专家鉴定）。

（2）开发目的（使用或出售意图）明确。

（3）有明确市场需求（其产品存在市场需求或自身存在市场）。

（4）有内外部资源（技术人员、资金、能源等）支持。

（5）支出成本可计量。

（二）研发费用科目设置

企业在成本类会计科目下设置"研发支出"科目，用于核算企业进行研究与开发无形资产过程中发生的各项费用；在费用类科目下设置"管理费用—研发费用"核算不满足资本化条件的，从"研发支出"科目结转过来的金额。"研发支出"以研发项目为单位进行核算，年终进行研究开发支出归集；"研发支出"科目下设"费用化支出""资本化支出"二级科目，进行明细核算；在二级科目下设三级科目，按照支出的业务性质进行明细核算。具体设置如下：

1. 研发支出—费用化支出

本科目核算企业从事研究开发活动所发生的经费支出，按支出的业务内容和性质可设置如下10个明细科目。

（1）研发支出—费用化支出—人员人工费：核算从事研究开发活动的在职职工和外聘的专业技术人员及为其提供直接服务的管理人员的工资、奖金、津贴、补贴、社会保险费、住房公积金等人工费及劳务费。为研发活动提供辅助服务的人员的劳务成本应按其在研究开发活动与非研究开发活动的工时比例分摊计入。

（2）研发支出—费用化支出—办公费：核算技术中心、研究开发机构及研发相关部门的日常办公费用。

（3）研发支出—费用化支出—差旅费：核算技术中心、研究开发机构及研发相关部门的员工的差旅费和用于以科研技术交流为目的的相关人员的差旅费支出。

（4）研发支出—费用化支出—折旧费：核算用于研发活动的仪器、设备、房屋等固定资产的折旧费用（企业用于研究开发的仪器和设备，单位价值在 100 万元以上的，允许其采取双倍余额递减法或年数总和法实行加速折旧，具体折旧方法一经确定，不得随意变更）。

（5）研发支出—费用化支出—材料费：核算研发活动直接消耗的材料、燃料和动力费用。

（6）研发支出—费用化支出—设计费：核算研究开发新产品时所发生的直接设计费用。

（7）研发支出—费用化支出—设备调试费：核算研究开发新产品、工艺、技术时的设备调试及调整维护的相关费用支出，用于中间试验和产品试制的模具、工艺装备开发及制造费，设备调整及检验费，样品、样机及一般测试手段购置费，试制产品的检验费等。

（8）研发支出—费用化支出—无形资产摊销：核算用于研发活动的软件、专利权、非专利技术等无形资产摊销。

（9）研发支出—费用化支出—委外费用：核算通过外包、合作研发等方式，委托其他部门、个人或者与之合作进行研发而支付的费用。

（10）研发支出—费用化支出—其他：核算研发成果的论证、评审、验收、评估费用及知识产权的申请费，注册费、代理费及与研发活动直接相关的其他费用，包括技术图书资料费、资料翻译费、会议费，外事费、研发人员培训费、培养费，专家咨询费，高新科技研发保险费用等。

2. 研发支出—资本化支出

核算企业从事研究开发活动所发生的应予资本化的研发支出。科目设置参照"研发支出—费用化支出"。

3. 管理费用—研究与开发费

期末将"研发支出—费用化支出"科目归集的费用化支出金额结转入本科目，借记"管理费用—研究与开发费"，贷记"研发支出—费用化支出"。

4. 无形资产—专利等

对企业自行开发的无形资产，应予资本化的支出，在形成资产时，借记"无形资产—专利等"，贷记"研发支出—资本化支出"。

（三）研发费用财务核算

企业应按照国家财务会计制度要求，对研发支出进行会计处理，设置"研发支出"成本类账户，用以归集企业研究开发项目中发生的各项研发费用。具体会计核算处理如下：

1. 相关研发费用发生时：

借：研发支出—费用化支出 / 资本化支出

贷：银行存款等科目

2. 会计期末：将费用化支出结转为"管理费用"；对于资本化支出部分，则等到该无形资产达到预定用途时，才将其转让"无形资产"。

①结转费用化支出：

借：管理费用

贷：研发支出—费用化支出

②当资本化支出部分达到预定用途时：

借：无形资产

　　贷：研发支出—资本化支出

　　③对于已形成无形资产的研发费用，从其达到预定用途的当月起，按直线法摊销（税法规定的摊销年限不低于 10 年）：

　　借：管理费用—无形资产摊销

　　贷：累计摊销—无形资产

（四）研发费用核算注意事项

　　1. 企业在账务处理中必须以合法原始凭证为依据，研发费用核算相关费用必须为研发项目真实发生，票据必须合法，不得以收据、白条作为账务处理的依据；相关的签字手续必须齐全，相关票据必须为研发人员签字，如具体为某项目发生费用，必须在票据上注明项目名称；研发设备入账必须具有合法发票，领料单上的手续必须完备，差旅费等的报销单上必须注明具体项目、具体事项、研发人员等信息。

　　2. 企业应按照研发项目或者承担研发任务的部门设立辅助账归集核算研发费用。企业依法取得知识产权后，在境内外发生的知识产权维护费、诉讼费、代理费、"打假"及其他相关费用支出，从管理费用据实列支，不应纳入研发费用。企业研发部门发生的各项开支纳入研发费用管理，但同时承担生产任务的，要合理划分研发费用和与生产经营费用。

　　3. 研究阶段的支出应全部费用化，计入当期损益（管理费用），开发阶段的支出符合资本化条件的，确认为无形资产。企业研发费用的纳税扣除，按照财政部、国家税务总局有关规定执行。

　　4. 企业应建立研发准备金制度，根据研发计划及资金需求，提前安排资金，确保研发资金的需要，研发费用按实际发生额列入成本（费用）。

（五）研发费用管理的其他事项

　　研发费用管理应包含研发项目立项、预算编制和控制、经费开支审批、结算方式、项目决算与专项审计、专项管理等内容。

第三节　高新技术产品（服务）收入的归集核算

　　《高新技术企业认定管理工作指引》没有明确对高新技术产品（服务）收入的具体归集方法。下面主要从高新技术产品（服务）收入的内涵和归集方法进行说明。

一、高新技术产品（服务）收入的内涵

（一）高新技术产品（服务）收入

　　是指企业通过技术创新、开展研发活动，形成符合《国家重点支持的高新技术领域》要求的产品（服务）收入与技术性收入的总和。技术性收入主要包括：

　　1. 技术转让收入：指企业的技术创新成果通过技术贸易、技术转让所获得的收入。

　　2. 技术承包收入：包括技术项目设计、技术工程实施所获得的净收入。

　　3. 技术服务收入：指企业利用自己的人力、物力和数据系统等为社会和用户提供技术方案、数据处理、测试分析及其他类型的服务所获得的收入。

　　4. 接受委托科研收入：指企业承担社会各方面委托研究开发、中间试验及新产品开发所获得的收入。

（二）不属于高新技术产品（服务）收入的情形

1. 不属于与技术转让项目密不可分的技术咨询、技术服务、技术培训等收入。

2. 销售或转让设备、仪器、零部件、原材料等非技术性收入。

3. 技术开发收入。企业在签订合同时，应区分技术开发和技术转让，企业取得的技术开发收入不能享受所得税减免税待遇。

4. 超出技术转让范围的收入。

5. 不能提供科技部门认定证明的技术转让收入。

6. 核心技术不拥有自主知识产权的主要产品（服务）收入。

7. 高新技术企业资产评估溢价转让收入。

8. 取得禁止出口和限制出口技术转让收入。

9. 全球独占许可使用权及转让 5 年以下非独占许可使用权的技术使用权转让收入。

（三）企业在核算高新技术产品（服务）收入时应注意如下问题

1. 高新技术产品（服务）收入必须是符合《国家重点支持的高新技术领域》要求的产品（服务）收入，不得将一般产品收入计入高新产品收入。

2. 高新技术企业认定必须满足"最近一个会计年度高新技术产品（服务）收入占企业当年总收入的 60% 以上"的条件。

3. 企业在核算产品（服务）收入时，必须考虑高新产品收入归类的要求，高新产品名称与财务核算的产品名称应尽可能一致，如果不一致，确认高新产品的依据要充分，归类要合理。

4. 企业在核算产品（服务）收入时，核算的高新产品（服务）的名称与相关的发票的名称应尽可能一致，如发票为汇总发票，则高新产品（服务）应能通过销售清单或出库单加以确认。

5. 企业取得的专利必须和企业的主营业务收入产品有较紧密联系，要么是确实在生产研发过程中取得该项专利，要么在生产或研发过程中应用了该项专利。每一类高新产品收入都要有相应的专利知识产权作支撑。

6. 很多高新技术企业的收入中有很大一部分属于技术服务收入，相关企业往往未在技术合同有效期内到技术合同认定登记管理机构完成登记备案，根据《技术合同认定登记管理办法》的要求，未申请认定登记和未予登记的技术合同，不得享受国家对有关促进科技成果转化规定的税收、信贷和奖励等方面的优惠政策。

二、高新技术产品（服务）收入的归集方法

高新技术产品（服务）收入的归集方法主要从以下财务账和仓库账等方面进行说明。

（一）财务账的做账方法

企业在建立财务账时，要注意主营业务收入、高新技术产品（服务）收入和传统产品（服务）三者之间的区别。建账时，在主营业务收入下设置传统产品（服务）、高新技术产品（服务）具体名称等细分科目。若有外销业务，也要注意与传统产品（服务）的区分。

（二）发票或出库单开具方法

为了财务账方便归集，从原始单据上应区分高新技术产品（服务）和传统产品（服务），例如发票名称或备注高新技术产品（服务）名称，在成品出库单上注明或备注高新技术产品（服务）名称等。

（三）高新技术产品（服务）收入的台账记录方法

通过 EXCEL 表格整理和归集具体型号和规格的高新技术产品（服务），包括高新技术产品（服务）名称、对应研究的开发项目、产品型号、规格、数量、单价等。

（四）试制品收入的归集方法

归集试制品收入列入其他业务收入核算，下设项目具体名称细分科目。

企业可以对每个研究开发项目研发过程中形成的试制品收入进行归集，试制品、下脚料、残次品等收入可以冲减相应的研发费用。试制品仓库账的建账可从试制品的入库、出库和当月汇总等方面进行。入库单和出库单应包含货物名称（试制品或废料名称）、规格、数量、单价、金额和对应的研发项目名称等。

第四节　高新技术企业研发费用核算与加计扣除核算的比较

《高新技术企业认定管理工作指引》（国科发火〔2016〕195 号）规定的研发费用与《财政部　国家税务总局　科技部关于完善研究开发费用税前加计扣除政策的通知》（财税〔2015〕119 号）规定的研发费用加计扣除有差异，核算口径有所不同。税前加计扣除的优惠政策享受是企业的自由选择，不是每家申请认定企业一定要每年都做加计扣除，即使做了税前加计扣除，在所得税年度纳税申报表中《加计扣除优惠情况明细表》里面的研发费用与高新技术企业认定确认的研发费用不一定一致。税前加计扣除对研发费用做账的要求比高新技术企业认定研发费用做账要求更为严格，在加计扣除时，《财政部　国家税务总局　科技部关于完善研究开发费用税前加计扣除政策的通知》（财税〔2015〕119 号）给出了相应的研发支出辅助账样表，但是高新技术企业认定申请时建立的辅助账不一定要与加计扣除的研发支出辅助账相同。高新技术企业认定政策中的研发费用与研发费用加计扣除政策中的研发费用的区别如下：

一、适用行业不同

高新技术企业认定中按照《国家重点支持的高新技术领域》的行业要求，将研发活动限定在电子信息、生物与新医药、航空航天、新材料、高技术服务、新能源与节能、资源与环境、先进制造与自动化等八大领域。

研发费用加计扣除政策中规定了不适用于税前加计扣除政策的 7 个行业，包括烟草制造业、住宿和餐饮业、批发和零售业、房地产业、租赁和商务服务业、娱乐业、财政部和国家税务总局规定的其他行业。即只要不在上述 7 个禁止类行业的范围内，均可以申请享受该优惠政策。

二、研发活动定义和范围不同

研发费用加计扣除政策中增加了"系统性"3 个字，相对于高新技术企业认定而言，加计扣除政策对企业的研发活动范围相对较窄，要求企业研发活动应符合整体性原则，能体现系统整体目标。下面分别对两者的研发活动范围进行详细说明：

（一）高新技术企业认定政策中的研发活动是指为获得科学与技术（不包括社会科学、艺术或人文学）新知识，创造性运用科学技术新知识，或实质性改进技术、产品（服务）、工艺而持续进行的具有明确目标的活动。不包括企业对产品（服务）的常规性升级或对某项科研成果直接应用等活动（如直接采用新的材料、装置、产品、服务、工艺或知识等）。

（二）研发费用加计扣除政策所称的研发活动，是指企业为获得科学与技术新知识，创造性运用科学技术新知识，或实质性改进技术、产品（服务）、工艺而持续进行的具有明确目标的系统性活动。

以下 7 类活动不适用税前加计扣除政策：（1）企业对产品（服务）的常规性升级；（2）对某项科研成果直接应用等活动（如直接采用新的材料、装置、产品、服务、工艺或知识等）；（3）企业在商品化后为顾客提供的技术支持活动；（4）对现存产品、服务、技术、材料或工艺流程进行的重复或简单改变；（5）市场调查研究、效率调查或管理研究；（6）作为工业（服务）流程环节或常规的质量控制、测试分析、维修维护；（7）社会科学、艺术或人文学方面的研究。

三、研发费用归集要求不同

（一）人员人工费用

《财政部　国家税务总局　科技部关于完善研究开发费用税前加计扣除政策的通知》（财税〔2015〕119 号）对人员人工费用归集范围缩小到直接从事研发活动的人员，而《高新技术企业认定管理工作指引》（国科发火〔2016〕195 号）可以归集到所有科技人员。主要区别如下：

1. 研发费用加计扣除中的研发人员指企业直接从事研发活动的人员，包括研究人员、技术人员和辅助人员。高企认定中的科技人员除了研发人员外，还包括专门从事上述活动的管理和提供直接技术服务的，累计实际工作时间超过 183 天以上的人员。且高企认定中取消了大学专科以上学历的科技人员占企业当年职工总数的 30% 以上比例要求。

2. 两者均未强调是"专门"从事研发的要求，允许兼职，同时加计扣除中对非专职从事研发活动的人员，应对其活动做好必要记录，并将实际发生的相关费用按实际工时占比等合理方法在研发费用和生产经营费用间分配，未分配的不得加计扣除。

3. 加计扣除中对外聘人员要求签订劳务协议，而高企认定中对兼职、临时聘用人员全年须在企业累计工作 183 天以上。

（二）直接投入费用

1. 主要在于固定资产的范围不同，研发费用加计扣除中对通过经营租赁方式租入的用于研发活动的固定资产租赁费，仅限于仪器、设备；而高企认定中对通过经营租赁方式租入的固定资产，不仅包括仪器、设备，还包括房屋、建筑物等，范围上大于研发费用加计扣除。

2. 企业在计算加计扣除的研发费用时，应扣减已按《财政部　国家税务总局　科技部关于完善研究开发费用税前加计扣除政策的通知》（财税〔2015〕119 号）规定归集计入研发费用，但在当期取得的研发过程中形成的下脚料、残次品、中间试制品等特殊收入；不足扣减的，允许加计扣除的研发费用按零计算。而《高新技术企业认定管理工作指引》对此未作明确规定。

（三）折旧费用与长期待摊费用

1. 高企认定中用于研发活动的房屋、建筑物的折旧费及研发设施改扩建、装修、修理的长期待摊费用不能参与研发费用加计扣除。

2. 加计扣除政策中明确了企业用于非研发活动的仪器设备使用情况需做好必要记录，并将其实际发生的相关费用按实际工时占比等合理的分配方式在研发和生产经营费用间分配，未分配的不得加计扣除。而高企认定对此未作明确要求。

3. 加计扣除政策对企业用于研发活动的仪器、设备，适用加速折旧优惠政策的，在享受研发费用税前加计扣除时，应就已经进行会计处理计算的折旧费用的部分加计扣除，但不得超过按税法规定计算的金额。而高企认定对此未作明确要求，建议按会计处理计算折旧费用。

（四）设计费用

1. 研发费用加计扣除中对创意活动进行了定义，指多媒体软件、动漫游戏软件开发，数字动漫、游戏设计制作，房屋建筑工程设计（绿色建筑评价标准为三星）、风景园林工程专项设计，工业设计、多媒体设计、动漫及衍生产品设计、模型设计等。而高企认定中对此未进行定义，但建议可比照加计扣除执行。

2. 高企认定中允许将装备调试费用和田间试验费计入研发费用，而加计扣除中不允许计入。

（五）其他费用在研发费用中的占比不同

研发费用加计扣除政策规定其他费用占比不得超过可加计扣除研发费用总额的10%，而高企认定政策规定其他费用占比不超过研发费用总额的20%。

（六）委托外部研究开发费用

研发费用加计扣除政策规定企业委托境外机构或个人进行研发活动所发生的费用，不得加计扣除；而高企认定政策是可以对其进行归集，但要求在中国境内发生的研发费用总额占全部研发费用总额的比例不低于60%，而且只能按照实际发生额的80%计入委托方研发费用总额，也相对地限制了委托境外机构或个人进行研发活动所发生的费用金额。

第五节　专项审计（鉴证）报告

申请认定企业应在正确归集研发费用和高新技术产品（服务）收入的基础上，委托具有资质并符合《工作指引》相关条件的中介机构进行专项审计或鉴证。专项审计（鉴证）报告主要由主要说明、研究开发费用结构明细表及编制说明、高新技术产品（服务）收入明细表及编制说明、研发活动说明材料等部分组成，具体如下：

一、审计（鉴证）内容

此部分应介绍专项审计（鉴证）报告的主要内容，参考格式如下：

我们审计了后附的×××××有限公司（以下简称贵公司）2018年、2019年和2020年度的研究开发费用结构明细表、2020年度的高新技术产品（服务）收入明细表及有关编制说明。编制该申报明细表是为了满足贵公司申报高新技术企业的需要。

二、中介机构责任

此部分应涵盖管理层和注册会计师的责任，参考格式如下：

（一）管理层的责任

按照《企业会计制度》《高新技术企业认定管理办法》和《高新技术企业认定管理工作指引》（国科发火〔2016〕195号）的规定，编制研究开发费用结构明细表和高新技术产品（服务）收入明细表是贵公司管理层的责任。这种责任包括：1. 设计、实施和维护与研究开发费用结构明细表和高新技术产品（服务）收入明细表编制相关的内部控制，以使研究开发费用结构明细表和高新技术产品（服务）收入明细表不存在由于舞弊或错误而导致的重大错报；2. 选择和运用恰当的会计政策；3. 做出合理的会计估计。

（二）注册会计师的责任

我们的责任是在实施审计工作的基础上对研究开发费用结构明细表和高新技术产品（服务）收入明细表发表审计意见。我们按照《中国注册会计师审计准则》的规定执行了审计工作。《中国注册会计师审计准则》要求我们遵守职业道德规范，计划和实施审计工作以对研究开发费用结构明细表和高新技术产品（服务）收入明细表是否存在重大错报获取合理保证。

审计工作涉及实施审计程序，以获取有关研究开发费用结构明细表金额、高新技术产品（服务）收入明细表金额和披露的审计证据。选择的审计程序取决于注册会计师的判断，包括对由于舞弊或错误导致的研究开发费用结构明细表和高新技术产品（服务）收入明细表重大错报风险的评估。在进行风险评估时，我们考虑与研究开发费用结构明细表和高新技术产品（服务）收入明细表编制相关的内部控制，以设计恰当的审计程序，但目的并非对内部控制的有效性发表意见。审计工作还包括评价管理层选用相关会计政策的恰当性和做出相关会计估计的合理性，以及评价研究开发费用结构明细表和高新技术产品（服务）收入明细表的总体列报。

我们相信，我们获取的审计证据是充分、适当的，为发表审计意见提供了基础。

三、审计意见

审计意见必须给出审计结论，参考格式如下：

我们认为，贵公司 2018 年、2019 年和 2020 年度的研究开发费用结构明细表和 2020 年度的高新技术产品（服务）收入明细表已经按照《企业会计制度》《高新技术企业认定管理办法》和《高新技术企业认定管理工作指引》的规定编制，在所有重大方面公允地反映了贵公司 2018 年、2019 年和 2020 年度的研究开发费用情况和 2020 年度的高新技术产品（服务）收入情况。

四、各年度研究开发费用结构明细表

根据《工作指引》中研究开发费用结构明细表的格式要求，给出申请前三个会计年度的研发费用结构明细表，并由中介机构和申请认定企业签字加盖公章。

五、近一年高新技术产品（服务）收入明细表

专项审计（或鉴证）报告必须给出近一年高新技术企业产品（服务）收入明细表，含高新技术产品（服务）名称、编号及销售金额。

近一年高新技术企业产品（服务）收入明细表。

六、编制说明

此部分应包含委托单位介绍（对公司的股东组成、成立时间、注册资本、地址、营业范围等进行简要介绍）、研发费用审计依据（《认定办法》和《工作指引》）、产品的核心技术发挥的《技术领域》（披露三级子领域中的文字描述）、科技人员占职工总数明细说明、专利技术与高新产品（服务）的对应汇总表（披露主要产品占高新技术产品的收入比例）、研发组织管理水平综述（对公司的研发中心建设、管理制度等进行阐述）、研发项目的核算方法（例如，管理费用—研发费用单独核算并分项归集）、各年度企业研究开发费用情况（披露研发费用的占比）、高新技术产品（服务）收入情况（披露高新技术产品收入占比）等。

七、研究开发活动说明

此部分应包含项目名称、开发内容、创新点及核心技术、获得的阶段性成果等。

第七章　创新能力评价

第一节　企业创新能力评价指标解释

《高新技术企业认定管理办法》第三章"认定条件与程序"中明确指出，创新能力评价应达到相应要求。主要从知识产权（30分）、科技成果转化能力（30分）、研究开发组织管理水平（20分）、企业成长性（20分）等4项指标进行评价，综合得分必须在70分以上（不含70分）。

一、知识产权评价指标

评审专家对企业申报的知识产权进行定性与定量结合的方式评价。包括：技术的先进程度，对主要产品（服务）在技术上发挥核心支持作用，知识产权数量，知识产权获得方式，企业参与编制国家标准、行业标准、检测方法、技术规范的情况。

1. 评价指标

定性指标包括技术的先进程度和对主要产品（服务）在技术上发挥核心支持作用的情况。

（1）强调技术的先进程度，结合行业技术情况，从知识产权技术原理、技术构成、技术效果等方面进行综合判断。

（2）强调发挥核心支持作用的知识产权，与主要产品在技术上、领域上的相关性。相关性越强，对主要产品（服务）在技术上发挥的核心支持作用就越强。

2. 评价指标

定量上包括数量和获得方式。

（1）知识产权数量：1项及以上Ⅰ类知识产权，如发明专利等最高可得8分，5项及以上Ⅱ类知识产权，如实用新型专利、软件著作权等最高分可得6分。

（2）知识产权获得方式：知识产权获得方式不同，得分也不同。有自主研发的可得1～6分，仅有受让、受赠和并购等得1～3分。

（3）加分项：企业参与编制国家标准、行业标准、检测方法、技术规范的最高可得2分的加分，但总分仍不能超过30分。

二、科技成果转化能力指标

根据企业科技成果转化总体情况和近三年内科技成果转化的年平均数进行综合评价。近三年有效的知识产权、验收的科技项目、登记的科技成果等成果，并进行了有效转化。

1. 科技成果转化流程

企业开展研究开发活动，形成相应成果（知识产权、验收、成果登记等），转化运用（转化为产品、服务、工艺、样品、样机），获得相应的转化效果。

2. 同转化形式对应的证明材料

转化为产品：检测报告、销售合同、销售发票、新产品证书、新产品鉴定验收证书、新产品销售证明、生产登记批准书、查新报告等。

转化为服务：技术服务合同、服务票、用户意见等。

转化为样品、样机：检验检测报告、用户试用报告、实物照片等。

三、研究开发组织管理水平指标

根据企业研究开发与技术创新组织管理的总体情况进行综合评价。

1. 制定了企业研究开发的组织管理制度，建立了研发投入核算体系，编制了研发费用辅助账。（≤6分）

要求：建立了企业科研项目管理、研发费核算管理等制度，并独立设置了研发费辅助账。

2. 建立了内部科学技术研究开发机构并具备相应的科研条件，与国内外研究开发机构开展多种形式产学研合作。（≤6分）

要求：建立了开展研究开发的机构，具备开展研发相关软硬件条件，并实质性地开展了产学研合作（非框架、战略等合作）。

3. 建立了科技成果转化的组织实施与激励奖励制度，建立开放式的创新创业平台。（≤4分）

要求：建立了科技成果转化的制度，并获得了工程技术研究中心、企业技术中心等平台资质。

4. 建立了科技人员的培养进修、职工技能培训、优秀人才引进，以及人才绩效评价奖励制度。（≤4分）

要求：建立了人员培养、培训、人才引进、绩效评价奖励等制度。

四、企业成长性指标

选取企业净资产增长率、销售收入增长率指标对企业成长性进行评价。实际经营期不满三年的按实际经营时间计算。成长性指标数据主要从企业年度财务数据进行统计，并结合企业所得税纳税申报表中相关数据，反映企业的成长性。

1. 净资产增长率

计算公式：净资产增长率 =1/2（第二年末净资产 ÷ 第一年末净资产 + 第三年末净资产 ÷ 第二年末净资产）– 1

净资产 = 资产总额 – 负债总额

资产总额、负债总额应以具有资质的中介机构鉴证的企业会计报表期末数为准。

2. 销售收入增长率

计算公式：销售收入增长率 =1/2（第二年销售额 ÷ 第一年销售额 + 第三年销售额 ÷ 第二年销售额）– 1

企业净资产增长率或销售收入增长率为负的，按0分计算。头一年末净资产或销售收入为0的，按后两年计算；第二年末净资产或销售收入为0的，按0分计算。

第二节　企业的自我评价

一、基本条件自评

（一）成立年限

申报企业须注册成立一年，即截止到申报日期，企业须注册成立365个日历天数以上。

（二）知识产权

（1）没有知识产权的企业不能被认定为高新技术企业。

（2）申报企业必须拥有在对其主要产品（服务）在技术上发挥核心支持作用的有效知识产权，且知识产权在有效保护期内，知识产权权属人应为申请企业。

（3）在申请高企及高企资格存续期内，如果知识产权有多个权属人时，只能由一个权属人在申请时使用。

（4）专利的有效性以企业申请认定前获得授权证书或授权通知书并能提供缴费收据为准。

（三）核心技术属于技术领域范围

对企业主要产品（服务）发挥核心支持作用的技术属于《国家重点支持的高新技术领域》规定的范围。

（四）科技活动人员

企业从事研发和相关技术创新活动的科技人员占企业当年职工总数的比例不低于10%。

（五）近三年研发费用

企业近三个会计年度（实际经营期不满三年的按实际经营时间计算）的研究开发费用总额占同期销售收入总额的比例符合如下要求：

（1）上年销售收入≤5000万元，比例不低于5%。

（2）上年销售收入在5000万元至2亿元（含2亿元），比例不低于4%。

（3）上年销售收入>2亿元，比例不低于3%。

（六）近一年高新技术产品（服务）收入占企业同期收入比例

近一年高新技术产品（服务）收入占企业同期总收入的比例不低于60%。

（七）上年度无事故及违法

企业申请认定前一年内未发生重大安全、重大质量事故或严重环境违法行为。

二、创新能力自评

企业创新能力主要从知识产权、科技成果转化能力、研究开发组织管理水平、企业成长性等四项指标进行评价。各级指标均按整数打分，满分为100分，综合得分达到70分以上（不含70分）为符合认定要求。四项指标分值结构详见下表。

表7-1　创新能力评价指标

序号	指标	分值
1	知识产权	≤30
2	科技成果转化能力	≤30
3	研究开发组织管理水平	≤20
4	企业成长性	≤20

（一）知识产权自评（≤30分）

企业申报的知识产权是否符合《高新技术企业认定管理办法》和《高新技术企业认定管理工作指引》要求，并进行定性与定量结合的依档次评价。

表7-2　知识产权评价指标

序号	知识产权相关评价指标	分值	档次
1	技术的先进程度	≤8	高（7～8分）、较高（5～6分）、一般（3～4分）、较低（1～2分）、无（0分）
2	对主要产品（服务）在技术上发挥核心支持作用	≤8	强（7～8分）、较强（5～6分）、一般（3～4分）、较弱（1～2分）、无（0分）

续表

序号	知识产权相关评价指标	分值	档次
3	知识产权数量	≤8	1项及以上（Ⅰ类）（7~8分）、5项及以上（Ⅱ类）（5~6分）
4	知识产权获得方式	≤6	有自主研发（1~6分）、仅有受让受赠和并购等（1~3分）
5	（作为参考条件，最多加2分）企业参与编制国家标准、行业标准、检测方法、技术规范的情况	≤2	是（1~2分）否（0分）

（二）科技成果转化能力自评（≤30分）

根据企业科技成果转化总体情况和近三年内科技成果转化的年平均数进行综合评价。同一科技成果分别在国内外转化的，或转化为多个产品、服务、工艺、样品、样机等的，只计为一项。

A.转化能力强，≥5项（25~30分）

B.转化能力较强，≥4项（19~24分）

C.转化能力一般，≥3项（13~18分）

D.转化能力较弱，≥2项（7~12分）

E.转化能力弱，≥1项（1~6分）

F.转化能力无，0项（0分）

（三）研究开发组织管理水平自评（≤20分）

根据企业研究开发与技术创新组织管理的总体情况，结合以下几项评价，进行综合打分。

（1）制定了企业研究开发的组织管理制度，建立了研发投入核算体系，编制了研发费用辅助账。（≤6分）

（2）设立了内部科学技术研究开发机构并具备相应的科研条件，与国内外研究开发机构开展多种形式产学研合作。（≤6分）

（3）建立了科技成果转化的组织实施与激励奖励制度，建立开放式的创新创业平台。（≤4分）

（4）建立了科技人员的培养进修、职工技能培训、优秀人才引进，以及人才绩效评价奖励制度。（≤4分）

（四）企业成长性自评（≤20分）

由财务专家选取企业净资产增长率、销售收入增长率等指标对企业成长性进行评价。企业实际经营期不满三年的按实际经营时间计算。计算方法如下：

（1）净资产增长率

净资产增长率 = 1/2 × （第二年末净资产 ÷ 第一年末净资产 + 第三年末净资产 ÷ 第二年末净资产）- 1

净资产 = 资产总额 - 负债总额

资产总额、负债总额应以具有资质的中介机构鉴证的企业会计报表期末数为准。

（2）销售收入增长率

销售收入增长率 = 1/2 × （第二年销售收入 ÷ 第一年销售收入 + 第三年销售收入 ÷ 第二年销售收入）- 1

企业净资产增长率或销售收入增长率为负的，按0分计算。第一年末净资产或销售收入为0的，按后两年计算；第二年末净资产或销售收入为0的，按0分计算。

以上两个指标分别对照下表评价档次（A、B、C、D、E、F）得出分值，两项得分相加计算出企业成长性指标综合得分。

表7-3　企业成长性评价

成长性得分	指标赋值	分数					
		≥ 35%	≥ 25%	≥ 15%	≥ 5%	> 0	≤ 0
≤ 20分	净资产增长率赋值≤10分	A 9～10分	B 7～8分	C 5～6分	D 3～4分	E 1～2分	F 0分
	销售收入增长率赋值≤10分						

第八章 评审专家评价要点

第一节 技术专家评价要点

一、技术专家评分细则

企业创新能力主要从知识产权、科技成果转化能力、研究开发组织管理水平、企业成长性等四项指标进行评价。各级指标均按整数打分，满分为100分，综合得分达到70分以上（不含70分）为符合认定要求。四项指标分值结构详见下表。

表8-1 企业创新能力评价

序号	指标	分值
1	知识产权	≤ 30
2	科技成果转化能力	≤ 30
3	研究开发组织管理水平	≤ 20
4	企业成长性	≤ 20

1. 知识产权（≤ 30分）

由技术专家对企业申报的知识产权是否符合《认定办法》和《工作指引》要求，进行定性与定量结合的评价。

表8-2 知识产权评价

序号	知识产权相关评价指标	分值
1	技术的先进程度	≤ 8
2	对主要产品（服务）在技术上发挥核心支持作用	≤ 8
3	知识产权数量	≤ 8
4	知识产权获得方式	≤ 6
5	（作为参考条件，最多加2分） 企业参与编制国家标准、行业标准、检测方法、技术规范的情况	≤ 2

（1）技术的先进程度

  A.高（7～8分） B.较高（5～6分）

  C.一般（3～4分） D.较低（1～2分）

  E.无（0分）

（2）对主要产品（服务）在技术上发挥核心支持作用

  A.强（7～8分） B.较强（5～6分）

  C.一般（3～4分） D.较弱（1～2分）

  E.无（0分）

（3）知识产权数量

  A.1项及以上（Ⅰ类）（7～8分）

  B.5项及以上（Ⅱ类）（5～6分）

  C.3～4项（Ⅱ类）（3～4分）

  D.1～2项（Ⅱ类）（1～2分）

  E.0项（0分）

（4）知识产权获得方式

  A. 有自主研发（1～6分）

  B. 仅有受让、受赠和并购等（1～3分）

（5）企业参与编制国家标准、行业标准、检测方法、技术规范的情况（此项为加分项，加分后"知识产权"总分不超过30分。相关标准、方法和规范须经国家有关部门认证认可）。

  A. 是（1～2分）

  B. 否（0分）

2. 科技成果转化能力（≤ 30分）

依照《中华人民共和国促进科技成果转化法》，科技成果是指通过科学研究与技术开发所产生的具有实用价值的成果（专利、版权、集成电路布图设计等）。科技成果转化是指为提高生产力水平而对科技成果进行的后续试验、开发、应用、推广直至形成新产品、新工艺、新材料，发展新产业等活动。

科技成果转化形式包括：自行投资实施转化；向他人转让该技术成果；许可他人使用该科技成果；以该科技成果作为合作条件，与他人共同实施转化；以该科技成果作价投资、折算股份或者出资比例；以及其他协商确定的方式。

由技术专家根据企业科技成果转化总体情况和近三年内科技成果转化的年平均数进行综合评价。同一科技成果分别在国内外转化的，或转化为多个产品、服务、工艺、样品、样机等的，只计为一项。

  A. 转化能力强，≥ 5项（25～30分）

  B. 转化能力较强，≥ 4项（19～24分）

  C. 转化能力一般，≥ 3项（13～18分）

  D. 转化能力较弱，≥ 2项（7～12分）

  E. 转化能力弱，≥ 1项（1～6分）

  F. 转化能力无，0项（0分）

3. 研究开发组织管理水平（≤ 20分）

由技术专家根据企业研究开发与技术创新组织管理的总体情况，结合以下几项评价，进行综合打分。

（1）制定了企业研究开发的组织管理制度，建立了研发投入核算体系，编制了研发费用辅助账。（≤ 6分）

（2）设立了内部科学技术研究开发机构并具备相应的科研条件，与国内外研究开发机构开展多种形式产学研合作。（≤ 6分）

（3）建立了科技成果转化的组织实施与激励奖励制度，建立开放式的创新创业平台。（≤ 4分）

（4）建立了科技人员的培养进修、职工技能培训、优秀人才引进，以及人才绩效评价奖励制度。（≤ 4分）

二、专家评审要点

专家评审的内容主要依据《高新技术企业认定管理办法》和《高新技术企业认定管理工作指引》2个文件的要求，审查申报企业是否同时满足高新技术企业认定的基本条件，在满足基础条件的基础上，对企业的科技创新、组织管理和经济运行等综合情况进行评价和打分，填写《高新技术企业认定技术专家评价表》给出评审意见。

（一）企业注册成立时间

企业申请认定时须注册成立一年以上。

要点：

该条件为高新技术企业评审基本条件之一，为一票否决的基本条件。所谓一年以上，是指企业须注册成立 365 个日历天数以上，申请认定企业营业执照上的注册时间与申请认定通知文件规定申报截止日期的间隔必须大于 365 个日历天数。

（二）企业科技人员占比

企业从事研发和相关技术创新活动的科技人员占企业当年职工总数的比例不低于 10%。

要点：

该条件为高新技术企业评审基本条件之一，为一票否决的基本条件。

1. 关于科技人员

科技人员的认定取消了对学历的要求，只要直接从事研发和相关技术创新活动，以及专门从事上述活动的管理和提供直接技术服务的，累计实际工作时间在 183 天以上的人员都可以界定为科技人员，包括在职、兼职和临时聘用人员。

未真正从事研究开发活动的人员不得列入科技人员（如行政管理、财务、司机等人员）。

2. 关于职工总数

企业职工总数包括企业在职、兼职和临时聘用人员。在职人员可以通过企业是否签订了劳动合同或缴纳社会保险费来鉴别，兼职、临时聘用人员全年须在企业累计工作 183 天以上。

3. 关于统计方法

企业当年职工总数、科技人员数均按照全年月平均数计算。

月平均数 =（月初数 + 月末数）÷2

全年月平均数 = 全年各月平均数之和 ÷12

年度中间开业或者终止经营活动的，以其实际经营期作为一个纳税年度确定上述相关指标。

4. 关于社保

上述对应人员名单劳动合同、缴纳社保证明等证明材料留企业备查。提交的申报材料中需附上企业社保证明，并体现企业缴纳社保人员的总数。

（三）企业知识产权情况

企业拥有对其主要产品（服务）在技术上发挥核心支持作用的知识产权的所有权。

核定企业是否拥有申报书中所列知识产权的所有权。

核定申报书中所列知识产权是否为企业主要产品（服务）的核心技术。

企业主要产品（服务）的核心技术均需要拥有知识产权。需专家根据专业知识判断知识产权是否属于产品核心技术，与企业产品不相关的专利不予认可。

核定企业所拥有知识产权的先进程度、类别、数量和获得方式，以及对主要产品（服务）在技术上发挥核心支持作用的程度，并在《技术专家评价表》中评分。

高新技术企业认定中，对企业知识产权情况采用分类评价方式，其中，发明专利（含国防专利）、植物新品种、国家级农作物品种、国家新药、国家一级中药保护品种、集成电路布图设计专有权等按Ⅰ类评价，实用新型专利、外观设计专利、软件著作权等（不含商标）按Ⅱ类评价。

要点：

1. 企业必须对其主要产品（服务）拥有核心知识产权，特别是非自主研发的知识产权，须同企业主营业务紧密相关，确实在企业应用和转化。

2. 数量上一般要求企业拥有Ⅰ类知识产权 1 项及以上，或者拥有Ⅱ类知识产权 6 项及以上。没有上述知识产权的企业不能被认定为高新技术企业。Ⅱ类知识产权在申请高新技术企业时，仅限使用一次。

3. 专利的有效性以企业申请认定前获得授权证书或授权通知书并能提供缴费收据为准。

4. 知识产权有多个权属人时，只能由一个权属人在申请时使用。

5. 知识产权权属人应为申请企业。所有权与申请企业不一致的知识产权，需首先办理法定所有权变更手续（如，专利发明人、企业老板等要把专利转让给企业本身才有效；子公司申报高企，集团公司需将专利转移到子公司）。

6. 通过受让、受赠获得的自主知识产权必须经国家有关部门备案登记后才生效。

（四）企业研究开发项目（活动）

企业近三个会计年度研究开发费用总额占销售收入总额比例符合认定条件。

最近一年销售收入小于 5000 万元（含）的企业，比例不低于 5%。

最近一年销售收入在 5000 万元至 2 亿元（含）的企业，比例不低于 4%。

最近一年销售收入在 2 亿元以上的企业，比例不低于 3%。

其中，企业在中国境内发生的研究开发费用总额占全部研究开发费用总额的比例不低于 60%。

要点：

研究开发活动是指，为获得科学与技术（不包括社会科学、艺术或人文学）新知识，创造性运用科学技术新知识，或实质性改进技术、产品（服务）、工艺而持续进行的具有明确目标的活动。不包括企业对产品（服务）的常规性升级或对某项科研成果直接应用等活动（如直接采用新的材料、装置、产品、服务、工艺或知识等）。

评价过程中可参考如下方法判断：

——行业标准判断法。若国家有关部门、全国（世界）性行业协会等具备相应资质的机构提供了测定科技"新知识""创造性运用科学技术新知识"或"具有实质性改进的技术、产品（服务）、工艺"等技术参数（标准），则优先按此参数（标准）来判断企业所进行的项目是否为研究开发活动。

——专家判断法。如果企业所在行业中没有发布公认的研发活动测度标准，则通过本行业专家进行判断。获得新知识、创造性运用新知识以及技术的实质改进，应当是取得被同行业专家认可的、有价值的创新成果，对本地区相关行业的技术进步具有推动作用。

——目标或结果判定法。在采用行业标准判断法和专家判断法不易判断企业是否发生了研发活动时，以本方法作为辅助。重点了解研发活动的目的、创新性、投入资源（预算），以及是否取得了最终成果或中间成果（如专利等知识产权或其他形式的科技成果）。

对符合要求的研发活动（项目），对照研发经费审计报告，核算企业研发费用总额。

企业委托外部研究的费用按照发生额的 80% 计入研发费用总额。

将经核定的企业研发费用总金额交财务专家计算研究开发费用总额占销售收入总额的占比，判断是否符合《认定管理办法》的要求。

注意：对企业自主立项的研发活动，重点审查其项目是否具有创新性，以及立项报告的完整性和可信度。

（五）核定企业高新技术产品（服务）及主要产品（服务）情况

近一年高新技术产品（服务）收入占企业同期总收入比例不低于 60%，近一年主要产品（服务）收入之和占同期高新技术产品（服务）收入超过 50%。

要点：

申报书中所列每一项高新技术产品（服务）对其发挥核心支持作用的技术是否属于《国家重点支持的高新技术领域》规定的范围。

申报书中所列每一项主要产品（服务）是否拥有知识产权。

高新技术产品（服务）主要是指企业利用研发活动或专利技术生产或改进而形成的产品（服务），没有自有技术的普通产品不能视为高新技术产品。

（六）企业科技成果转化情况

企业最近三年内科技成果转化的年平均数。

科技成果的定义：

依照《中华人民共和国促进科技成果转化法》，科技成果是指通过科学研究与技术开发所产生的具有实用价值的成果（专利、版权、集成电路布图设计等）。科技成果转化是指为提高生产力水平而对科技成果进行的后续试验、开发、应用、推广直至形成新产品、新工艺、新材料，发展新产业等活动。

科技成果转化形式包括：自行投资实施转化；向他人转让该技术成果；许可他人使用该科技成果；以该科技成果作为合作条件，与他人共同实施转化；以该科技成果作价投资、折算股份或者出资比例；以及其他协商确定的方式。

要点：

科技成果类型的确定：

若科技成果是知识产权：专利、软件著作权、集成电路布图设计、植物新品种，需审核是否具有知识产权证书。

对于经鉴定或验收的科技成果，需审核是否具有市级以上科技行政主管部门的成果登记或验收证明。

对于技术诀窍，需审核是否具有技术诀窍实施效果或其价值表现的有效证明。

对于企业自己鉴定和验收的成果，需判断成果的价值性和有效性。

对于转化效果的确定，审核科技成果是否具有形成产品、服务、样品、样机等的相关证明材料。

（七）审查企业研究开发的组织管理水平

由技术专家根据企业研究开发与技术创新组织管理的总体情况，结合以下几项评价，进行综合打分。

制定了企业研究开发的组织管理制度，建立了研发投入核算体系，编制了研发费用辅助账。

设立了内部科学技术研究开发机构并具备相应的科研条件，与国内外研究开发机构开展多种形式产学研合作。

建立了科技成果转化的组织实施与激励奖励制度，建立开放式的创新创业平台。

建立了科技人员的培养进修、职工技能培训、优秀人才引进，以及人才绩效评价奖励制度。

要点：

每个小点为2分，有相应的证明材料且符合要求将得分，否则不得分。如"制定了企业研究开发的组织管理制度，建立了研发投入核算体系，编制了研发费用辅助账"为6分，若企业有研究开发的组织管理制度将得2分，有研发投入核算体系会得2分，有编制了研发费用辅助账得2分，满分6分。

证明材料应具备完整的证据链条，单单只有红头文件而没有过程证明材料证明力会受到质疑。

（八）其他

企业须提供申请认定前一年内未发生重大安全、重大质量事故或严重环境违法行为的声明；医药、化工行业的企业须提供环保证明文件；通信、医药行业等特种行业须提供准入资质等。

表 8-3　高新技术企业认定技术专家评价表

企业名称			
企业提交的资料是否符合要求		□是　　□否	
企业是否注册成立一年以上		□是　　□否	
企业是否获得符合条件的知识产权		□是　　□否	
核心技术是否属于《技术领域》规定的范围		□是　　□否 （若"是"，请填写 3 级技术领域标题或编号）	
科技人员占比是否符合要求		□是　　□否	
近三年研发费用	研发活动核定数	核除研发活动编号	
	核定总额（万元）	其中，境内核定总额（万元）	
近一年高新技术产品 （服务）收入	产品（服务）核定数	核除产品（服务）编号	
	收入核定总额（万元）		

1. 知识产权（≤30 分）	得分：
技术的先进程度（≤8 分） 　□A. 高（7～8 分）　　　□B. 较高（5～6 分） 　□C. 一般（3～4 分）　　□D. 较低（1～2 分） 　□E. 无（0 分）	得分：
对主要产品（服务）在技术上发挥核心支持作用（≤8 分） 　□A. 强（7～8 分）　　　□B. 较强（5～6 分） 　□C. 一般（3～4 分）　　□D. 较弱（1～2 分） 　□E. 无（0 分）	得分：
知识产权数量（≤8 分） 　□A. 1 项及以上（Ⅰ类）（7～8 分） 　□B. 5 项及以上（Ⅱ类）（5～6 分） 　□C. 3～4 项（Ⅱ类）（3～4 分） 　□D. 1～2 项（Ⅱ类）（1～2 分） 　□E. 0 项（0 分）	得分：
知识产权获得方式（≤6 分） 　□A. 有自主研发（1～6 分） 　□B. 仅有受让、受赠和并购等（1～3 分）	得分：
（加分项，≤2 分）企业是否参与编制国家标准、行业标准、检测方法、技术规范的情况 　□A. 是（1～2 分）　　　　□B. 否（0 分）	得分：

续表

企业名称		
2.科技成果转化能力（≤30分）		得分：
☐ A.转化能力强，≥5项（25～30分） ☐ B.转化能力较强，≥4项（19～24分） ☐ C.转化能力一般，≥3项（13～18分） ☐ D.转化能力较弱，≥2项（7～12分） ☐ E.转化能力弱，≥1项（1～6分） ☐ F.转化能力无，0项（0分）		
3.研究开发组织管理水平（≤20分）		得分：
制定了企业研究开发的组织管理制度，建立了研发投入核算体系，编制了研发费用辅助账（≤6分）		得分：
设立了内部科学技术研究开发机构并具备相应的科研条件，与国内外研究开发机构开展多种形式的产学研合作（≤6分）		得分：
建立了科技成果转化的组织实施与激励奖励制度，建立开放式的创新创业平台（≤4分）		得分：
建立了科技人员的培养进修、职工技能培训、优秀人才引进，以及人才绩效评价奖励制度（≤4分）		得分：
对企业技术创新能力的 综合评价		
合计得分		专家签名：　　　年　月　日

注：各项均按整数打分。

第二节　财务专家评价要点

财务专家主要负责评价企业成长性及企业财务资料的规范性、合理性和真实性。

一、企业成长性指标

由财务专家选取企业净资产增长率、销售收入增长率等指标对企业成长性进行评价。企业实际经营期不满三年的按实际经营时间计算。计算方法如下：

（1）净资产增长率

净资产增长率 = 1/2×（第二年末净资产 ÷ 第一年末净资产 + 第三年末净资产 ÷ 第二年末净资产）– 1

净资产 = 资产总额 – 负债总额

资产总额、负债总额应以具有资质的中介机构鉴证的企业会计报表期末数为准。

（2）销售收入增长率

销售收入增长率 = 1/2×（第二年销售收入 ÷ 第一年销售收入 + 第三年销售收入 ÷ 第二年销售收入）– 1

企业净资产增长率或销售收入增长率为负的，按0分计算。第一年末净资产或销售收入为0的，按后两年计算；第二年末净资产或销售收入为0的，按0分计算。

以上两个指标分别对照下表评价档次（A、B、C、D、E、F）得出分值，两项得分相加计算出企业成长性指标综合得分。

表 8-4 企业成长性评价

成长性	指标	分数					
得分	赋值	≥ 35%	≥ 25%	≥ 15%	≥ 5%	> 0	≤ 0
≤ 20 分	净资产增长率赋值 ≤ 10 分	A 9～10 分	B 7～8 分	C 5～6 分	D 3～4 分	E 1～2 分	F 0 分
	销售收入增长率赋值 ≤ 10 分						

二、财务专家评审要点

评审专家按照《高新技术企业认定管理办法》和《高新技术企业认定管理工作指引》的要求，重点审查企业申报材料中的相关财务报告和数据，填写《高新技术企业认定财务专家评价表》（见下表）。

（1）审查企业所提供的专项审计报告及三个年度财务报表的规范性和合理性；

（2）审查企业近三年研发费用归集和近一年高新技术产品（服务）收入归集是否符合要求；

（3）审查各审计报告中相关科目数据之间的勾稽关系是否合理；

（4）根据企业科技人员概况表计算科技人员占职工总数的比例；

（5）根据企业财务数据，计算净资产增长率，并打分；

（6）根据企业财务数据，计算销售收入增长率，并打分；

（7）根据技术专家核定的高新技术产品（服务）数量及金额，计算近一年高新技术产品（服务）收入占同期总收入的比例；

（8）根据技术专家核定的主要产品（服务）数量及金额，计算近一年主要产品（服务）收入之和占同期高新技术产品（服务）收入是否达到 50%；

（9）根据技术专家核定的企业研发项目的数量及金额，计算近三年研究开发费用总额占同期销售收入总额的比例；

（10）综合评价企业相关财务情况是否符合认定条件。

表 8-5 高新技术企业认定财务专家评价表

企业名称				
企业提交的财务资料是否符合要求			□是 □否	
中介机构资质是否符合要求		□是 □否	中介机构出具的审计（鉴证）报告是否符合要求	□是 □否
近三年研究开发费用归集是否符合要求		□是 □否	近一年高新技术产品（服务）收入归集是否符合要求	□是 □否
近三年销售收入（万元）	第一年		近三年净资产（万元） 第一年	
	第二年		第二年	
	第三年		第三年	
净资产增长率			销售收入增长率	

续表

企业名称				
近三年销售收入合计（万元）		近一年企业总收入（万元）		
企业成长性（≤20分）				合计：
净资产增长率（≤10分） □ A. ≥35%（9～10分）　　□ B. ≥25%（7～8分） □ C. ≥15%（5～6分）　　□ D. >5%（3～4分） □ E. >0（1～2分）　　　□ F. ≤0（0分）				得分：
销售收入增长率（≤10分） □ A. ≥35%（9～10分）　　□ B. ≥25%（7～8分） □ C. ≥15%（5～6分）　　□ D. >5%（3～4分） □ E. >0（1～2分）　　　□ F. ≤0（0分）				得分：
对企业财务状况的综合评价				
专家签名：			年　　月　　日	

三、评审专家组综合评价

评审专家组在技术专家和财务专家评价的基础上，依据 8 项认定条件对申请企业进行综合评价，由专家组组长填写专家组综合评价表。评审专家组的结论是最终评审结果。

表 8-6　评审专家组审核要点及评价要求

序号	指标	评价
1	注册成立一年以上	一票否决
2	获得符合条件的知识产权	一票否决
3	核心技术属于《国家重点支持的高新技术领域》规定的范围	一票否决
4	科技人员占企业当年职工总数的比例不低于10%	一票否决
5	近三个会计年度的研究开发费用总额占企业同期销售收入的比例符合要求（3%、4%、5%）	一票否决
6	近一年高新技术产品（服务）占企业同期总收入的比例不低于60%，主要产品（服务）收入之和占同期高新技术产品（服务）收入是否达到50%	一票否决
7	企业申请认定前一年内未发生重大安全、重大质量事故或严重环境违法行为	一票否决
8	知识产权（30分） 科技成果转化能力（30分） 研究开发组织管理水平（20分） 企业成长性（净资产增长率10分＋销售收入增长率10分）	综合得分 （70分以上，不含70分）

表 8-7　高新技术企业认定专家组综合评价表

企业名称	
企业是否注册成立一年以上	□是　□否
企业是否获得符合条件的知识产权	□是　□否
核心技术是否属于《技术领域》规定的范围	□是　□否 （若"是"，请填写 3 级技术领域标题或编号）

科技人员占企业职工总数的比例（%）		是否符合条件	□是　□否
近三年研究开发费用总额占同期销售收入总额比例（%）			□是　□否
近三年在中国境内研发费用总额占全部研发费用总额比例（%）			□是　□否
近一年高新技术产品（服务）收入占同期总收入比例（%）			□是　□否

创新能力评价总分	1.知识产权得分		3.研究开发组织管理水平得分	
	技术先进程度		组织管理制度	
	核心支持作用		研发机构	
	知识产权数量		成果转化奖励制度	
	知识产权获得方式		人才绩效制度	
	（加分）参与标准制定		4.成长指标得分	
	2.科技成果转化能力得分		净资产增长率	
			销售收入增长率	

综合评价是否符合认定条件：	□是　　　　　□否
否（简述理由）	
专家组组长签字：	年　　　月　　　日

第九章　高新技术企业税收优惠政策

第一节　企业所得税优惠政策

一、优惠事项名称

国家需要重点扶持的高新技术企业减按 15% 的税率征收企业所得税。

二、政策概述

国家需要重点扶持的高新技术企业减按 15% 的税率征收企业所得税。国家需要重点扶持的高新技术企业，是指拥有核心自主知识产权，产品（服务）属于国家重点支持的高新技术领域规定的范围、研究开发费用占销售收入的比例不低于规定比例、高新技术产品（服务）收入占企业总收入的比例不低于规定比例、科技人员占企业职工总数的比例不低于规定比例，以及高新技术企业认定管理办法规定的其他条件的企业。

三、主要政策依据

（一）《中华人民共和国企业所得税法》第二十八条。

（二）《中华人民共和国企业所得税法实施条例》第九十三条。

（三）《财政部　国家税务总局关于高新技术企业境外所得适用税率及税收抵免问题的通知》（财税〔2011〕47 号）。

（四）《科技部　财政部　国家税务总局关于修订印发〈高新技术企业认定管理办法〉的通知》（国科发火〔2016〕32 号）。

（五）《科技部　财政部　国家税务总局关于修订印发〈高新技术企业认定管理工作指引〉的通知》（国科发火〔2016〕195 号）。

（六）《国家税务总局关于实施高新技术企业所得税优惠政策有关问题的公告》（国家税务总局公告 2017 年第 24 号）。

四、关于《国家税务总局关于实施高新技术企业所得税优惠政策有关问题的公告》的解读

（一）公告出台背景

为加大对科技型企业特别是中小企业的政策扶持，有力推动"大众创业、万众创新"，培育创造新技术、新业态和提供新供给的生力军，促进经济转型升级，2016 年，科技部、财政部、国家税务总局联合下发了《关于修订印发〈高新技术企业认定管理办法〉的通知》（国科发火〔2016〕32 号，以下简称《认定办法》）及配套文件《关于修订印发〈高新技术企业认定管理工作指引〉的通知》（国科发火〔2016〕195 号，以下简称《工作指引》）。

《认定办法》和《工作指引》出台后，《国家税务总局关于实施高新技术企业所得税优惠有关问题的通知》（国税函〔2009〕203 号，以下简称 203 号文件）作为与原《认定办法》和《工作指引》相配套的税收优惠管理性质的文件，其有关内容需要适时加以调整和完善，以实现高新技术企业认定管理和税收优惠管理的有效衔接，保障和促进高新技术企业优惠政策的贯彻落实。为此，特制定本公告。

（二）公告主要内容

①明确高新技术企业享受优惠的期间

根据企业所得税法的规定，企业所得税按纳税年度计算，因此高新技术企业也是按年享受税收优惠。而高新技术企业证书上注明的发证时间是具体日期，不一定是一个完整纳税年度，且有效期为3年。这就导致了企业享受优惠期间和高新技术企业认定证书的有效期不完全一致。为此，公告明确，企业获得高新技术企业资格后，自其高新技术企业证书注明的发证时间所在年度起申报享受税收优惠，并按规定向主管税务机关办理备案手续。例如，A企业取得的高新技术企业证书上注明的发证时间为2016年11月25日，A企业可自2016年度1月1日起连续3年享受高新技术企业税收优惠政策，即享受高新技术企业税收优惠政策的年度为2016年、2017年和2018年。按照上述原则，高新技术企业认定证书发放当年已开始享受税收优惠，则在期满当年应停止享受税收优惠。但鉴于其高新技术企业证书仍有可能处于有效期内，且继续取得高新技术企业资格的可能性非常大，为保障高新技术企业的利益，实现优惠政策的无缝衔接，公告明确高新技术企业资格期满当年内，在通过重新认定前，其企业所得税可暂按15%的税率预缴，在年底前仍未取得高新技术企业资格的，则应按规定补缴税款。如，A企业的高新技术企业证书在2019年4月20日到期，在2019年季度预缴时企业仍可按高新技术企业15%的税率预缴。如果A企业在2019年底前重新获得高新技术企业证书，其2019年度可继续享受税收优惠。如未重新获得高新技术企业证书，则应按25%的税率补缴少缴的税款。

②明确税务机关日常管理的范围、程序和追缴期限

在《认定办法》第十六条基础上，公告进一步明确了税务机关的后续管理，主要有以下几点：

一是明确后续管理范围。《认定办法》出台以后，税务机关和纳税人对高新技术企业在享受优惠期间是否需要符合认定条件存在较大的争议。经与财政部、科技部沟通，《认定办法》第十六条中所称"认定条件"是较为宽泛的概念，既包括高新技术企业认定时的条件，也包括享受税收优惠期间的条件。因此，公告将税务机关后续管理的范围明确为高新技术企业认定过程中和享受优惠期间，统一了管理范围，明确了工作职责。

二是调整后续管理程序。此前，按照203号文件的规定，税务部门发现高新技术企业不符合优惠条件的，可以追缴高新技术企业已减免的企业所得税税款，但不取消其高新技术企业资格。按照《认定办法》第十六条的规定，公告对203号文件的后续管理程序进行了调整，即税务机关如发现高新技术企业不符合认定条件的，应提请认定机构复核。复核后确认不符合认定条件的，由认定机构取消其高新技术企业资格后，通知税务机关追缴税款。

三是明确追缴期限。为统一执行口径，公告将《认定办法》第十六条中的追缴期限"不符合认定条件年度起"明确为"证书有效期内自不符合认定条件年度起"，避免因为理解偏差导致扩大追缴期限，切实保障纳税人的合法权益。

③明确高新技术企业优惠备案要求

《认定办法》和《工作指引》出台后，认定条件、监督管理要求等均发生了变化，有必要对享受优惠的备案资料和留存备查资料进行适当调整。公告对此进行了明确。在留存备查资料中，涉及主要产品（服务）发挥核心支持作用的技术所属领域、高新技术产品（服务）及对应收入、职工和科技人员、研发费用比例等相关指标时，需留存享受优惠年度的资料备查。

④明确执行时间和衔接问题

一是考虑到本公告加强了高新技术企业税收管理，按照不溯及既往原则，明确本公告适用于2017年度及以后年度企业所得税汇算清缴。二是《认定办法》自2016年1月1日起开始实施。但按照《科技部　财政部　国家税务总局关于印发〈高新技术企业认定管理办法〉的通知》（国科发火〔2008〕172号）认定的高新技术企业仍在有效期内。在一段时间内，按不同认定办法认定的高新技

术企业还将同时存在，但认定条件、监督管理要求等并不一致。为公平、合理起见，公告明确了"老人老办法，新人新办法"的处理原则，以妥善解决新旧衔接问题。即按照《认定办法》认定的高新技术企业按本公告规定执行，按国科发火〔2008〕172号文件认定的高新技术企业仍按照203号文件和《国家税务总局关于发布〈企业所得税优惠政策事项办理办法〉的公告》（国家税务总局公告2015年第76号）的有关规定执行。三是明确《国家税务总局关于高新技术企业资格复审期间企业所得税预缴问题的公告》（国家税务总局公告2011年第4号）废止。

第二节　办理税收减免

2015年，国家税务总局根据"放管服"改革要求，发布了《企业所得税优惠政策事项办理办法》（国家税务总局公告2015年第76号），全面取消对企业所得税优惠事项的审批管理，一律实行备案管理。该办法通过简化办税流程、精简涉税资料、统一管理要求，为企业能够及时、精准享受到所得税优惠政策创造了条件、提供了便利。为了深入贯彻落实党中央、国务院关于优化营商环境和推进"放管服"改革的系列部署，进一步优化税收环境，国家税务总局于2018年修订并重新发布了《企业所得税优惠政策事项办理办法》（国家税务总局公告2018年第23号）。

根据该办法规定，企业所得税优惠事项全部采用"自行判别、申报享受、相关资料留存备查"的办理方式。企业在年度纳税申报及享受优惠事项前无需再履行备案手续、报送《企业所得税优惠事项备案表》《汇总纳税企业分支机构已备案优惠事项清单》和享受优惠所需要的相关资料。企业根据经营情况以及相关税收规定自行判断是否符合优惠事项规定的条件，符合条件的可以自行计算减免税额，并通过填报企业所得税纳税申报表享受税收优惠。原备案资料全部作为留存备查资料，保留在企业，以备税务机关后续核查时根据需要提供。主要留存备查资料如下：

1. 高新技术企业资格证书；

2. 高新技术企业认定资料；

3. 知识产权相关材料；

4. 年度主要产品（服务）发挥核心支持作用的技术属于《国家重点支持的高新技术领域》规定范围的说明，高新技术产品（服务）及对应收入资料；

5. 年度职工和科技人员情况证明材料；

6. 当年和前两个会计年度研发费用总额及占同期销售收入比例、研发费用管理资料以及研发费用辅助账，研发费用结构明细表。

第十章　监督管理

第一节　年度发展情况报表

根据《认定办法》和《工作指引》要求，企业获得高新技术企业资格后，在其资格有效期内应于每年 5 月底前通过"高新技术企业认定管理工作网"报送上一年度知识产权、科技人员、研发费用、经营收入等年度发展情况报表。

一、填报范围

二、证书有效期内的高新技术企业

三、填报方式

高新技术企业登录科技部政务服务平台（网址：https：//fuwu.most.gov.cn/），进入申报系统后，选择"高新技术企业认定"，点击导航栏选择"企业年报"模块，在"企业发展情况报表填写"栏目中点击"添加"，出现"高新技术企业发展情况报表"后，在网上完成年报数据的填写并提交。若企业已填报火炬统计年报，可点击"获取统计系统高企年报数据"，但注意数据获取不全，必须完善总收入、高新技术产品（服务）收入、纳税总额、研究开发费用总额等相关数据，检查无误后保存再提交。

四、注意事项

根据《认定办法》第十九条的规定，已认定的高新技术企业累计两年未填报年度发展情况报表的取消高新技术企业资格。对被取消高企资格的企业，由认定机构通知税务机关按《中华人民共和国税收征收管理法》及有关规定，追缴其自发生上述行为之日所属年度起已享受的高企税收优惠。请有关企业高度重视此项工作，按时保质保量完成。填报时请务必仔细核对有关数据的单位、数值等信息，不要出现误报、漏报等情况，以免影响以后的认定申报工作。发展情况报表填报内容详见下表：

表 10-1　年度高新技术企业发展情况报表

企业名称			
组织机构代码／统一社会信用代码		所属地区	
高新技术企业认定证书编号		高新技术企业认定时间	
企业联系人		联系电话	
本年度获得的知识产权数（件）	发明专利	其中，国防专利	
	植物新品种	国家级农作物品种	
	国家新药	国家一级中药保护品种	
	集成电路布图设计专有权	实用新型	
	外观设计	软件著作权	

续表

企业名称				
本年度人员情况（人）	职工总数		科技人员数	
	新增就业人数		其中，吸纳高校应届毕业生人数	
企业本年度财务状况（万元）	总收入		销售收入	
	净资产		高新技术产品（服务）收入	
	纳税总额		企业所得税减免额	
	利润总额		出口创汇总额（万美元）	
	研究开发费用额	其中	在中国境内研发费用额	
			基础研究投入费用总额	
企业是否上市	□是　　□否		上市时间	
股票代码			上市类型	

第二节　重大变化事项报告

一、高新技术企业更名流程

高新技术企业发生名称变更或与认定条件有关的重大变化（如分立、合并、重组以及经营业务发生变化等），企业应在 3 个月内向认定机构报告，由广西的高企认定机构按照《高新技术企业认定管理办法》第四章第十七条及《高新技术企业认定工作指引》第五条第四款处理。

未按期报告与认定条件有关重大变化情况的企业，由广西的认定机构取消其高新技术企业资格。对被取消高新技术企业资格的企业，由认定机构通知税务机关按《税收征管法》及有关规定，追缴其自发生上述行为之日所属年度起已享受的高新技术企业税收优惠。

二、广西高新技术企业更名的有关要求

（一）受理时间：广西高新技术企业更名工作采取常年开展、集中受理的方式，每年分 5 批受理高新技术企业更名申请，受理截止时间为 3 月、5 月、7 月、9 月、11 月最后一周的星期五。

（二）受理方式：请发生名称变更的高新技术企业在"科技部政务服务平台"提交更名申请，同时将在线打印的《高新技术企业名称变更申请书》与相关证明材料一式一份提交至广西高企认定办。

第三节　异地搬迁

异地搬迁是指高新技术企业资格有效期内完成整体迁移至广西壮族自治区，且符合《中华人民共和国公司登记管理条例》第二十九条所述情况。

一、资格继续有效认定原则

异地搬迁高新技术企业资格是否继续有效认定的原则是根据《认定办法》第十八条、《工作指引》第五章第（五）款的有关规定办理。

二、异地搬迁有关规定

《认定办法》第十八条规定：跨认定机构管理区域整体迁移的高新技术企业，在其高新技术企业

资格有效期内完成迁移的，其资格继续有效；跨认定机构管理区域部分搬迁的，由迁入地认定机构按照本办法重新认定。

《工作指引》第五章第（五）款规定：跨认定机构管理区域整体迁移的高新技术企业须向迁入地认定机构提交有效期内的高新技术企业证书及迁入地工商等登记管理机关核发的完成迁入的相关证明材料。完成整体迁移的，其高新技术企业资格和高新技术企业证书继续有效，编号与有效期不变。由迁入地认定机构给企业出具证明材料，并在"高新技术企业认定管理工作网"上公告。

三、申报材料

跨认定机构管理区域整体搬迁的高新技术企业，按照《认定办法》和《工作指引》的要求，向迁入地认定机构提供相关部门的证明材料。包括：

（一）迁入后企业营业执照复印件；

（二）原认定机构颁发的高新技术企业证书复印件；

（三）企业迁移登记调档通知函复印件；

（四）迁出地清税证明复印件；

（五）国家企业信用信息公示系统内的企业信用信息打印件；

（六）企业基本情况介绍（内容主要包括主营业务、知识产权情况、主营及高新产品、研发项目情况、人员情况等）；

（七）企业整体搬迁的其他证明材料。

四、受理机构

广西高新技术企业认定工作领导小组办公室负责高新技术企业异地搬迁资质的审查认定。

第四节　备案抽查及复核

一、备案抽查

领导小组办公室对报备企业可进行随机抽查，对存在问题的企业交由认定机构核实情况并提出处理建议。审查常见问题如下：

一、企业全部知识产权均为申报当年获得，无法对近一年主要产品（服务）的核心技术起支撑作用。

二、高新技术产品（服务）的收入归集存疑。如归集合理，请列出明细表，并提供代表性合同和票据。

三、软件著作权对主要产品（服务）的支撑作用存疑。如有支撑，请提供每个软著相关证明材料：1. 不低于20秒的系统操作视频（需包含系统主要功能点，并可实现真实数据交互）和数据库操作视频（需包含表名称、表结构页面，以及数据查询演示）。2. 系统设计说明书，需涵盖系统总体结构、系统类图及说明、数据库设计（包含 B-R 关系图）、原型设计（主要功能点）等。

四、详述高新技术产品中主要产品的核心技术，并阐述其与知识产权、技术领域的关联性。

五、详述受让知识产权与企业研发、近一年高新技术产品（服务）的关系，并提供证明材料。

六、提供企业近三年科技成果转化相关证明材料。

二、复核

对已认定的高新技术企业，有关部门在日常管理过程中发现其不符合认定条件的，应以书面形式提请认定机构复核。复核后确认不符合认定条件的，由认定机构取消其高新技术企业资格，并通知税务机关追缴其不符合认定条件年度起已享受的税收优惠。

属于对是否符合《认定办法》第十一条［除（五）款外］、第十七条、第十八条和第十九条情况的企业，按《认定办法》规定办理；属于对是否符合《认定办法》第十一条（五）款产生异议的，应以问题所属年度和前两个会计年度（实际经营不满三年的按实际经营时间计算）的研究开发费用总额与同期销售收入总额之比是否符合《认定办法》第十一条（五）款规定进行复核。

第十一章　政策汇编

第一节　高新技术企业认定管理办法

科技部　财政部　国家税务总局关于修订印发

《高新技术企业认定管理办法》的通知

（国科发火〔2016〕32 号）

各省、自治区、直辖市及计划单列市科技厅（委、局）、财政厅（局）、国家税务局、地方税务局：

　　根据《中华人民共和国企业所得税法》及其实施条例有关规定，为加大对科技型企业特别是中小企业的政策扶持，有力推动"大众创业、万众创新"，培育创造新技术、新业态和提供新供给的生力军，促进经济升级发展，科技部、财政部、国家税务总局对《高新技术企业认定管理办法》进行了修订完善。经国务院批准，现将新修订的《高新技术企业认定管理办法》印发给你们，请遵照执行。

科技部　财政部　国家税务总局

2016 年 1 月 29 日

高新技术企业认定管理办法

第一章 总 则

第一条 为扶持和鼓励高新技术企业发展，根据《中华人民共和国企业所得税法》（以下称《企业所得税法》）、《中华人民共和国企业所得税法实施条例》（以下称《实施条例》）有关规定，特制定本办法。

第二条 本办法所称的高新技术企业是指：在《国家重点支持的高新技术领域》内，持续进行研究开发与技术成果转化，形成企业核心自主知识产权，并以此为基础开展经营活动，在中国境内（不包括港、澳、台地区）注册的居民企业。

第三条 高新技术企业认定管理工作应遵循突出企业主体、鼓励技术创新、实施动态管理、坚持公平公正的原则。

第四条 依据本办法认定的高新技术企业，可依照《企业所得税法》及《实施条例》、《中华人民共和国税收征收管理法》（以下称《税收征管法》）及《中华人民共和国税收征收管理法实施细则》（以下称《实施细则》）等有关规定，申报享受税收优惠政策。

第五条 科技部、财政部、国家税务总局负责全国高新技术企业认定工作的指导、管理和监督。

第二章 组织与实施

第六条 科技部、财政部、国家税务总局组成全国高新技术企业认定管理工作领导小组（以下称领导小组），其主要职责为：

（一）确定全国高新技术企业认定管理工作方向，审议高新技术企业认定管理工作报告；

（二）协调、解决认定管理及相关政策落实中的重大问题；

（三）裁决高新技术企业认定管理事项中的重大争议，监督、检查各地区认定管理工作，对发现的问题指导整改。

第七条 领导小组下设办公室，由科技部、财政部、国家税务总局相关人员组成，办公室设在科技部，其主要职责为：

（一）提交高新技术企业认定管理工作报告，研究提出政策完善建议；

（二）指导各地区高新技术企业认定管理工作，组织开展对高新技术企业认定管理工作的监督检查，对发现的问题提出整改处理建议；

（三）负责各地区高新技术企业认定工作的备案管理，公布认定的高新技术企业名单，核发高新技术企业证书编号；

（四）建设并管理"高新技术企业认定管理工作网"；

（五）完成领导小组交办的其他工作。

第八条 各省、自治区、直辖市、计划单列市科技行政管理部门同本级财政、税务部门组成本地区高新技术企业认定管理机构（以下称认定机构）。认定机构下设办公室，由省级、计划单列市科技、财政、税务部门相关人员组成，办公室设在省级、计划单列市科技行政主管部门。认定机构主要职责为：

（一）负责本行政区域内的高新技术企业认定工作，每年向领导小组办公室提交本地区高新技术企业认定管理工作报告；

（二）负责将认定后的高新技术企业按要求报领导小组办公室备案，对通过备案的企业颁发高新技术企业证书；

（三）负责遴选参与认定工作的评审专家（包括技术专家和财务专家），并加强监督管理；

（四）负责对已认定企业进行监督检查，受理、核实并处理复核申请及有关举报等事项，落实领导小组及其办公室提出的整改建议；

（五）完成领导小组办公室交办的其他工作。

第九条　通过认定的高新技术企业，其资格自颁发证书之日起有效期为三年。

第十条　企业获得高新技术企业资格后，自高新技术企业证书颁发之日所在年度起享受税收优惠，可依照本办法第四条的规定到主管税务机关办理税收优惠手续。

第三章　认定条件与程序

第十一条　认定为高新技术企业须同时满足以下条件：

（一）企业申请认定时须注册成立一年以上。

（二）企业通过自主研发、受让、受赠、并购等方式，获得对其主要产品（服务）在技术上发挥核心支持作用的知识产权的所有权。

（三）对企业主要产品（服务）发挥核心支持作用的技术属于《国家重点支持的高新技术领域》规定的范围。

（四）企业从事研发和相关技术创新活动的科技人员占企业当年职工总数的比例不低于10%。

（五）企业近三个会计年度（实际经营期不满三年的按实际经营时间计算，下同）的研究开发费用总额占同期销售收入总额的比例符合如下要求：

1. 最近一年销售收入小于5000万元（含）的企业，比例不低于5%；

2. 最近一年销售收入在5000万元至2亿元（含）的企业，比例不低于4%；

3. 最近一年销售收入在2亿元以上的企业，比例不低于3%。

其中，企业在中国境内发生的研究开发费用总额占全部研究开发费用总额的比例不低于60%。

（六）近一年高新技术产品（服务）收入占企业同期总收入的比例不低于60%。

（七）企业创新能力评价应达到相应要求。

（八）企业申请认定前一年内未发生重大安全、重大质量事故或严重环境违法行为。

第十二条　高新技术企业认定程序如下：

一、企业申请

企业对照本办法进行自我评价。认为符合认定条件的在"高新技术企业认定管理工作网"注册登记，向认定机构提出认定申请。申请时提交下列材料：

1. 高新技术企业认定申请书；

2. 证明企业依法成立的相关注册登记证件；

3. 知识产权相关材料、科研项目立项证明、科技成果转化、研究开发的组织管理等相关材料；

4. 企业高新技术产品（服务）的关键技术和技术指标、生产批文、认证认可和相关资质证书、产品质量检验报告等相关材料；

5. 企业职工和科技人员情况说明材料；

6. 经具有资质的中介机构出具的企业近三个会计年度研究开发费用和近一个会计年度高新技术产品（服务）收入专项审计或鉴证报告，并附研究开发活动说明材料；

7. 经具有资质的中介机构鉴证的企业近三个会计年度的财务会计报告（包括会计报表、会计报表附注和财务情况说明书）；

8. 近三个会计年度企业所得税年度纳税申报表。

二、专家评审

认定机构应在符合评审要求的专家中随机抽取组成专家组。专家组对企业申报材料进行评审，提出评审意见。

三、审查认定

认定机构结合专家组评审意见，对申请企业进行综合审查，提出认定意见并报领导小组办公室。认定企业由领导小组办公室在"高新技术企业认定管理工作网"公示 10 个工作日，无异议的，予以备案，并在"高新技术企业认定管理工作网"公告，由认定机构向企业颁发统一印制的"高新技术企业证书"；有异议的，由认定机构进行核实处理。

第十三条 企业获得高新技术企业资格后，应于每年 5 月底前在"高新技术企业认定管理工作网"填报上一年度知识产权、科技人员、研发费用、经营收入等年度发展情况报表。

第十四条 对于涉密企业，按照国家有关保密工作规定，在确保涉密信息安全的前提下，按认定工作程序组织认定。

第四章　监督管理

第十五条 科技部、财政部、国家税务总局建立随机抽查和重点检查机制，加强对各地高新技术企业认定管理工作的监督检查。对存在问题的认定机构提出整改意见并限期改正，问题严重的给予通报批评，逾期不改的暂停其认定管理工作。

第十六条 对已认定的高新技术企业，有关部门在日常管理过程中发现其不符合认定条件的，应提请认定机构复核。复核后确认不符合认定条件的，由认定机构取消其高新技术企业资格，并通知税务机关追缴其不符合认定条件年度起已享受的税收优惠。

第十七条 高新技术企业发生更名或与认定条件有关的重大变化（如分立、合并、重组以及经营业务发生变化等）应在 3 个月内向认定机构报告。经认定机构审核符合认定条件的，其高新技术企业资格不变，对于企业更名的，重新核发认定证书，编号与有效期不变；不符合认定条件的，自更名或条件变化年度起取消其高新技术企业资格。

第十八条 跨认定机构管理区域整体迁移的高新技术企业，在其高新技术企业资格有效期内完成迁移的，其资格继续有效；跨认定机构管理区域部分搬迁的，由迁入地认定机构按照本办法重新认定。

第十九条 已认定的高新技术企业有下列行为之一的，由认定机构取消其高新技术企业资格：

（一）在申请认定过程中存在严重弄虚作假行为的；

（二）发生重大安全、重大质量事故或有严重环境违法行为的；

（三）未按期报告与认定条件有关重大变化情况，或累计两年未填报年度发展情况报表的。

对被取消高新技术企业资格的企业，由认定机构通知税务机关按《税收征管法》及有关规定，追缴其自发生上述行为之日所属年度起已享受的高新技术企业税收优惠。

第二十条 参与高新技术企业认定工作的各类机构和人员对所承担的有关工作负有诚信、合规、保密义务。违反高新技术企业认定工作相关要求和纪律的，给予相应处理。

第五章　附　则

第二十一条 科技部、财政部、国家税务总局根据本办法另行制定《高新技术企业认定管理工作指引》。

第二十二条　本办法由科技部、财政部、国家税务总局负责解释。

第二十三条　本办法自 2016 年 1 月 1 日起实施。原《高新技术企业认定管理办法》（国科发火〔2008〕172 号）同时废止。

附件：《国家重点支持的高新技术领域》

国家重点支持的高新技术领域

一、电子信息

二、生物与新医药

三、航空航天

四、新材料

五、高技术服务

六、新能源与节能

七、资源与环境

八、先进制造与自动化

一、电子信息

（一）软件

1. 基础软件

服务器/客户端操作系统；通用及专用数据库管理系统；软件生命周期的开发、测试、运行、运维等支撑技术，以及各种接口软件和工具包/组、软件生成、软件封装、软件系统管理、软件定义网络、虚拟化软件、云服务等支撑技术；中间件软件开发技术等。

2. 嵌入式软件

嵌入式图形用户界面技术；嵌入式数据库管理技术；嵌入式网络技术；嵌入式软件平台技术；嵌入式软件开发环境构建技术；嵌入式支撑软件生成技术；嵌入式专用资源管理技术；嵌入式系统整体解决方案设计技术；嵌入式设备间互联技术；嵌入式应用软件开发技术等。

3. 计算机辅助设计与辅助工程管理软件

用于工程规划、工程管理/产品设计、开发、生产制造等的软件工作平台或软件工具支撑技术；面向行业的产品数据分析和管理软件；基于计算机协同工作的辅助设计软件；快速成型的产品设计和制造软件；专用计算机辅助工程管理/产品开发工具支撑技术；产品全生命周期管理（PLM）系统软件；计算机辅助工程（CAE）相关软件；分布式控制系统（DCS）、数据采集与监视控制系统（SCADA）、执行制造系统（MES）技术等。

4. 中文及多语种处理软件

中文、外文及少数民族文字的识别、处理、编码转换与翻译技术；语音识别与合成技术；文字手写/语音应用技术；多语种应用支撑技术；字体设计与生成技术；字库管理技术；支撑古文字、少数民族文字研究的相关技术；支撑书法及绘画研究的相关技术；语言、音乐和电声信号的处理技术；支撑文物器物、文物建筑研究的相关技术；支撑文物基础资源的信息采集、转换、记录、保存的相关技术等。

5. 图形和图像处理软件

基于内容的图形图像检索及管理软件；基于海量图像数据的服务软件；多通道用户界面技术；静态图像、动态图像、视频图像及影视画面的处理技术；人机交互技术；裸眼3D内容制作技术；3D图像处理技术；3D模型原创性鉴定技术；遥感图像处理与分析技术；虚拟现实与现实增强技术；复杂公式图表智能识别转换技术；位图矢量化技术和工程文件智能化分层管理技术；实现2D动画和3D动画的自主切换和交互技术等。

6. 地理信息系统（GIS）软件

网络环境下多系统运行的GIS软件平台构建技术；组件式和可移动应用的GIS软件包技术；基于3D和动态多维的地理信息系统（GIS）平台构建技术；面向地理信息系统（GIS）的空间数据库构建技术；电子通用地图构建技术；地理信息系统（GIS）行业应用技术等。

7. 电子商务软件

电子商务支撑/服务平台构建技术；第三方电子商务交易、事务处理、支付服务等支撑与应用技术；行业电子商务、基于云计算的电子商务、移动电子商务支撑与协同应用技术等。

8. 电子政务软件

电子政务资源、环境、服务体系构建技术；电子政务流程管理技术；电子政务信息交换与共享技术；

电子政务决策支持技术等。

9. 企业管理软件

企业资源计划（ERP）软件；数据分析与决策支持的商业智能（BI）软件；基于 RFID 和 GPS 应用的现代物流管理软件；企业集群协同的供应链管理（SCM）软件；基于大数据和知识管理的客户关系管理（CRM）软件；基于互联网 / 移动互联网的企业资源协同管理技术；跨企业 / 跨区域供应链 / 物流管理技术；个性化服务应用技术；商业智能技术等。

10. 物联网应用软件

基于通信网络和无线传感网络的物联网支撑平台构建技术；基于先进条码自动识别、射频标签、多种传感信息的智能化信息处理技术；物联网海量信息存储与处理技术；物联网行业应用技术等。

11. 云计算与移动互联网软件

虚拟化软件；分布式架构和数据管理软件；虚拟计算资源调度与管理软件；云计算环境下的流程管理与控制软件；基于移动互联网的信息采集、分类、处理、分析、个性化推送软件；移动互联网应用软件；大数据获取、存储、管理、分析和应用软件；人工智能技术等。

12. Web 服务与集成软件

Web 服务发现软件；Web 服务质量软件；Web 服务组合与匹配软件；面向服务的体系架构软件；服务总线软件；异构信息集成软件；工作流软件；业务流程管理与集成软件；集成平台软件等。

（二）微电子技术

1. 集成电路设计技术

集成电路辅助设计技术；集成电路器件模型、参数提取以及仿真工具等专用技术和工艺设计技术。

2. 集成电路产品设计技术

新型通用与专用集成电路产品设计技术；集成电路设备技术；高端通用集成电路芯片 CPU、DSP 等设计技术；面向整机配套的集成电路产品设计技术；用于新一代移动通信和新型移动终端、数字电视、无线局域网的集成电路设计技术等。

3. 集成电路封装技术

小外形封装（SOP）、塑料方块平面封装（PQFP）、有引线塑封芯片载体（PLCC）等高密度塑封技术；新型封装技术；电荷耦合元件（CCD）/ 微机电系统（MEMS）特种器件封装工艺技术等。

4. 集成电路测试技术

集成电路测试技术；芯片设计分析与验证测试技术，以及测试自动连接技术等。

5. 集成电路芯片制造工艺技术

MOS 工艺技术、CMOS 工艺技术、双极工艺技术、BiCMOS 工艺技术、HKMG 工艺技术、FinFET 工艺技术，以及各种与 CMOS 兼容的 SoC 工艺技术；宽带隙半导体基集成电路工艺技术；GeSi /SoI 基集成电路工艺技术；CCD 图像传感器工艺技术；MEMS 集成器件工艺技术；高压集成器件工艺技术等。

6. 集成光电子器件设计、制造与工艺技术

半导体大功率高速激光器、大功率泵浦激光器、超高速半导体激光器、调制器等设计、制造与工艺技术；高速 PIN 和 APD 模块、阵列探测器、光发射及接收模块、非线性光电器件等设计、制造与工艺技术；平面波导器件（PLC）液晶器件和微电子机械系统（MEMS）器件的设计、制造与工艺技术等。

（三）计算机产品及其网络应用技术

1. 计算机及终端设计与制造技术

台式计算机、便携式计算机、专用计算机、移动终端、终端设备及服务器的设计与制造技术等。

2. 计算机外围设备设计与制造技术

计算机外围设备及其关键部件的设计与制造技术；计算机存储设备、移动互联网设备、宽带无线接入设备的设计与制造技术；基于标识管理和强认证技术；基于视频、射频的识别技术等。

3. 网络设备设计与制造技术

无线收发技术；高性能网络核心设备、网络传输和接入设备、TD-LTE 设备等设计与制造技术，以及智能家居、可穿戴式电子设备等融合型设备设计与制造技术等。

4. 网络应用技术

基于标准协议的信息服务管理和网络管理软件的关键技术；ISP、ICP 的增值业务软件和应用平台的关键技术；网络融合技术；网络增值业务应用技术；网络服务质量与运营管理技术；可信网络管理技术；移动智能终端应用技术；TD-LTE 应用技术；数字媒体内容平台 / 内容分发网络（CDN）技术；网络资源调度管理技术等。

（四）通信技术

1. 通信网络技术

光传送网络、宽带无线移动通信网络、宽带卫星通信网络、微波通信网络、IP 承载网络的组网与规划、控制管理、交换、测试、节能等技术；三网融合通信技术；光网络核心节点和边缘节点及其关键模块 / 器件设计与制造技术；核心路由器和边缘路由器及其关键模块 / 器件设计与制造技术；软交换技术；SDN 技术；IPv6 技术等。

2. 光传输系统技术

新型光传输设备技术；新型光接入设备和系统技术；新型低成本小型化波分复用传输设备和系统技术；新型关键模块光传输系统仿真计算等专用软件技术；高速光传输技术；超大容量复用技术；可变带宽光传输技术；多业务传送平台技术；低能耗光传输技术；自由空间光传输技术；光传输测试技术；光传输关键模块 / 器件设计与制造技术等。

3. 有线宽带接入系统技术

FTTx 光纤接入技术；混合光纤同轴电缆网（HFC）接入技术；无源光网络接入技术及其控制管理技术；三网融合接入技术；新型综合接入技术；宽带有线接入测试技术；有线宽带接入关键模块 / 器件设计与制造技术等。

4. 移动通信系统技术

宽带移动通信基站技术；宽带移动系统交换、控制管理、基站互连、拉远传输、分布式覆盖、测试等技术；宽带移动通信终端技术；智能天线技术；宽带移动通信关键模块 / 器件设计与制造技术；数字集群系统的配套技术；其他基于移动通信网络的行业应用的配套技术等。

5. 宽带无线通信系统技术

宽带无线接入系统技术；宽带无线应用终端技术；低能耗宽带无线通信技术；宽带无线通信测试技术；宽带无线通信行业应用技术；无线数字集群通信技术；宽带无线通信关键模块 / 器件设计与制造技术等。

6. 卫星通信系统技术

卫星通信转发器及其控制管理与电源技术；卫星地面站系统及其控制管理技术；卫星通信天线馈线、发射接收、信道终端、测试、应用等技术；卫星通信应用终端技术；卫星定位与导航应用技术；卫星遥感数据共享与应用技术；卫星通信关键模块 / 器件设计与制造技术等。

7. 微波通信系统技术

新型微波通信系统技术；微波通信天线馈线、发射接收、测试、应用等技术；微波应急通信系统技术；微波通信系统关键模块 / 器件设计与制造技术等。

8. 物联网设备、部件及组网技术

面向物联网应用的 M2M 终端、通信模块和网关等设备和部件的设计与制造技术；物联网组网技术等。

9. 电信网络运营支撑管理技术

基于固网、宽带移动网及其混合网络的电信网络运营支撑管理技术等。

10. 电信网与互联网增值业务应用技术

基于固网、宽带移动网、互联网及其混合网络的增值业务应用平台技术及其中间件技术；电信网络增值新业务应用技术、"互联网 +"的业务应用技术等。

（五）广播影视技术

1. 广播电视节目采编播系统技术

与数字电视系统相适应的广播电视节目采集、编辑、制作与播出技术；节目制播网设备与软件的关键支撑技术；面向数字媒体版权保护的加解密和密钥管理的关键支撑技术；电台、电视台自动化网络化技术、云制作技术与大数据分析技术；数字媒体内容存储转发及检索交互技术；系统规划与系统集成、音视频质量测试评估技术等。

2. 广播电视业务集成与支撑系统技术

数字电视广播业务集成系统、条件接收系统、用户管理系统等支撑技术；电子节目指南（EPG）及数据业务相关系统的支撑技术；交互数字电视业务集成和用户认证系统的支撑技术；IPTV、互联网电视、手机电视等业务集成播控平台技术；内容聚合技术，云平台技术和大数据应用分析技术；可用于多终端的自适应编码系统的支撑技术；跨域服务运营支持系统的支撑技术等。

3. 有线传输与覆盖系统技术

可用于有线电视宽带网络骨干网、城域网的新型光传输设备技术，支持高清、超高清、3D 业务的内容分发设备技术；FTTH 和 EoC 等宽带接入设备技术，数字家庭网络设备、智慧城市设备技术，多业务融合终端和智能电视操作系统与智能终端和智能家庭媒体网关技术；用户收视行为调查与分析技术；可用于有线电视宽带网络的运营支撑管理系统及大数据分析技术；网络优化、系统集成和测试评估技术等。

4. 无线传输与覆盖系统技术

地面数字电视传输系统技术；用于数字声音广播传输系统技术；调频 / 调幅同步广播系统技术；应急广播系统技术；智能接收天线和多业务融合终端技术；无线传输与覆盖频率规划、系统集成、发射台站自动化管理、电磁防护和测试评估技术；用于广播电视卫星传输系统的编码复用加扰系统技术、调制上变频及高功放系统、天馈线系统技术等；卫星直播内容分发系统和用户管理系统技术；广播电视专业卫星综合接收解码技术及测试评估技术等。

5. 广播电视监测监管、安全运行与维护系统技术

中短波广播、调频广播、有线数字电视、地面数字电视、数字声音广播、卫星直播系统等广播电视业务技术、频谱监测设备技术；IPTV、手机电视、互联网电视、互联网音视频等视听新媒体内容监管设备和内容甄别分析软件技术；广播电视节目安全播出技术服务系统及信息安全测评技术；新媒体视听节目的监测、监控、监管技术等。

6. 数字电影系统技术

数字电影专业级拍摄设备及数字成像技术；数字电影虚拟摄影、计算机图形图像制作（CG/CGI）、动作捕捉、虚拟现实与增强现实（VR/AR）制作技术；数字电影前后期制作、存储、传输与放映技术；数字电影网络化分布式协同制作云服务技术；数字电影声音制作与还原技术；电影放映信息化与智能化技术；新一代数字电影版权保护技术等。

7. 数字电视终端技术

新型数字电视系统技术；三维电视系统技术；超高清电视系统技术；移动多媒体电视系统技术；智能电视嵌入式应用技术；数字电视安全系统技术；多种传输方式融合的数字电视终端技术；新型投影技术；数字电视终端关键模块／器件设计与制造技术等。

8. 专业视频应用服务平台技术

智能化、网络化视频监控平台技术；跨平台、跨领域数字内容服务与应用平台技术；多业务应用平台技术；高清、宽动态、低照度摄像技术；大容量、高压缩监控后端处理技术；面向视频服务的云存储系统技术；电视屏幕、手机屏幕、电脑屏幕互动与融合技术；视频应用服务内容保护技术等。

9. 音响、光盘技术

高保真音响器件与系统技术；高保真音源技术；专业数字音响系统技术；大容量、可刻录、三维播放、高保真的新型光盘技术；音响、光盘关键模块／器件设计与制造技术等。

（六）新型电子元器件

1. 半导体发光技术

高效率、高亮度、低衰耗、抗静电的外延片生长技术；大功率、高效率、高亮度、低衰耗、抗静电的发光二极管制造技术；半导体照明用、长寿命、高效率的荧光粉材料；半导体照明用、高可靠、长寿命的驱动电源技术；低衰耗、热匹配性能和密封性能好的封装树脂材料和热沉材料技术；其他高效率、高亮度、低衰耗半导体发光技术；与半导体照明相关的智能控制、光通信技术等。

2. 片式和集成无源元件

高可靠片式元器件、片式EMI/EMP复合元件和LTCC集成无源元件制造技术；片式高温、高频、大容量多层陶瓷电容器（MLCC）制造技术；片式NTC、PTC热敏电阻和片式多层压敏电阻技术；片式高频、高稳定、高精度频率器件制造技术等。

3. 大功率半导体器件

高可靠、长寿命、低成本VDMOS垂直栅场效应晶体管制造技术；绝缘栅双极型功率管（IGBT）；用于大型电力电子成套装置的集成门极换流晶闸管（IGCT）制造技术；其他新机理的大功率半导体器件制造技术。

4. 专用特种器件

高可靠微波器件、抗辐照器件制造技术，其他新机理的专用特种器件制造技术。

5. 敏感元器件与传感器

基于新原理、新材料、新结构、新工艺的敏感元器件的传感器与工艺技术；采用半导体、陶瓷、金属、高分子、超导、光纤、纳米等材料以及复合材料的传感器与工艺技术；多功能复合传感器与工艺技术等。

6. 中高档机电组件

超小型、高可靠、高密度的高速连接器制造技术；新型高可靠通信继电器制造技术；小型化组合式大电流继电器制造技术；高可靠固体光 /MOS 继电器制造技术；高保真、高灵敏、低功耗电声器件制造技术；刚挠结合板和 HDI 高密度积层板技术等。

7. 平板显示器件

大屏幕液晶显示（TFT-LCD）、等离子显示（PDP）、场致发光显示（FED）、硅基液晶（LCoS）显示、有机发光二极管（OLED）显示等新型平板显示器件技术及相关的光学引擎技术；长寿命、高亮度投影技术；裸眼 3D 膜技术等。

（七）信息安全技术

1. 密码技术

加解密技术；密码认证技术；数据完整性保护技术；数字签名技术；密钥管理技术；密码芯片技术；基于密码技术的集成化应用技术；数字水印技术等。

2. 认证授权技术

电子认证技术；生物认证技术；身份管理技术；数字版权保护技术；访问控制技术；授权件安全管理技术；网络信任技术等。

3. 系统与软件安全技术

硬件和固件安全技术；工控系统安全技术；操作系统和数据库安全技术；可信计算技术；中间件安全技术；应用软件安全技术；云计算安全技术；大数据安全技术；密文数据库技术等。

4. 网络与通信安全技术

网络与通信攻击检测及防护技术；网络边界安全防护技术；恶意代码分析与防护技术；网络监测 /监控技术；网络安全审计技术；网络与通信安全预警技术；网络与通信安全协议技术；安全接入技术；网络内容安全管理技术；移动通信安全技术；宽带无线安全技术；卫星通信安全技术；物联网安全技术；RFID 安全技术等。

5. 安全保密技术

网络信息防失窃泄密技术；安全隔离与交换技术；数据单向导入技术；屏蔽、抑制与干扰防护和检测技术；电子文档安全管理技术；存储介质中信息的安全防护技术；数据恢复技术；数据销毁及检测技术；安全保密检查技术；文化、文物及文物衍生产品防伪技术等。

6. 安全测评技术

网络与信息系统安全性能测试、评价与风险评估技术；安全态势评估与预测技术；安全产品测评技术；等级保护、分级保护测评技术；安全可控性仿真验证技术；认证、认可管理支撑技术等。

7. 安全管理技术

安全集中管理、控制与审计分析技术；面向网络日志、报警、流量等数据的安全综合分析与管理技术；安全策略和安全控制措施配置、分发及审核的管理技术等。

8. 应用安全技术

电子政务和电子商务应用安全技术；公众信息服务应用安全技术；数字取证、分析与证据保全技术；终端安全应用技术等。

* 低水平、应用前景不明的技术除外。

（八）智能交通和轨道交通技术

1. 交通控制与管理技术

具备可扩展性的信号控制技术；可支持多种下端协议的上端控制与管理系统的软件和专用硬件技术；网络环境下交通数据综合接入设备技术；交通事件自动检测和事件管理软件技术等。

2. 交通基础信息采集、处理技术

交通量遥测技术；设施状况及交通环境感知技术；车辆身份照识别技术；营运车辆安全状态检测技术；交通基础设施状态监测技术；交通专用传感器网络技术；内河船舶交通量自动检测技术等。

3. 交通运输运营管理技术

支持多种支付方式的自动售检票系统技术；路网运行监测和应急处置技术；综合交通枢纽调度和应急指挥技术；多车道自动收费管理技术；多模式运输组织与管理技术等。

4. 车、船载电子设备技术

车、船载动态信息导航技术；车、船载安全驾驶辅助技术；车、船载信息管理技术等。

5. 轨道交通车辆及运行保障技术

轨道交通列车在途状态检测与预警技术；轨道交通车载传感网技术；轨道交通列车运行安全保障与运维支持一体化技术；轨道交通列车牵引传动、制动与控制技术；轨道交通列车安全防护与控制技术；轨道交通列车自动运行等技术；轨道交通列车关键部件设计与制造技术等。

6. 轨道交通运营管理与服务技术

轨道交通车 – 地数据传输技术；轨道交通移动通信广域网、局域网技术；轨道交通安全苛求数据可信传输技术；终端综合检测技术；新型车地一体化综合公共信息网络平台技术；轨道交通基础设施状态检测与数据管理技术；列车运行实时控制与指挥技术；轨道交通运行综合调度指挥技术；轨道交通系统运行故障检测、预警与应急处置技术等。

二、生物与新医药

（一）医药生物技术

1. 新型疫苗

新型高效基因工程疫苗、联合疫苗、减毒活疫苗研发技术；重大疾病和重大传染病治疗性疫苗技术；疫苗生产所使用新型细胞基质、培养基以及大规模培养生产的装备开发技术；疫苗生产所使用的新型佐剂、新型表达载体 / 菌（细胞）株开发技术；疫苗的新型评估技术、稳定和递送技术；针对突发传染病的疫苗快速制备和生产技术；其他基于新机理的新型疫苗技术。

2. 生物治疗技术和基因工程药物

基因治疗技术；基因工程药物和基因治疗药物技术；基因治疗药物的输送系统技术；重组蛋白、靶向药物、人源化及人源性抗体药物制剂研制技术；单克隆抗体规模化制备集成技术和工艺；新型免疫治疗技术；新型细胞治疗技术；疾病治疗的干细胞技术；小 RNA 药物开发技术；降低免疫原性的多肽的新修饰技术；ADC抗体偶联药物研制及工程细胞株建库技术等。

3. 快速生物检测技术

重大疾病和重大传染病快速早期检测与诊断技术；新型基因扩增（PCR）诊断试剂及检测试剂盒制备技术；新一代测序技术与仪器开发技术；生物芯片技术等。

4. 生物大分子类药物研发技术

蛋白及多肽药物研究与产业化技术；细胞因子多肽药物开发技术；核酸及糖类药物研究与产业化技术等。

5. 天然药物生物合成制备技术

生物资源与中药资源的动植物细胞大规模培养技术；基因工程与生物法生产濒危、名贵、紧缺药用原料技术；生物活性物质的生物制备、分离提取及纯化技术等。

6. 生物分离介质、试剂、装置及相关检测技术

专用高纯度、自动化、程序化、连续高效的装置、介质和生物试剂研制技术；新型专用高效分离介质及装置、新型高效膜分离组件及装置、新型发酵技术与装置开发技术；生物反应和生物分离的过程集成技术与在线检测技术等。

（二）中药、天然药物

1. 中药资源可持续利用与生态保护技术

中药材优良品种选育、品系提纯复壮的新方法、新技术；珍稀、濒危野生动植物药材物种的种源繁育、规范化种植或养殖及生态保护技术；中药材规范化种植或养殖技术；中药材饮片炮制技术等。

2. 创新药物研发技术

新型天然活性单体成分提取分离纯化技术；新药材、新药用部位、新有效成分的新药研发技术；能显著改善某一疾病临床终点指标的新中药复方研发技术等。

3. 中成药二次开发技术

显著改善传统或名优中成药安全性、有效性、质量均匀性或能显著降低用药剂量、提高患者依从性、降低疾病治疗成本的新工艺技术及新中药制剂技术；突破中药传统功能主治范围的新适应症研发技术等。

4. 中药质控及有害物质检测技术

中药产品质量控制的标准物质研制技术；中药产品标准新型控制技术；新型有效质控检测方法技术；有害物质检测技术等。

（三）化学药研发技术

1. 创新药物技术

基于新化学实体、新晶型、新机制、新靶点和新适应症的靶向化学药物及高端制剂的创制技术；提高药物安全性、有效性与药品质量的新技术；已有药品新适应症开发技术等。

2. 手性药物创制技术

手性药物的化学合成、生物合成和拆分技术；手性试剂和手性辅料的制备和质量控制技术；手性药物产业化生产中的质量控制新技术等。

3. 晶型药物创制技术

基于化学药物或天然药物的晶型物质的发现、制备、检测和评价技术；晶型药物的原料药物或制剂中的晶型物质制备、生产及质量控制技术等。

4. 国家基本药物生产技术

显著提高国家基本药物药品质量与临床疗效或降低毒副作用、减少环境污染与生产成本的技术等。

5. 国家基本药物原料药和重要中间体的技术

具有高附加值、高技术含量、市场需求量大并属国家基本药物的活性化学成分、重要中间体的生产技术；大幅度减少环境污染、节能降耗并显著降低生产成本的药物及医药中间体或晶型原料的技术等。

（四）药物新剂型与制剂创制技术

1. 创新制剂技术

提高药物临床疗效、减少给药次数、降低不良反应的各种给药途径的创新制剂技术等。

2. 新型给药制剂技术

主动或被动靶向定位释药制剂技术；缓控释及靶向释药制剂技术；微乳、脂质体及纳米给药技术；透皮和定向释药技术等新型给药技术；蛋白类或多肽类等生物技术药物的特定释药载体与口服给药制剂技术；长效注射微球制剂技术；吸入给药制剂技术等。

3. 制剂新辅料开发及生产技术

提高生物利用度的制剂辅料开发及应用技术；难溶性药物增溶的关键技术、新型口腔速溶制剂的技术；新型制剂辅料产业化生产技术等。

4. 制药装备技术

制药产业化自动生产线及在线检测和自动化控制技术；新型药物制剂工业化专用生产装备技术等。

（五）医疗仪器、设备与医学专用软件

1. 医学影像诊断技术

临床诊断的新型数字成像技术；多模态医学影像融合成像与处理技术；专用新型彩色超声诊断技术；人体内窥镜的微型摄像技术；新型病理图像识别与分析技术；新型医学影像立体显示关键技术等。

2. 新型治疗、急救与康复技术

肿瘤治疗的新型立体放射治疗技术；影像引导治疗与定位、植入、介入及计算机辅助导航技术；急救及康复的新型装置与技术；生物 3D 打印技术；组织工程及再生医学治疗技术等。

3. 新型电生理检测和监护技术

电生理检测和监护的新型数字化技术；临床、社区、康复的新型无创或微创的检测或诊断、监护和康复技术；远程、移动监护的高灵敏、高精度传感技术等。

4. 医学检验技术及新设备

生化分析的新型自动化、集成化技术；便携式现场应急生化检验检测技术；采用新工艺、新方法或新材料有明确临床诊断价值的医学检验技术；临床医学生理、生化、病理检验的专用多功能快速检测装置与技术；国产化新型色谱制备分析装置技术等。

5. 医学专用网络新型软件

电子病历管理、临床医疗信息管理、医院信息管理、专科临床信息管理、电子健康档案管理的新型软件系统开发技术；手术规划、放疗规划等新型医疗决策支持系统开发技术等。

6. 医用探测及射线计量检测技术

CT 高分辨探测器、DR 数字探测器、X 射线机高压电源的装置技术；微焦斑与高功率的高分辨 X 射线管新型装置技术；医用高性能超声探头技术；放射治疗的射线计量检测技术等。

（六）轻工和化工生物技术

1. 高效工业酶制备与生物催化技术

高效工业酶制剂的新型制备技术；酶纯化、酶固定化与反应器应用技术；工业酶分子改造技术；重要化学品的生物合成和生物催化技术；纺织天然纤维脱胶脱脂、纺织印染低温前处理生物酶技术等。

2. 微生物发酵技术

新功能微生物选育与发酵过程的优化控制技术；高发酵率的代谢工程技术；可提高资源利用率、节能减排、降低成本的微生物发酵新工艺和技术；微生物固定化发酵与新型反应器的开发技术等。

3. 生物反应及分离技术

工业生物产品的大规模高效分离、分离介质和分离设备开发技术；高效生物反应过程在线检测和过程控制技术；生物反应过程放大技术及新型生物反应器开发技术等。

4. 天然产物有效成分的分离提取技术

从天然动植物中提取有效成分制备高附加值精细化学品的分离提取技术；天然产物有效成分的全合成、化学改性及深加工新技术；高效分离纯化技术集成及装备的开发与生产技术；从动植物原料加工废弃物中分离提取有效成分的新技术等。

5. 食品安全生产与评价技术

功能性食品有效功能的评价技术；新食品原料安全评价技术等。

6. 食品安全检测技术

食品中微生物、生物毒素、农药兽药残留快速检测技术及检测产品开发技术；食品质量快速检测技术及食品掺假快速识别检测技术；食品中重金属成分快速检测技术；食品原料快速溯源技术等。

*单纯检测技术应用除外。

（七）农业生物技术

1. 农林植物优良新品种与优质高效安全生产技术

优质、高产、高抗逆性优良新品种选育技术；用于优质高效安全生产的新型肥料、农药、土壤改良材料和植物生长调节剂生产技术等。

2. 畜禽水产优良新品种与健康养殖技术

畜禽水产优良新品种及快繁技术；珍稀动物、珍稀水产保种与养殖技术；畜禽水产业健康养殖屠宰加工的环境调控、废弃物循环利用、死亡动物无害化处理技术；安全、优质、专用新型饲料、饲料添加剂、兽用药物及制剂、兽用疫苗、天然药物提取物及生物合成制备生产技术；畜牧水产业质量安全监控、评价、检测技术；海洋生物资源发掘与筛选新技术等。

3. 重大农林生物灾害与动物疫病防控技术

重大农林病虫鼠草害、重大旱涝等灾害以及森林火灾的监测预警与防控减灾技术；主要植物病虫害和畜禽水产重大疾病的监测预警、快速诊断、应急处理及抗药性检测技术；高效安全环保农药、兽药的创制、生产与质量监测技术等。

4. 现代农业装备与信息化技术

新型农作物、牧草、林木种子的收获、精选、加工、质量检测技术；新型农田作业机械、设施农业技术；新型畜禽、水产规模化养殖技术；农业生产过程监测、控制及决策系统与技术；精准农业、遥感与农村信息化服务系统与技术等。

5. 农业面源和重金属污染农田综合防治与修复技术

农田氮磷面源污染防控技术；农田农药污染防控技术；重金属污染农田修复技术；重金属污染耕地安全利用与替代种植技术；农业有机废弃物消纳利用技术等。

三、航空航天

（一）航空技术

1. 飞行器

总体综合设计技术：飞行器外形设计、气动布局、动力装置与飞机的一体化设计、载荷设计、飞行器进排气系统设计等技术。

空气动力技术：气动力设计、气动力试验、计算流体力学、气动噪声设计、水动力设计等技术。

结构 / 强度技术：结构设计、起落装置设计、强度设计和验证设计、疲劳设计和验证设计、热强度设计和验证设计等技术。

2. 飞行器动力技术

总体综合设计技术：总体性能与结构设计、强度计算、气动热力设计、噪声控制等技术。

部件技术：核心机设计、发动机进排气装置、燃烧室、涡轮等技术。

动力系统技术：控制系统、起动点火系统、空气系统与封严等技术。

3. 飞行器系统技术

飞行控制系统技术：飞控总体设计、飞行器管理系统、自动飞行控制、飞控传感器、无人机的遥控等技术。

航电与任务系统技术：航电系统总体综合、射频与光电探测、通信 / 识别 / 监视、综合导航、综合任务管理系统等技术。

机电与公共系统技术：机电系统总体综合、电力系统与多电 / 全电系统、辅助动力系统、液压系统、燃油系统、防 / 除冰系统、机轮刹车系统等技术。

4. 飞行器制造与材料技术

制造技术：数控和柔性制造系统加工、精密 / 超精密和微细加工、塑性成型加工与扩散连接、精密铸造、智能 / 数字化装配技术；复合材料构件制造等技术。

材料技术：新型材料母合金 / 原材料的制备、新型材料的先进生产及加工、航空材料的相关力学性分析和测试等技术。

5. 空中管制技术

通信、导航、监视及航空交通管理系统（CNS/ATM）管制工作站系统技术；CNS/ATM 网关系统技术；飞行流量管理系统和自动化管制系统等技术；数字化放行（PDC）系统技术；自动终端信息服务（D-ATIS）系统技术；空中交通进离港排序辅助决策系统技术；空管监视数据融合处理系统技术；飞行计划集成系统技术；卫星导航地面增强系统技术等。

6. 民航及通用航空运行保障技术

新型民用航空综合性公共信息网络平台、安全管理系统、天气观测和预报系统、适航审定系统等技术；新型先进的机场安全检查系统、货物及行李自动运检系统、机场运行保障系统等技术；民用雷达技术，地面飞行训练系统技术等。

（二）航天技术

1. 卫星总体技术

卫星总体设计、大型试验设计和实施技术，以及结构、热控、综合电子等技术。

2. 运载火箭技术

运载火箭总体优化设计技术；运载火箭系统冗余、高空风双向补偿减载、飞行振动抑制、火箭起飞滚转定向、一箭多星发射、MEO 卫星发射轨道设计、主动章动控制的自旋稳定、全箭振动试验动特性获取、空射火箭动基座对准等技术。

3. 卫星平台技术

大型、高姿态稳定度、大轨道机动能力、长寿命和高可靠性卫星平台技术；小型化/微型化卫星、多功能复合结构设计、卫星热控设计、卫星电源和新型推进、卫星综合电子、空间碎片防护、空间环境安全保障等技术。

4. 卫星有效载荷技术

通信有效载荷技术：大容量转发器、频率复用、毫米波/激光星间链路、大功率行波管放大器、大型可展开天线、星上交换处理、综合抗干扰、卫星自主生存等技术。

导航有效载荷技术：高稳定星载原子钟、星间链路、自主导航、先进的导航信号调制、导航信号自主完好性监测、时空域抗干扰、区域增强天线、高精度测距、上行注入抗干扰、高精度时间同步和传递等技术。

遥感有效载荷技术：甚高分辨率可见光相机，高分辨率红外相机，集成大焦面电子学及信息处理、高光谱/超光谱成像、辐射定标与光谱定标、毫米波/亚毫米波辐射计、综合孔径微波辐射计、全极化微波辐射计、合成孔径雷达、测云/降雨雷达等技术。

空间科学有效载荷技术：低功耗、高分辨率探测器技术、小型化及载荷集成、大型光学系统、紫外探测仪、激光测距仪等技术。

5. 航天测控技术

地球轨道卫星测控技术；航天信息传输技术等。

6. 航天电子与航天材料制造技术

空间微电子和空间计算机技术，空间传感器及机电组件技术；先进动力系统材料、轻质化结构材料、热防护材料以及特殊环境服役的新型材料等制造技术等。

7. 先进航天动力设计技术

火箭发动机总体技术；火箭发动机涡轮泵及阀门技术；固体主发动机过载下内绝热技术；吸气式组合循环发动机方案与验证技术；电推进及特种发动机关键技术；先进试验技术；先进推进剂技术等。

8. 卫星应用技术

遥感全链路成像机理、应用仿真及多源遥感数据的高频次、高精度、高时效辐射定标技术；大气探测激光雷达、陆地生态系统、重力场测量等新型载荷数据处理及应用技术；星地一体化多网接入组网仿真、宽窄带通信业务一体化应用技术；基于卫星通信、导航、遥感的天地一体化综合应急反应服务技术；卫星与物联网、云计算、大数据等融合应用技术等。

四、新材料

（一）金属材料

1. 精品钢材制备技术

提高资源能源利用效率、促进减排的可循环钢铁流程技术；生态型非高炉炼铁技术，二次含铁资源和贫、难选铁矿的高效提取冶金技术，氧化物冶金技术，第三代TMCP技术，高合金钢铸轧一体化技术，薄带连铸产业化通用成套技术；高温合金制备技术；高附加值、特殊性能钢材、合金及制品的先进制备加工技术等。

*不符合能耗及环保标准的中小规模烧结、球团、炼焦、炼铁、炼钢、铸造技术；普通热轧硅钢、工/中频感应炉生产的地条钢、普碳钢制备技术；常规用途的钢材机加工技术除外。

2. 铝、铜、镁、钛合金清洁生产与深加工技术

降低能耗和污染的清洁生产技术；熔体净化、高效熔炼、先进铸锻、半固态成形、连续近终成形、连续表面防腐/着色处理等高效生产技术和配套技术；高纯、高性能、环保的合金材料与合金材料制备及加工技术；宽幅薄板、精密箔带、高强高导铜合金、环保型合金制造技术，高性能预拉伸铝板带及铝焊丝、大型复杂截面、中空超薄壁型材、大型锻件、高精度管（棒、丝）材等高端产品的精深加工技术。

*不符合能耗和环保标准的冶炼技术；常规铝、铜、镁、钛合金生产与加工技术；常规电力、电工用金属导线和电缆漆包线生产与加工技术；通用铝建材和一般民用铝制品生产与加工技术除外。

3. 稀有、稀土金属精深产品制备技术

稀有、难熔高纯金属，高比容粉末提纯处理技术；钼、钽、铌材料的烧结及制备，宽幅板带箔材的成形技术；大型钨、钼异型件等静压成形加工技术；锆、铪高效洁净分离及锆合金包壳管精密铸轧加工技术；超细晶/超粗晶高性能硬质合金制品制备技术；降低稀土提纯过程污染和能耗的技术；稀土永磁体制造技术；高技术领域用稀土材料制备及应用技术等。

*普通玩具、音响、冶金机械等用NdFeB永磁体和初级出口磁体产品生产与加工技术；一般抗磨用途的硬质合金制品生产与加工技术除外。

4. 纳米及粉末冶金新材料制备与应用技术

纳米材料与器件制备技术；超细、高纯、低氧含量、无/少夹杂金属粉末制备技术；粉末预处理、烧结预扩散、预合金化、球形化、包覆复合化先进制备技术；国产化配套关键零部件快速烧结致密化技术；高性能粉末钢热等静压/喷射沉积近终成形技术；新型铝及钛合金零件制备技术；高精密度金属注射成形（MIM）技术，新型高温合金、钛合金、微/共MIM及凝胶注模成形技术；增材制造金属新工艺、新材料制备及应用技术；高通量、高过滤精度、长寿命金属多孔材料制备及应用技术等。

*低压水/气自由式雾化粗粉制备技术；常规粉末冶金铁/铜基通用机械零件生产技术；进口喂料常规不锈钢、低合金钢MIM零件生产技术；粗过滤用铜基等多孔元件生产技术除外。

5. 金属及金属基复合新材料制备技术

低密度、高强度、高弹性模量、抗疲劳新型金属及金属基复合材料制备技术；耐磨、抗蚀、改善导电和导热等性能的金属基复合材料制备及表面改性技术等。

*性能不可控的原位复合材料制备技术；常规颗粒和纤维增强复合材料制备技术；电弧/火焰喷涂、喷焊、镀锌、磷化、电镀等常规表面处理技术除外。

6. 半导体新材料制备与应用技术

石墨烯制备及应用技术；大尺寸硅单晶生长、晶片抛光片、SOI 片及 SiGe/Si 外延片制备加工技术；大型 MOCVD 关键配套材料、硅衬底外延和 OLED 照明新材料制备技术；大尺寸砷化镓衬底、抛光及外延片、GaAs/Si 材料制备技术；红外锗单晶和宽带隙单晶及外延材料制备技术；第三代宽禁带半导体材料制备技术；高纯金属镓、铟、砷、锗、磷、镉半导体蒸馏、区熔提纯大型连续化工艺技术，高纯及超高纯有色金属材料精炼提纯技术及痕量杂质测试技术；低污染硅烷法高纯度电子级多晶硅提纯、后处理、区熔规模化生产技术等。

*高污染、高能耗、低光电转换效率的太阳能电池用单晶、多晶硅制备加工技术除外。

7. 电工、微电子和光电子新材料制备与应用技术

新型马达定子 SMC 软磁粉芯、SMD 贴装电感软磁粉芯制备技术；高导磁、低功耗、抗电磁干扰软磁材料制备技术；高性能屏蔽材料技术，集成电路引线及引线框架技术，电子级无铅焊料技术，高导热、低膨胀电子封装与热沉材料技术，CMP 抛光液技术，光刻配套超纯净微 / 纳孔净化分离膜技术，贱金属专用电子浆料技术，异形接触点和大功率无银触头技术，大尺寸高纯、高致密度新材料制备与应用技术；新型光、磁信息海量存储材料技术，光电子、光子晶体信息材料技术，智能传感器件用新材料制备与应用技术等。

*常规铁氧体、FeSiAl 材料及制品、贵金属浆料制备技术除外。

8. 超导、高效能电池等其他新材料制备与应用技术

高温超导块材、线材、薄膜的制备与产业化应用技术；新型 Fe 基高温超导材料制备及其应用技术；高功率、高储能、高效能动力电池，轻质固态燃料电池，高效二次电池用新型隔膜、载体，金属双极板、储氢、吸气等新材料制备技术；超级电容材料制备与应用技术；良好生物相容性医用无镍不锈钢、钴基合金、β 型钛合金、钛镍形状记忆合金、镁合金等新材料制备及其临床应用技术等。

*常规钴 / 镍 / 锰酸锂和磷酸铁锂材料制备技术除外。

（二）无机非金属材料

1. 结构陶瓷及陶瓷基复合材料强化增韧技术

现代工业用陶瓷结构件制备技术；特殊用途的高性能陶瓷结构件制备技术；陶瓷基复合材料和超硬复合材料制备技术；陶瓷 – 金属复合材料制备技术；陶瓷纤维增强复合材料制备技术；多功能、多层结构复相陶瓷、碳化硅陶瓷的特种制备技术；超高温非氧化物陶瓷材料制备技术；耐磨损、耐高温涂层材料制备技术；特种涂料和涂层、特种晶体、特种功能陶瓷、高性能碳纤维和碳化硅纤维等材料及其复合材料制品制备技术；超硬材料及制品制备技术。

*常规工艺成型的传统结构陶瓷制备技术；挤出成型的蜂窝陶瓷蓄热体制备技术；高耗能电熔及熔铸材料制备技术；粘土砖、高铝砖等传统氧化物耐火材料制备技术；炉窑用常规浇注料制备技术除外。

2. 功能陶瓷制备技术

功能陶瓷的粉末制备、成型及烧结工艺控制技术，无铅化制备技术；新型高频高导热绝缘陶瓷材料制备技术；介电陶瓷和铁电陶瓷材料制备技术；各类敏感功能陶瓷材料制备技术；具有光传输、光存储等用途的光功能陶瓷及薄膜制备技术；高机电耦合系数、高稳定性铁电、压电晶体材料制备技术；特殊应用的光学晶体材料制备技术；超高温导电陶瓷发热材料制备技术等。

*氧化铝、氧化锆、氧化铍陶瓷基板制备技术除外。

3. 功能玻璃制备技术

光传输或成像等特殊功/性能玻璃或无机非晶态材料的制备技术；光电、压电、激光、耐辐射、闪烁体、电磁及电磁波屏蔽等功能玻璃制备技术；新型高强度玻璃制备技术；生物体和固定酶生物化学功能玻璃制备技术；滤光片、光学纤维面板、光学纤维倒像器、X射线像增强器微通道板新型玻璃制备技术；真空玻璃、在线low-E玻璃制备技术等。

* 用于功能玻璃生产的常规玻璃原材料制备技术除外。

4. 节能与新能源用材料制备技术

耐高温、抗腐蚀微孔多孔隔热材料制备技术；替代传统材料、显著降低能源消耗的无污染节能材料制造技术；炉窑免烘烤在线修补材料制备技术；新能源开发与利用相关的无机非金属材料制备技术；高透光新型透明陶瓷制备技术；低辐射镀膜玻璃及多层膜结构玻璃制备技术；高效保温材料制备技术；其他新机理的节能与新能源用材料制备技术。

5. 环保及环境友好型材料技术

污水处理及烟气深度除尘用耐高温、抗酸碱的陶瓷膜制备技术；高温过滤及净化用低阻力降、高强度支撑体制备技术；具有重金属离子吸附功能的陶瓷材料制备技术；微孔与介孔陶瓷材料制备技术；环保用高比表面积无毒催化剂多孔陶瓷载体制备技术；含铬耐火材料的替代产品制备技术；易降解陶瓷纤维制备技术；其他新机理的环保及环境友好型材料制备技术。

* 强度低于15MPa的碳化硅陶瓷膜支撑体制备技术；挤出成型水处理用氧化铝陶瓷支撑体制备技术除外。

（三）高分子材料

1. 新型功能高分子材料的制备及应用技术

高分子分离膜材料制备技术；抗微生物高分子材料制备技术；高分子包装新材料制备技术；液晶高分子材料、形状记忆高分子材料、高分子相变材料、高分子转光材料、智能化高分子材料等新功能高分子材料制备技术；导电、抗静电、导热、阻燃、阻隔等功能高分子材料的高性能化制备技术；具有特殊功能、高附加值的高分子材料制备技术及以上材料的应用技术等。

2. 工程和特种工程塑料制备技术

高强、耐高温、耐磨、超韧的高性能工程塑料和特种工程塑料分子的设计技术和改性技术；改性的工程塑料制备技术；具有特殊性能和用途的高附加值热塑性树脂制备技术；关键的聚合物单体制备技术等。

3. 新型橡胶的合成技术及橡胶新材料制备技术

橡胶新品种的制备技术；接枝、共聚技术；卤化技术；特种合成橡胶材料技术；特种氟橡胶、硅橡胶、氟硅橡胶、氟醚橡胶、聚硫橡胶及制品制备技术；新型橡胶功能材料及制品制备技术；重大的橡胶基复合新材料技术等。

* 普通橡胶和仅以制品结构为特色的橡胶制备技术除外。

4. 新型纤维及复合材料制备技术

新型高性能纤维制备技术；成纤聚合物的接枝、共聚、改性及纺丝技术；具有特殊性能或功能化的聚合物、纤维材料、纤维制品及复合材料制备技术；环境友好、可降解、替代石油资源的新型生物质纤维制备技术，新型生物质纤维制品加工技术与装备制造技术等。

* 常规或性能仅略有改善的纤维制备技术；常规的非织造布、涂层布或压层纺织品、一般功能性纤维产品生产技术等除外。

5. 高分子材料制备及循环再利用技术

生物降解塑料制备技术；生物质基高分子材料及其关键单体制备技术；以节约树脂为目标的低碳高分子材料制备技术；阻燃环保高分子泡沫材料制备技术；废弃橡胶、塑料、织物等材料的高值循环再利用技术等。

*50% 以下填充聚烯烃普通改性材料（含崩解型材料）制备技术；淀粉填充聚烯烃的不完全降解塑料制备技术除外。

6. 高分子材料的新型加工和应用技术

高分子材料高性能化改性和加工技术；采用新型加工设备和加工工艺的共混、改性、配方技术；高比强度、大型、外型结构复杂的热塑性塑料制品制备技术；电纺丝等高分子材料加工技术；大型和精密橡塑设备加工设备和模具制造技术；增材制造用高分子材料制备及应用技术等。

*普通塑料和一般改性专用料加工技术；直接流延、吹塑、拉伸法塑料制品生产技术除外。

（四）生物医用材料

1. 介入治疗器具材料制备技术

全降解冠脉支架、精微加工心血管植介入材料、具有特定治疗功能的外周血管支架及滤器、非血管管腔支架、减少介入损伤或具备治疗功能的介入导管、可降解介入封堵器、含药介入血管栓塞剂制备技术等。

2. 心脑血管外科用新型生物材料制备技术

使用改性的新型材料编织的人工血管、生物复合型人工血管、新型覆膜血管制备技术；新型人工心脏瓣膜制备技术；颅骨修复材料和神经修复材料制备技术等。

3. 骨科内置物制备技术

可注射陶瓷、可降解固定材料、新型低模量钛合金制备技术；医用镁合金等骨修复材料、脊柱修复材料和功能仿生型人工关节、表面生物功能化人工关节及制备技术；骨诱导功能人工骨、功能仿生型人工骨制备技术等。

4. 口腔材料制备技术

采用新型材料、表面处理技术或结构设计的牙种植体、具备高耐磨防继发龋等性能的复合树脂充填材料、非创伤性牙体修复材料（ART）、良好生物相容性临床修复效果佳的金属烤瓷制品和高精度硅橡胶类印模材料制备技术等。

5. 组织工程用材料制备技术

组织器官缺损修复用可降解材料及仿生组织、器官制备技术；组织工程技术产品和组织诱导性支架材料制备技术等。

6. 新型敷料和止血材料制备技术

具备治疗或防感染功能的新型敷料、人工皮肤和使用方便的新型止血材料制备技术等。

7. 专用手术器械和材料制备技术

微创外科器械、手术各科专用或精细手术器械及外科手术灌洗液制备技术等。

8. 其他新型医用材料及制备技术

高档次医用缝合线、新型人工晶体、智能型药物控释眼科植入材料及制品制备技术；生物相容性好、无或低副作用的新型整形用材料、新型手术后防粘连材料、新型计划生育用器材制备技术，其他新机理的新型医用材料及制备技术。

（五）精细和专用化学品

1. 新型催化剂制备及应用技术

新型石油加工催化剂、有机合成新型催化剂、聚烯烃用新型高效催化剂、新型生物催化技术及催化剂、环保治理用新型和高效催化剂、催化剂载体用新材料及各种新型助催化材料等制备及应用技术。

2. 电子化学品制备及应用技术

集成电路和分立器件用化学品、印刷线路板生产和组装用化学品、显示器件用化学品、彩色液晶显示器用化学品、印制电路板（PCB）加工用化学品、超净高纯试剂及特种（电子）气体、先进的封装材料和研磨抛光用化学品等制备及应用技术。

3. 超细功能材料制备及应用技术

采用最新粉体材料的结构、形态、尺寸控制技术；粒子表面处理和改性技术；高分散均匀复合技术制备具有电子转移特性的有机材料技术等。

* 常规的粉体材料制备技术除外。

4. 精细化学品制备及应用技术

新型环保型橡胶助剂、加工型助剂新品种、新型高效及复合橡塑助剂新产品、环境友好的新型水处理剂及其他高效水处理材料、新型造纸专用化学品、适用于保护性开采和提高石油采收率的新型油田化学品、新型表面活性剂、新型安全环保颜料和染料、新型纺织染整助剂、高性能环保型胶粘剂和高性能环境友好型皮革化学品制备及应用技术等。

* 生物降解功能差或毒性大的表面活性剂制备技术；不符合环保标准的化学品制备技术除外。

（六）与文化艺术产业相关的新材料

1. 文化载体和介质新材料制备技术

文化艺术用可再生环保纸（不含木料纸、新型非涂布纸和轻涂纸、轻质瓦楞纸板）、特种纸、电子纸等新型纸的制备技术；仿古纸的制备技术；光盘及原辅材料的制备技术；仿古墨的生产技术等。

2. 艺术专用新材料制备技术

针对艺术专用品及改进其工艺生产的材料制备技术；针对艺术需要的声学材料的设计、加工、制作、制备等技术。

3. 影视场景和舞台专用新材料的加工生产技术

用于与文化艺术有关的制景、舞台、影视照明的新型专用灯具器材的新材料、新工艺加工生产技术等。

4. 文化产品印刷新材料制备技术

绿色环保数字直接制版材料，数字印刷用油墨、墨水，环保型油墨，特殊印刷材料等制备技术。

5. 文物保护新材料制备技术

文物提取、清洗、固色、粘结、软化、缓蚀、封护等材料的制备技术；文物存放环境的保护技术；用于古籍书画复制的制版和印刷材料开发技术；3D 打印文物复制、修复技术及新材料制造技术等。

五、高技术服务

（一）研发与设计服务

1. 研发服务

面向企业和社会提供的基础性技术、应用开发技术、生产制造工艺技术；支撑经营管理和商业模式创新的关键技术等。

2. 设计服务

面向行业应用的第三方工业设计、工程设计和专业设计技术。

工业设计技术：精密复杂模具设计、工业产品设计、包装设计技术等。

工程设计技术：应用新技术、新工艺、新材料、新创意开展工程勘察、设计、规划编制、测绘、咨询服务的关键技术等。

专业设计技术：基于新创意、新技术、新工艺、新材料面向社会和生产生活提供服务的专业设计技术等。

（二）检验检测认证与标准服务

具备相关权威机构资质认定或认可的第三方检验检测认证和标准化服务技术。

1. 检验检测认证技术

采用先进的方法、装备或材料，依据环境、安全、质量等相关标准、技术规范或其他强制性要求，开展面向设计开发、生产制造、售后服务全过程的检验、检测、认证等合格评定服务的关键支撑技术。

2. 标准化服务技术

面向企业、产业和社会提供技术标准的研发、咨询和第三方服务的关键支撑技术；行业标准数据库的二次开发与数据检索技术等。

（三）信息技术服务

供方为需方提供开发、应用服务的关键技术。

1. 云计算服务技术

基于 IaaS 模式、SaaS 模式和 PaaS 模式等云计算平台的运营服务技术。

2. 数据服务技术

面向行业和社会应用的基于大数据、知识库管理产品、商业智能（BI）的数据采集、分析处理与决策支持技术等。

3. 其他信息服务技术

IT 规划设计和信息化建设技术，信息系统研发、测试和运行维护技术，智能化生产系统解决方案技术，网络信息安全服务及数据托管服务支撑技术，呼叫中心服务支撑技术，信息技术管理咨询、评估认证服务支撑技术，数据处理和存储服务支撑技术，数字内容加工处理服务支撑技术等。

（四）高技术专业化服务

基于先进技术，为第三方提供专业化服务的关键技术。包括：为可再生能源、能量转换与储能装置及高效节能工艺技术、产品、设备提供检测、维护及系统管理服务的技术；环境监理、监测与检测、风险与损害评价、应急和预警服务技术；污水处理设施运营优化系统技术；卫星遥感服务、导航与位置服务和航空遥感服务的关键支撑技术；新材料检测、表征、评价、在线自动监测等服务的支撑技术；集成电路设计、测试与芯片制造服务的支撑技术；为企业提供的生物医药研发、食品质量安全标准品制备及检测、疾病预警预测和健康管理等服务的关键技术；智能制造和云制造服务的关键技术等。

（五）知识产权与成果转化服务

采用新型服务模式和技术方法，提供知识产权的确权、检索、分析、诉讼、数据采集加工等基础性服务的支撑技术；提供知识产权增值性服务的支撑技术；提供专利数据库的二次开发建设与数据检索等服务的支撑技术；面向产业和企业提供技术转移转化、创业孵化、科技信息等服务的支撑技术。

（六）电子商务与现代物流技术

1. 电子商务技术

基于第三方电子商务与交易服务平台的电子签名、电子认证、网络交易、在线支付、物流配送、信用评价等技术。

2. 物流与供应链管理技术

集成物联网、自动化等技术，建立现代物流管理和供应链管理系统集成平台，面向不同领域和行业的企业提供的第三方物流运营和供应链管理技术等。

* 只具有企业内部物流管理系统、简单研发设计与低水平的重复性服务技术除外。

（七）城市管理与社会服务

1. 智慧城市服务支撑技术

基于物联网、云计算、智能终端等技术，开展城市智能管理、城市感知认知、智慧决策等服务的支撑技术；城市数据支撑平台与智慧城市运营平台技术等。

2. 互联网教育

应用互联网技术，创新服务模式和集成方案设计技术，面向个人、企业提供数字化学习资源和工具、智能设备和网络学习环境等服务的支撑技术；面向教育机构提供教育工具、教育平台运营及维护、内容制作及发布服务的支撑技术等。

3. 健康管理

基于信息网络技术，提供远程医疗护理、健康检测、卫生保健、康复护理服务、医疗健康的数字化诊疗诊断、智能化养老服务的支撑技术等。

4. 现代体育服务支撑技术

运动营养、运动康复治疗、运动伤病防治、慢病的运动预防与干预技术；体育项目活动风险评估与安全保障技术；运动能力的开发与保障技术；运动与健身指导服务技术；反兴奋剂技术等。

基于互联网及人体动作识别、运动能量消耗评估的健身与监控设备开发技术；基于运动定位追踪的户外运动安全保障与应急救援平台开发技术；运动与游戏虚拟产品开发技术等。

* 一般体育产品生产开发和服务技术除外。

（八）文化创意产业支撑技术

1. 创作、设计与制作技术

舞台美术、灯光、音响、道具、乐器、声学产品等的新技术及集成化舞台设计技术；数字电视、数字电影、数字声音、数字动漫、数字表演、数字体验等制作技术；虚拟现实、增强现实、三维重构等内容制作技术；文化体感支撑技术；网络视听新媒体及衍生产品开发支撑技术；艺术品鉴证技术；网络游戏引擎开发技术；网络游戏人工智能（AI）开发技术；其他支撑体现交互式、虚拟化、数字化、网络化特征的文艺创作、文化创意设计和产品制作技术。

2. 传播与展示技术

新型数字广播、电视、电影制作传输和播放技术，时空再现技术；移动多媒体广播（CMMB）技术；下一代广播电视网（NGB）技术；智能电视终端技术；出版物实时出版和交互式展示技术等。

*院线利用相关技术进行服务除外。

3. 文化遗产发现与再利用技术

文物发现、保护、修复、鉴定、原物识别的支撑技术；对不可移动文物、可移动立体文化资源、书画、非物质文化遗产等的数字化采集与处理技术等。

4. 运营与管理技术

后台服务和运营管理平台支撑技术；数字电视网与动漫制作基地管理支撑技术；文化信息资源共享支撑技术；数字版权保护技术等。

*涉及色情、暴力、意识形态并造成文化侵蚀、有害青少年身心健康的除外；票务公司利用相关技术提供送票服务的除外。

六、新能源与节能

（一）可再生清洁能源

1. 太阳能

太阳能热利用技术；太阳能光伏发电技术；太阳能热发电技术；其他新机理、高转化效率的太阳能利用技术。

*简单太阳能电池组件的封装和低水平的重复性生产除外。

2. 风能

大容量风电机组设计技术；海上风电技术；风电并网技术；风电场配套技术；风电蓄能技术；其他新机理、高转化效率的风能技术。

*不满足清洁生产要求的风电技术除外。

3. 生物质能

生物质发电关键技术及发电原料预处理技术；生物质固体燃料致密成型及高效燃烧技术；生物质气化和液化技术；非粮生物液体燃料生产技术；生物质固体燃料高效燃烧技术；其他新机理、高转化效率的生物质能技术。

*不满足清洁生产要求的生物质燃烧技术除外。

4. 地热能、海洋能及运动能

高效地热能发电技术；地热能综合利用技术；海洋能发电技术；其他新机理、高转化效率的地热能、海洋能及运动能技术。

（二）核能及氢能

1. 核能

先进压水堆核电站关键技术，铀浓缩技术及关键设备、高性能燃料元件技术、铀钚混合氧化物燃料技术，先进乏燃料后处理技术，核辐射安全与监测技术，快中子堆和高温气冷堆核电站技术等。

2. 氢能

天然气制氢技术，化工、冶金副产煤气制氢技术，低成本电解水制氢技术，生物质制氢、微生物制氢技术，金属贮氢、高压容器贮氢、化合物贮氢技术，氢加注设备和加氢站技术，超高纯度氢的制备技术，以氢为燃料的发动机与发电系统关键技术等。

（三）新型高效能量转换与储存技术

1. 高性能绿色电池（组）技术

高性能绿色电池（组）技术；其他新型高性能绿色电池技术；先进绿色电池材料制造工艺与生产技术等。

2. 新型动力电池（组）与储能电池技术

动力电池（组）技术；新型高性能碳铅动力电池（组）技术；液流储能电池技术；电池管理系统技术；动力与储能电池高性价比关键材料技术等。

3. 燃料电池技术

燃料电池催化剂技术；质子交换膜燃料电池技术；去质子膜燃料电池技术；直接醇类燃料电池技术；微型化燃料电池技术；中低温固体氧化物燃料电池技术；微生物燃料电池技术；光催化 – 燃料电池联用技术；燃料电池管理及工程技术等。

4. 超级电容器与热电转换技术

新型高比能、高功率超级电容器技术，高性价比超级电容器关键材料及制备技术；热电材料及热电转换技术等。

（四）高效节能技术

1. 工业节能技术

煤的清洁高效利用技术；新型高效通用设备技术；新工艺节能技术等。

2. 能量回收利用技术

钢铁企业余热回收利用技术；低温余热及高温固体余热回收利用技术；废弃燃气回收利用技术；蒸汽余压、余热、余能回收利用技术等。

* 正常生产环节已回收利用技术和一般性高热值燃气发电技术除外。

3. 蓄热式燃烧技术

工业炉窑和电站、民用锅炉的高效蓄热式燃烧技术等。

4. 输配电系统优化技术

电能质量优化新技术，电网优化运行分析、设计、管理软件及硬件新技术等。

5. 高温热泵技术

地源、水源、空气源、太阳能复合式等高温热泵技术；空调冷凝热回收利用等技术。

6. 建筑节能技术

绿色建筑设计技术，建筑节能技术，可再生能源装置与建筑一体化应用技术，精致建造和绿色建筑施工技术，节能建材与绿色建材的制造技术等。

7. 能源系统管理、优化与控制技术

工业、建筑领域的能源管理中心、能量系统优化设计、能源审计、优化控制、优化运行管理软件技术等。

8. 节能监测技术

自动化、智能化、网络化、功能全、测量范围广、适应性强的能源测量、记录和节能检测新技术；工业、建筑领域节能改造项目节能量检测与节能效果确认（M&V）软件技术等。

七、资源与环境

（一）水污染控制与水资源利用技术

1. 城镇污水处理与资源化技术

城镇生活污水高效低耗处理新技术；城市污水深度脱氮除磷及安全消毒处理技术；城市水循环利用技术；城市景观水体质量改善与维护技术；城镇垃圾渗滤液高效处理技术；医院污水处理新技术等。

2. 工业废水处理与资源化技术

有毒有害与放射性工业废水处理技术；难降解有机废水处理技术；工业废水处理与资源化技术；高氨氮、高磷、高色度废水处理技术；高含盐废水与反渗透膜浓水处理技术；船舶压载水处理新技术；新型高效工业废水处理材料制备技术；高效无磷水处理药剂制备技术等。

3. 农业水污染控制技术

农业施肥/施药等造成水体面源污染的控制技术；水产养殖水污染防治与循环利用技术；畜禽养殖场高浓度废水处理与资源化技术；农村小流域水污染综合整治技术等。

4. 流域水污染治理与富营养化综合控制技术

流域分散点源和面源污染控制技术；流域目标水体的富营养化控制技术；水面浮油污染治理技术等。

5. 节水与非常规水资源综合利用技术

城市节水器具开发与应用技术；新型节水灌溉和旱作节水、农作物高效保水材料技术；水环境修复技术；雨水高效收集与利用技术；苦咸水、海水淡化利用技术及相关材料装备制造技术；高耗水行业节水减污技术等。

6. 饮用水安全保障技术

城镇饮用水源安全保障技术；城镇供水微污染控制技术；高效除藻及藻毒素处理技术；高级预氧化安全处理技术；高效混凝技术；高效吸附与过滤技术；饮用水消毒副产物检测与去除技术；农村饮用水安全保障技术等。

（二）大气污染控制技术

1. 煤燃烧污染防治技术

煤的低污染燃烧技术；高效低耗烟气脱硝、脱硫、除尘及除汞技术；烟气脱硫副产品综合利用技术；烟气中的细颗粒物高效分离技术；烟气中多污染物联合脱除技术等。

2. 机动车排放控制技术

机动车排放颗粒物捕集器及再生技术；机动车尾气催化氧化与还原技术；汽油车排放污染控制技

术和车载诊断（OBD）技术；柴油车污染排放控制技术；摩托车尾气净化技术，油气泄漏控制技术等。

3. 工业炉窑污染防治技术

工业炉窑烟气脱硝技术、脱硫技术、除尘技术；工业炉窑烟气细颗粒物分离技术；工业炉窑烟气治理副产品资源化利用技术；炉窑烟气中多污染物联合脱除技术等。

4. 工业有害废气控制技术

有机废气高效吸附与回收技术；有机废气高效低耗催化燃烧技术；恶臭废气收集与控制技术；二噁英产生控制与高效脱除技术；汞的减排与回收控制技术；其他工业有毒有害废气高效低耗净化技术等。

5. 有限空间空气污染防治技术

公共场所室内空气污染防治技术；公共设施异味源防治技术；地下建筑空气污染防治技术；汽车隧道空气污染防治技术等。

（三）固体废弃物处置与综合利用技术

1. 危险固体废弃物处置技术

危险固体废弃物高效焚烧技术；焚烧渣、飞灰、烧结灰和煅烧灰等处置技术；危险固体废弃物运输及安全填埋处置技术；危险废物固化技术；医疗废物收运与处置技术；有毒有害固体废弃物综合利用技术；放射性固体废弃物处置技术等。

2. 工业固体废弃物综合利用技术

工业固体废弃物无害化、减量化、资源化与综合利用技术等。

3. 生活垃圾处置与资源化技术

生活垃圾减量化与资源分类回收技术；利用水泥窑协同处置生活垃圾技术；大型生活垃圾焚烧污染控制、热能回收利用及尾气净化技术；填埋场气体回收利用技术；填埋场高效防渗技术等。

4. 建筑垃圾处置与资源化技术

建筑垃圾的分类与再生料处理技术；建筑废物资源化再生关键技术；新型再生建筑材料应用技术；再生混凝土及其制品制备关键技术；再生混凝土及其制品施工关键技术；再生无机料在道路工程中的应用技术等。

5. 有机固体废物处理与资源化技术

农作物秸秆等有机固体废物破碎、分选等预处理技术；餐厨垃圾无害化与资源化技术；有机质固体废弃物无害化处置与资源化技术；有机质生活垃圾无害化、资源化技术等。

6. 社会源固体废物处置与资源化技术

废电池、废电器电子设备、废塑料等社会源固体废物无害化处置与资源化技术。

（四）物理性污染防治技术

1. 噪声、振动污染防治技术

新型吸声、隔声、隔振、减振材料制造技术；噪声、振动防治与控制技术等。

2. 核与辐射安全防治技术

核设施安全风险控制技术；辐射源、辐射环境安全风险控制技术等。

（五）环境监测及环境事故应急处理技术

1. 环境监测预警技术

大气环境、水环境和噪声环境质量在线连续自动监测技术；大气、水、噪声污染源在线连续自动监测预警技术等。

2. 应急环境监测技术

现场污染物快速测定技术；污染事故应急监测技术等。

3. 生态环境监测技术

环境遥感监测系统技术；海洋、农业、草原、森林生态环境监测技术；脆弱生态环境监测及灾害预警技术；重大自然灾害监测、预警和应急处置关键技术；转基因生物生态环境监测及灾害预警技术；敏感指示生物监测技术；生物入侵监测技术；生物多样性预警监测技术等。

4. 非常规污染物监测技术

水、土壤、大气中非常规污染物分析监测与防治技术等。

（六）生态环境建设与保护技术

地下水污染防治技术；土壤污染修复技术；防沙治沙、石漠化治理技术；河道生态修复、水土流失、土壤盐碱化防治等小流域综合整治技术；天然林保护、植被恢复和重建技术；湿地保护、恢复及相关监测技术；矿山环境损害评估、监测与恢复技术；小流域生态监测、功能恢复与重建技术等。

（七）清洁生产技术

1. 重污染行业生产过程中节水、减排及资源化关键技术

重污染行业的清洁生产新技术、新工艺；新型工业园区企业生产工艺流程的清洁生产设计关键技术等。

2. 清洁生产关键技术

高效短流程、无水（少水）纺织印染技术；清洁造纸技术；可循环钢铁冶炼流程工艺技术；清洁能源汽车生产技术；电厂海水循环冷却技术；高效洗煤、选煤技术；煤炭高效开采技术；煤液化、煤气化以及煤化工等转化技术；以煤气化为基础的多联产生产技术；重污染行业有毒有害原材料、溶剂和催化剂等的替代技术；臭氧层损耗物质替代新技术等。

3. 环保制造关键技术

环保基础材料制备技术、环保包装材料制备技术等。

（八）资源勘查、高效开采与综合利用技术

1. 资源勘查开采技术

深地矿产资源立体探测、勘查、评价和开采技术；海洋矿产资源探测技术；非常规油气资源勘查、评价、钻探、开采和实验测试技术；天然气水合物勘查、开采技术；干热岩资源勘查与高温钻探技术；航空地球物理勘查技术；深穿透地球化学勘查技术等。

2. 提高矿产资源回收利用率的采矿、选矿技术

深层和复杂矿体规模化开采技术；多金属硫化矿高效浮选分离综合回收选矿技术；细菌浸出技术；复杂难处理氧化矿中有价金属的高效低耗分离提取技术；新型高效浮选捕收剂、抑制剂和活化剂的合成与制备技术；采矿、选矿装备大型化、自动化、高效化和专用化技术；采矿、选矿生产过程自动检测和智能控制信息技术；难处理黑色金属矿综合利用新技术；非金属矿高效分离提纯和深加工新技术等。

3. 伴生有价元素的分选提取技术

伴生贵金属、稀散元素的富集提取分离技术；伴生非金属矿物的回收、提纯、深加工技术等。

4. 低品位资源和尾矿资源综合利用技术

低品位矿中有价元素的综合回收与分离提取技术；尾矿制粒堆浸技术；尾矿中有价元素二次富集综合回收技术；尾矿资源化稀有稀散组分实验测试与综合利用技术；低品位资源预富集新技术等。

＊常规工艺技术装备组合的"三废"处理技术；简单复配的水处理药剂与絮凝剂生产技术；未通过安全评价的用于治理环境污染的生物菌剂、物种等技术；存在二次污染又缺乏解决途径的技术除外。

5. 放射性资源勘查开发技术

铀矿攻深找盲技术；放射性资源分类技术；砂岩铀矿高效地浸采铀技术；铀煤及铀与其他共伴生资源协调开发综合利用技术等。

6. 放射性废物处理处置技术

放射性废液处置技术；放射性固体废物处理处置技术等。

7. 绿色矿山建设技术

绿色矿山设计与施工技术，资源绿色开采技术，资源高效选冶技术，矿区生态高效修复技术等。

八、先进制造与自动化

（一）工业生产过程控制系统

1. 现场总线与工业以太网技术

符合国际、国内主流技术标准的现场总线技术；符合 IEEE802.3 国际标准的工业以太网技术等。

2. 嵌入式系统技术

基于 DSP、FPGA、CPLD、ARM 等嵌入式芯片的各种高性能控制与传感器系统关键技术；用于流程工业的高性能测控系统、智能型执行器、智能仪表技术等。

3. 新一代工业控制计算机技术

以 Compact PCI、PXI、ATCA、PCI Express、PXI Express 等总线技术为核心，可使用多种操作系统和图形编程语言，具有丰富的外部接口和"即插即用"功能，可构成安全性高、容错能力强的新一代高可用工业控制计算机的关键技术等。

4. 制造执行系统（MES）技术

面向机械制造、汽车制造、石油加工、化学制品制造、金属冶炼等行业的制造执行系统技术等。
＊不具有通用性的应用软件除外。

5. 工业生产过程综合自动化控制系统技术

基于现场总线及工业以太网，面向连续生产过程、离散生产过程或混合生产过程的多功能组态软件、仿真技术与软件、具有冗余容错功能的综合自动化控制系统技术等。

（二）安全生产技术

1.矿山安全生产技术

煤矿事故防控技术；非煤矿山事故防控技术；矿山事故应急救援技术等。

2.危险化学品安全生产技术

危险化学品生产与储运安全保障技术；典型石化过程安全保障技术；化工园区事故防控技术；危险化学品事故应急处置技术等。

3.其他事故防治及处置技术

冶金等工贸企业领域事故防治及应急处置技术；职业危害防治关键技术；智能安全监管执法技术等。

（三）高性能、智能化仪器仪表

1.新型传感器

采用新原理、新材料、新工艺、新结构，具有高稳定性、高可靠性、高精度、智能化的新型传感器技术；新型电子皮肤传感器技术等。

*采用传统工艺且性能没有提高的传感器除外。

2.新型自动化仪器仪表

适用于实时在线分析、新型现场控制系统、e网控制系统、基于工业控制计算机和可编程控制的开放式控制系统及特种测控装备，能满足重大工程项目在智能化、高精度、高可靠性、大量程、耐腐蚀、全密封和防爆等特殊要求的新型自动化仪器仪表技术等。

*技术含量低和精度低的传统流量、温度、物位、压力计或变送器除外。

3.科学分析仪器/检测仪器

用于安全监控、产品质量控制的科学分析仪器和检测仪器技术等。

*传统的气相色谱仪除外。

4.精确制造中的测控仪器仪表

精密成形、超精密加工制造中的测控仪器仪表，亚微米到纳米级制造中的测控仪器仪表，激光加工中的测控仪器仪表，制造中的无损检测仪器仪表以及网络化、协同化、开放型的测控系统技术；裸眼3D膜质量检测仪器技术等。

5.微机电系统技术

以微米、纳米加工技术为基础制造的，集微型机构、微型传感器、微型执行器以及信号处理和控制电路等于一体的微机电系统（MEMS）技术等。

（四）先进制造工艺与装备

1.高档数控装备与数控加工技术

高档数控系统、精密伺服驱动系统等高档数控设备关键功能部件及配套零部件技术；超精密数控机床、超高速数控机床、大型精密数控机床、多轴联动加工中心、高效精密立卧式加工中心、超硬材料特种加工机床等高端数控装备技术；高档数控装备关键功能部件和整机性能测试实验技术；大型特殊部件精密加工技术；兵器设计与制造先进技术等。

*低端数控及应用系统除外。

2. 机器人

机器人伺服驱动系统、高精度减速器与绝对值编码器、开放式机器人控制器、视觉系统等工业机器人关键部件技术；先进工业机器人及自动化生产线技术；先进服务机器人及自动化生产线技术。

*四自由度以下的低端机器人系统除外。

3. 智能装备驱动控制技术

高压、高频、大容量电力电子器件技术；智能型电力电子模块技术；大功率变频技术与大功率变频调速装置技术；高效节能传动技术与应用系统技术；用于各类专用装备的特种电机及其控制技术。

*采用通用电机的普通调速系统除外。

4. 特种加工技术

激光器、大功率等离子束发生器、超高硬度刀具等特殊加工装备单元技术；激光加工技术；面向精密加工和特殊材料加工的特种加工技术；柔性印刷设备技术等。

5. 大规模集成电路制造相关技术

大规模集成电路生产关键装备与制造技术；新型及专用部件设计与制造技术等。

6. 增材制造技术

基于三维数字化设计、自动化控制、材料快速堆积成形工艺的增材制造技术等。

7. 高端装备再制造技术

盾构机/TBM再制造技术；航空发动机关键件再制造技术；其他高端装备再制造技术。

（五）新型机械

1. 机械基础件及制造技术

重要主机配套用的精密轴承制造技术；高性能、高可靠性、长寿命密封、传动、紧固、液压、气动类产品或元件制造技术；精密、复杂、长寿命、快速成型模具制造技术等。

*常规通用工艺技术，结构、性能、精度、寿命一般的普通机械基础件、普通塑料模具和冷冲压模具除外。

2. 通用机械装备制造技术

新型高性能流体混合、分离与输送机械制造技术；利用自动化控制和计算机信息管理等技术装备的起重运输、物料搬运等设备制造技术；特大型专用构件成形加工技术；其他新机理、节能环保型机械设备专用部件及动力机械技术。

*技术性能一般的各类普通机械装备制造技术除外。

3. 极端制造与专用机械装备制造技术

微纳机电系统、微纳制造、超精密制造、巨系统制造和强场制造相关的设计、制造工艺和检测技术；大型资源勘探开采、深海作业等专用功能机械装备制造技术等。

*工作环境和技术性能一般的各类普通机械产品或装备除外。

4. 纺织及其他行业专用设备制造技术

与纺织机械及配套部件相关的高精度驱动、智能化控制、高可靠性技术；各类纺织设备的控制/计量/检测/调整的一体化集成技术；在线检测控制系统、高性能产品检测仪器的计算机和网络应用技术等。

*普通纺织机械及检测系统除外。

（六）电力系统与设备

1. 发电与储能技术

发电厂优化控制技术；火电厂自启停控制系统（APS）技术；发电机组新型励磁和调速技术；超导发电与储能技术；数字化量测、控制与保护技术；大规模可再生能源发电的接入技术及其与大规模储能联合运行技术；大规模间歇式能源发电实时监测技术；风电场、光伏电站集群控制系统技术；新型孤岛检测与保护技术、能量管理技术；不同储能系统的高效率智能化双向变流器、新型集中与分散孤岛检测、分散计量测控系统和中央测控系统技术等。

＊小型火力发电厂和小型水电站应用系统除外。

2. 输电技术

智能输电技术；柔性输电技术；高压交流输电系统串联补偿和并联补偿技术；低噪声导线、大截面导线、高强度节能型金具、新型避雷器、绝缘子等的制造技术；高压直流输电系统可控硅元件及换流器、换流变压器、直流套管、交/直流滤波器、平波电抗器、隔离刀闸与快速接地开关、避雷器等设备的制造技术，控制保护和测量设备技术；基于暂态行波等新型故障信息的继电保护和故障测距技术；大电网互联、远距离输电及其相关控制技术等。

＊传统的输电技术、常规的输电设备除外。

3. 配电与用电技术

智能配用电技术；开关和开关柜集成技术；配电自动化和配电管理系统技术；高可靠性电缆、新型真空开关、先进节电装置的制造技术，先进无功功率补偿技术；节能节电控制装置及其综合管理系统技术；区域的在线动态谐波治理技术；电能质量检测、评估、控制与综合治理技术；用电信息新型采集技术；用户侧的智能表计及需求响应技术等。

＊不具有通用性的技术与产品除外。

4. 变电技术

智能变电技术；气体绝缘金属封闭开关设备、高压组合电器、自能式六氟化硫（SF6）断路器、大容量变压器的制造技术；改进触头系统、传动系统或者具有高效防腐技术的新型高压隔离开关技术；高效节能变电站技术；采用现场总线技术、具有综合状态检测和网络通信功能的智能开关柜技术；具有控制、保护和监测功能的智能化终端装置技术；基于IEC61850通信协议的变电站综合自动化系统技术等。

＊传统的高、低压开关设备，常规的发、供、配电设备除外。

5. 系统仿真与自动化技术

面向智能电网的电力系统数字物理混合仿真、全过程仿真技术；电力设备在线检测技术；电力系统虚拟仪器技术；电力系统调度自动化技术；电力设备管理及状态检修技术；继电保护信息管理及故障诊断专家系统技术；高速高可靠电力通信技术等。

＊不具有通用性的技术与产品除外。

（七）汽车及轨道车辆相关技术

1. 车用发动机及其相关技术

先进汽车发动机零部件技术；车用发动机的清洁燃烧技术；先进车用发动机电子控制技术；车用发动机尾气排放净化技术和节能降耗技术；清洁代用燃料发动机技术；先进电控系统的传感器和执行器技术、发动机电控单元和匹配标定系统技术、柴油机电控高压共轨系统技术、发动机尾气排放控制系统技术、先进增压器及其控制系统技术、可变进气及其控制系统、可变气门正时与升程系统技术、发动机排气余热利用技术等。

*技术性能一般的车用发动机技术除外。

2. 汽车关键零部件技术

汽车节能减排技术，先进汽车安全技术，汽车电子控制技术，汽车信息化和车联网技术等。

*技术性能一般的汽车零部件技术除外。

3. 节能与新能源汽车技术

新能源汽车整车设计、集成和制造技术，动力系统集成与控制技术，汽车计算平台技术，节能和新能源汽车的关键零部件先进技术；新型储能及其管理系统、车载及地面充电系统、动力耦合装置及电动辅助系统技术；新能源汽车试验测试及基础设施技术等。

4. 机动车及发动机先进设计、制造和测试平台技术

整车和发动机设计及性能分析软件，整车性能试验测试系统、交流电力测功机、汽车尾气排放检测分析系统、瞬时燃油计量和车载扭矩测试系统、发动机燃烧分析系统技术等。

5. 轨道车辆及关键零部件技术

高速列车及城市轨道车辆转向架的先进设计、制造和测试技术，轻量化车体设计制造技术，轨道车辆转向架和车体减振降噪技术，牵引传动系统的先进设计、制造和测试技术，高速列车牵引变流技术，牵引控制系统技术，牵引变压系统技术，网络控制系统技术，总体集成技术，制动系统技术；混合动力动车组和机车的整车及转向架设计、集成和制造先进技术；大轴重机车和货车转向架的先进设计、制造和测试技术，万吨重载列车电控制动技术；快捷货车总体集成、车体及转向架技术；公路、铁路联运车辆关键及配套技术等。

（八）高技术船舶与海洋工程装备设计制造技术

1. 高技术船舶设计制造技术

高技术、高附加值环保节能型船舶设计制造与节能减排系统技术。

2. 海洋工程装备设计制造技术

海上工程作业与辅助服务装备、科学考察船、海洋调查船等勘探与开发装置、海洋矿产资源和天然气水合物等开采装备、海洋可再生资源开发装备、海水淡化、海上风电等新型海洋资源开发装备设计制造技术；船舶与海洋工程核心配套装备设计制造技术等。

（九）传统文化产业改造技术

1. 乐器制造技术

乐器及其器材加工和调试新技术；MIDI 系统生产调试技术等。

2. 印刷技术

改造传统印刷的高新技术；数字印刷技术；绿色印刷工艺技术；特种印刷工艺技术等。

科技部 财政部 国家税务总局关于修订
印发《高新技术企业认定管理工作指引》的通知

国科发火〔2016〕195号

各省、自治区、直辖市及计划单列市科技厅（委、局）、财政厅（局）、国家税务局、地方税务局：

根据《高新技术企业认定管理办法》（国科发火〔2016〕32号，以下称《认定办法》）第二十一条的规定，现将《高新技术企业认定管理工作指引》（以下称《工作指引》）印发给你们，并就有关事项通知如下：

一、2016年1月1日前已按《高新技术企业认定管理办法》（国科发火〔2008〕172号，以下称2008版《认定办法》）认定的仍在有效期内的高新技术企业，其资格依然有效，可依照《中华人民共和国企业所得税法》及其实施条例等有关规定享受企业所得税优惠政策。

二、按2008版《认定办法》认定的高新技术企业，在2015年12月31日前发生2008版《认定办法》第十五条规定情况，且有关部门在2015年12月31日前已经做出处罚决定的，仍按2008版《认定办法》相关规定进行处理，认定机构5年内不再受理企业认定申请的处罚执行至2015年12月31日止。

三、本指引自2016年1月1日起实施。原《高新技术企业认定管理工作指引》（国科发火〔2008〕362号）、《关于高新技术企业更名和复审等有关事项的通知》（国科火字〔2011〕123号）同时废止。

科技部 财政部 国家税务总局
2016年6月22日

第二节　高新技术企业认定管理工作指引

高新技术企业认定管理工作指引

一、组织与实施

二、认定程序

三、认定条件

四、享受税收优惠

五、监督管理

六、"高新技术企业认定管理工作网"功能及操作提要

七、附件

根据《高新技术企业认定管理办法》（国科发火〔2016〕32号，以下称《认定办法》）的规定，制定本工作指引。

一、组织与实施

（一）领导小组办公室

全国高新技术企业认定管理工作领导小组办公室设在科技部火炬高技术产业开发中心，由科技部、财政部、国家税务总局相关人员组成，负责处理日常工作。

（二）认定机构

各省、自治区、直辖市、计划单列市科技行政管理部门同本级财政、税务部门组成本地区高新技术企业认定管理机构（以下称认定机构）。认定机构下设办公室，办公室设在省级、计划单列市科技行政主管部门，由省级、计划单列市科技、财政、税务部门相关人员组成。

认定机构组成部门应协同配合、认真负责地开展高新技术企业认定管理工作。

（三）中介机构

专项审计报告或鉴证报告（以下统称专项报告）应由符合以下条件的中介机构出具。企业可自行选择符合以下条件的中介机构。

1.中介机构条件

（1）具备独立执业资格，成立3年以上，近3年内无不良记录。

（2）承担认定工作当年的注册会计师或税务师人数占职工全年月平均人数的比例不低于30%，全年月平均在职职工人数在20人以上。

（3）相关人员应具有良好的职业道德，了解国家科技、经济及产业政策，熟悉高新技术企业认定工作有关要求。

2.中介机构职责

接受企业委托，委派具备资格的相关人员，依据《认定办法》和《工作指引》，客观公正地对企业的研究开发费用和高新技术产品（服务）收入进行专项审计或鉴证，出具专项报告。

3.中介机构纪律

中介机构及相关人员应坚持原则，办事公正，据实出具专项报告，对工作中出现严重失误或弄虚作假等行为的，由认定机构在"高新技术企业认定管理工作网"上公告，自公告之日起3年内不得参与高新技术企业认定相关工作。

（四）专家

1.专家条件

（1）具有中华人民共和国公民资格，并在中国大陆境内居住和工作。

（2）技术专家应具有高级技术职称，并具有《技术领域》内相关专业背景和实践经验，对该技术领域的发展及市场状况有较全面的了解。财务专家应具有相关高级技术职称，或具有注册会计师或税务师资格且从事财税工作10年以上。

（3）具有良好的职业道德，坚持原则，办事公正。

（4）了解国家科技、经济及产业政策，熟悉高新技术企业认定工作有关要求。

2. 专家库及专家选取办法

（1）认定机构应建立专家库（包括技术专家和财务专家），实行专家聘任制和动态管理，备选专家应不少于评审专家的3倍。

（2）认定机构根据企业主营产品（服务）的核心技术所属技术领域随机抽取专家组成专家组，并指定1名技术专家担任专家组组长，开展认定评审工作。

3. 专家职责

（1）审查企业的研究开发活动（项目）、年度财务会计报告和专项报告等是否符合《认定办法》及《工作指引》的要求。

（2）按照《认定办法》及《工作指引》的规定，评审专家对企业申报信息进行独立评价。技术专家应主要侧重对企业知识产权、研究开发活动、主营业务、成果转化及高新技术产品（服务）等情况进行评价打分，财务专家应参照中介机构提交的专项报告、企业的财务会计报告和纳税申报表等进行评价打分。

（3）在各评审专家独立评价的基础上，由专家组进行综合评价。

4. 专家纪律

（1）应按照《认定办法》《工作指引》的要求，独立、客观、公正地对企业进行评价，并签订承诺书。

（2）评审与其有利益关系的企业时，应主动申明并回避。

（3）不得披露、使用申请企业的技术经济信息和商业秘密，不得复制保留或向他人扩散评审材料，不得泄露评审结果。

（4）不得利用其特殊身份和影响，采取非正常手段为申请企业认定提供便利。

（5）认定评审期间，未经认定机构许可不得擅自与企业联系或进入企业调查。

（6）不得收受申请企业给予的好处和利益。

一经发现违反上述规定，由认定机构取消其参与高新技术企业认定工作资格。

二、认定程序

（一）自我评价

企业应对照《认定办法》和本《工作指引》进行自我评价。

（二）注册登记

企业登录"高新技术企业认定管理工作网"（网址：www.innocom.gov.cn），按要求填写《企业注册登记表》（附件1），并通过网络系统提交至认定机构。认定机构核对企业注册信息，在网络系统上确认激活后，企业可以开展后续申报工作。

（三）提交材料

企业登录"高新技术企业认定管理工作网"，按要求填写《高新技术企业认定申请书》（附件2），通过网络系统提交至认定机构，并向认定机构提交下列书面材料：

1.《高新技术企业认定申请书》（在线打印并签名、加盖企业公章）。

2.证明企业依法成立的营业执照等相关注册登记证件的复印件。

3.知识产权相关材料（知识产权证书及反映技术水平的证明材料、参与制定标准情况等）、科研项目立项证明（已验收或结题的项目需附验收或结题报告）、科技成果转化（总体情况与转化形式、应用成效的逐项说明）、研究开发组织管理（总体情况与四项指标符合情况的具体说明）等相关材料。

4.企业高新技术产品（服务）的关键技术和技术指标的具体说明，相关的生产批文、认证认可和资质证书、产品质量检验报告等材料。

5.企业职工和科技人员情况说明材料，包括在职、兼职和临时聘用人员人数、人员学历结构、科技人员名单及其工作岗位等。

6.经具有资质并符合本《工作指引》相关条件的中介机构出具的企业近三个会计年度（实际年限不足三年的按实际经营年限，下同）研究开发费用、近一个会计年度高新技术产品（服务）收入专项审计或鉴证报告，并附研究开发活动说明材料。

7.经具有资质的中介机构鉴证的企业近三个会计年度的财务会计报告（包括会计报表、会计报表附注和财务情况说明书）。

8.近三个会计年度企业所得税年度纳税申报表（包括主表及附表）。

对涉密企业，须将申请认定高新技术企业的申报材料做脱密处理，确保涉密信息安全。

（四）专家评审

认定机构收到企业申请材料后，根据企业主营产品（服务）的核心技术所属技术领域在符合评审要求的专家中，随机抽取专家组成专家组，对每个企业的评审专家不少于5人（其中技术专家不少于60%，并至少有1名财务专家）。每名技术专家单独填写《高新技术企业认定技术专家评价表》（附件3），每名财务专家单独填写《高新技术企业认定财务专家评价表》（附件4），专家组组长汇总各位专家分数，按分数平均值填写《高新技术企业认定专家组综合评价表》（附件5）。具备条件的地区可进行网络评审。

（五）认定报备

认定机构结合专家组评审意见，对申请企业申报材料进行综合审查（可视情况对部分企业进行实地核查），提出认定意见，确定认定高新技术企业名单，报领导小组办公室备案，报送时间不得晚于每年11月底。

（六）公示公告

经认定报备的企业名单，由领导小组办公室在"高新技术企业认定管理工作网"上公示10个工作日。无异议的，予以备案，认定时间以公示时间为准，核发证书编号，并在"高新技术企业认定管理工作网"上公告企业名单，由认定机构向企业颁发统一印制的"高新技术企业证书"（加盖认定机构科技、财政、税务部门公章）；有异议的，须以书面形式实名向领导小组办公室提出，由认定机构核实处理。

领导小组办公室对报备企业可进行随机抽查，对存在问题的企业交由认定机构核实情况并提出处理建议。

认定流程如下图所示：

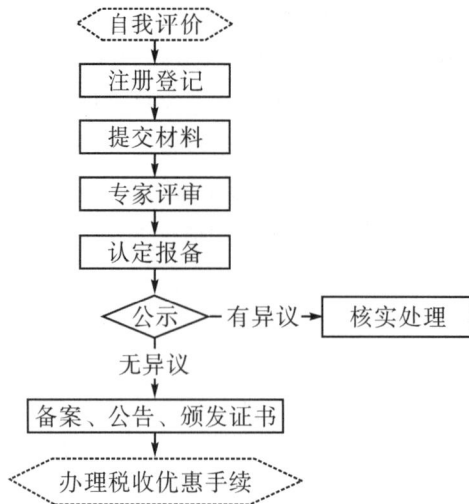

自我评价

↓

注册登记

↓

提交材料

↓

专家评审

↓

认定报备

↓

公示 ——有异议→ 核实处理

↓无异议

备案、公告、颁发证书

↓

办理税收优惠手续

三、认定条件

（一）年限

《认定办法》第十一条"须注册成立一年以上"是指企业须注册成立 365 个日历天数以上；"当年""最近一年"和"近一年"都是指企业申报前 1 个会计年度；"近三个会计年度"是指企业申报前的连续 3 个会计年度（不含申报年）；"申请认定前一年内"是指申请前的 365 天之内（含申报年）。

（二）知识产权

1. 高新技术企业认定所指的知识产权须在中国境内授权或审批审定，并在中国法律的有效保护期内。知识产权权属人应为申请企业。

2. 不具备知识产权的企业不能被认定为高新技术企业。

3. 高新技术企业认定中，对企业知识产权情况采用分类评价方式，其中，发明专利（含国防专利）、植物新品种、国家级农作物品种、国家新药、国家一级中药保护品种、集成电路布图设计专有权等按 I 类评价，实用新型专利、外观设计专利、软件著作权等（不含商标）按 II 类评价。

4. 按 II 类评价的知识产权在申请高新技术企业时，仅限使用一次。

5. 在申请高新技术企业及高新技术企业资格存续期内，知识产权有多个权属人时，只能由一个权属人在申请时使用。

6. 申请认定时专利的有效性以企业申请认定前获得授权证书或授权通知书并能提供缴费收据为准。

7. 发明、实用新型、外观设计、集成电路布图设计专有权可在国家知识产权局网站（http://www.sipo.gov.cn）查询专利标记和专利号；国防专利须提供国家知识产权局授予的国防专利证书；植物新品种可在农业部植物新品种保护办公室网站（http://www.cnpvp.cn）和国家林业局植物新品种保护办公室网站（http://www.cnpvp.net）查询；国家级农作物品种是指农业部国家农作物品种审定委员会审定公告的农作物品种；国家新药须提供国家食品药品监督管理局签发的新药证书；国家一级中药保护品种须提供国家食品药品监督管理局签发的中药保护品种证书；软件著作权可在国家版权局中国版权保护中心网站（http://www.ccopyright.com.cn）查询软件著作权标记（亦称版权标记）。

（三）高新技术产品（服务）与主要产品（服务）

高新技术产品（服务）是指对其发挥核心支持作用的技术属于《国家重点支持的高新技术领域》规定范围的产品（服务）。

主要产品（服务）是指高新技术产品（服务）中，拥有在技术上发挥核心支持作用的知识产权的所有权，且收入之和在企业同期高新技术产品（服务）收入中超过50%的产品（服务）。

（四）高新技术产品（服务）收入占比

高新技术产品（服务）收入占比是指高新技术产品（服务）收入与同期总收入的比值。

1. 高新技术产品（服务）收入

高新技术产品（服务）收入是指企业通过研发和相关技术创新活动取得的产品（服务）收入与技术性收入的总和。对企业取得上述收入发挥核心支持作用的技术应属于《国家重点支持的高新技术领域》规定的范围。其中，技术性收入包括：

（1）技术转让收入：指企业技术创新成果通过技术贸易、技术转让所获得的收入；

（2）技术服务收入：指企业利用自己的人力、物力和数据系统等为社会和本企业外的用户提供技术资料、技术咨询与市场评估、工程技术项目设计、数据处理、测试分析及其他类型的服务所获得的收入；

（3）接受委托研究开发收入：指企业承担社会各方面委托研究开发、中间试验及新产品开发所获得的收入。

企业应正确计算高新技术产品（服务）收入，由具有资质并符合本《工作指引》相关条件的中介机构进行专项审计或鉴证。

2. 总收入

总收入是指收入总额减去不征税收入。

收入总额与不征税收入按照《中华人民共和国企业所得税法》（以下称《企业所得税法》）及《中华人民共和国企业所得税法实施条例》（以下称《实施条例》）的规定计算。

（五）企业科技人员占比

企业科技人员占比是企业科技人员数与职工总数的比值。

1. 科技人员

企业科技人员是指直接从事研发和相关技术创新活动，以及专门从事上述活动的管理和提供直接技术服务的，累计实际工作时间在183天以上的人员，包括在职、兼职和临时聘用人员。

2. 职工总数

企业职工总数包括企业在职、兼职和临时聘用人员。在职人员可以通过企业是否签订劳动合同或缴纳社会保险费来鉴别，兼职、临时聘用人员全年须在企业累计工作183天以上。

3. 统计方法

企业当年职工总数、科技人员数均按照全年月平均数计算。

月平均数 =（月初数 + 月末数）÷ 2

全年月平均数 = 全年各月平均数之和 ÷ 12

年度中间开业或者终止经营活动的，以其实际经营期作为一个纳税年度确定上述相关指标。

（六）企业研究开发费用占比

企业研究开发费用占比是企业近三个会计年度的研究开发费用总额占同期销售收入总额的比值。

1. 企业研究开发活动确定

研究开发活动是指，为获得科学与技术（不包括社会科学、艺术或人文学）新知识，创造性运用科学技术新知识，或实质性改进技术、产品（服务）、工艺而持续进行的具有明确目标的活动。不包括企业对产品（服务）的常规性升级或对某项科研成果直接应用等活动（如直接采用新的材料、装置、产品、服务、工艺或知识等）。

企业应按照研究开发活动的定义填写附件2《高新技术企业认定申请书》中的"四、企业研究开发活动情况表"。

专家评价过程中可参考如下方法判断：

——行业标准判断法。若国家有关部门、全国（世界）性行业协会等具备相应资质的机构提供了测定科技"新知识""创造性运用科学技术新知识"或"具有实质性改进的技术、产品（服务）、工艺"等技术参数（标准），则优先按此参数（标准）来判断企业所进行项目是否为研究开发活动。

——专家判断法。如果企业所在行业中没有发布公认的研发活动测度标准，则通过本行业专家进行判断。获得新知识、创造性运用新知识以及技术的实质改进，应当是取得被同行业专家认可的、有价值的创新成果，对本地区相关行业的技术进步具有推动作用。

——目标或结果判定法。在采用行业标准判断法和专家判断法不易判断企业是否发生了研发活动时，以本方法作为辅助。重点了解研发活动的目的、创新性、投入资源（预算），以及是否取得了最终成果或中间成果（如专利等知识产权或其他形式的科技成果）。

2. 研究开发费用的归集范围

（1）人员人工费用

包括企业科技人员的工资薪金、基本养老保险费、基本医疗保险费、失业保险费、工伤保险费、生育保险费和住房公积金，以及外聘科技人员的劳务费用。

（2）直接投入费用

直接投入费用是指企业为实施研究开发活动而实际发生的相关支出。包括：

——直接消耗的材料、燃料和动力费用。

——用于中间试验和产品试制的模具、工艺装备开发及制造费，不构成固定资产的样品、样机及一般测试手段购置费，试制产品的检验费。

——用于研究开发活动的仪器、设备的运行维护、调整、检验、检测、维修等费用，以及通过经营租赁方式租入的用于研发活动的固定资产租赁费。

（3）折旧费用与长期待摊费用

折旧费用是指用于研究开发活动的仪器、设备和在用建筑物的折旧费。

长期待摊费用是指研发设施的改建、改装、装修和修理过程中发生的长期待摊费用。

（4）无形资产摊销费用

无形资产摊销费用是指用于研究开发活动的软件、知识产权、非专利技术（专有技术、许可证、设计和计算方法等）的摊销费用。

（5）设计费用

设计费用是指为新产品和新工艺进行构思、开发和制造，进行工序、技术规范、规程制定、操作特性方面的设计等发生的费用。包括为获得创新性、创意性、突破性产品进行的创意设计活动发生的相关费用。

（6）装备调试费用与试验费用

装备调试费用是指工装准备过程中研究开发活动所发生的费用，包括研制特殊、专用的生产机器，改变生产和质量控制程序，或制定新方法及标准等活动所发生的费用。

为大规模批量化和商业化生产所进行的常规性工装准备和工业工程发生的费用不能计入归集范围。

试验费用包括新药研制的临床试验费、勘探开发技术的现场试验费、田间试验费等。

（7）委托外部研究开发费用

委托外部研究开发费用是指企业委托境内外其他机构或个人进行研究开发活动所发生的费用（研究开发活动成果为委托方企业拥有，且与该企业的主要经营业务紧密相关）。委托外部研究开发费用的实际发生额应按照独立交易原则确定，按照实际发生额的80%计入委托方研发费用总额。

（8）其他费用

其他费用是指上述费用之外与研究开发活动直接相关的其他费用，包括技术图书资料费、资料翻译费、专家咨询费、高新科技研发保险费，研发成果的检索、论证、评审、鉴定、验收费用，知识产权的申请费、注册费、代理费，会议费、差旅费、通信费等。此项费用一般不得超过研究开发总费用的20%，另有规定的除外。

3. 企业在中国境内发生的研究开发费用

企业在中国境内发生的研究开发费用，是指企业内部研究开发活动实际支出的全部费用与委托境内其他机构或个人进行的研究开发活动所支出的费用之和，不包括委托境外机构或个人完成的研究开发活动所发生的费用。受托研发的境外机构是指依照外国和地区（含港澳台）法律成立的企业和其他取得收入的组织，受托研发的境外个人是指外籍（含港澳台）个人。

4. 企业研究开发费用归集办法

企业应正确归集研发费用，由具有资质并符合本《工作指引》相关条件的中介机构进行专项审计或鉴证。

企业的研究开发费用是以单个研发活动为基本单位分别进行测度并加总计算的。企业应对包括直接研究开发活动和可以计入的间接研究开发活动所发生的费用进行归集，并填写附件2《高新技术企业认定申请书》中的"企业年度研究开发费用结构明细表"。

企业应按照"企业年度研究开发费用结构明细表"设置高新技术企业认定专用研究开发费用辅助核算账目，提供相关凭证及明细表，并按本《工作指引》要求进行核算。

5. 销售收入

销售收入为主营业务收入与其他业务收入之和。

主营业务收入与其他业务收入按照企业所得税年度纳税申报表的口径计算。

（七）企业创新能力评价

企业创新能力主要从知识产权、科技成果转化能力、研究开发组织管理水平、企业成长性等四项指标进行评价。各级指标均按整数打分，满分为100分，综合得分达到70分以上（不含70分）为符合认定要求。四项指标分值结构详见下表：

序号	指标	分值
1	知识产权	≤ 30
2	科技成果转化能力	≤ 30
3	研究开发组织管理水平	≤ 20
4	企业成长性	≤ 20

1. 知识产权（≤ 30分）

由技术专家对企业申报的知识产权是否符合《认定办法》和《工作指引》要求进行定性与定量结合的评价。

序号	知识产权相关评价指标	分值
1	技术的先进程度	≤ 8
2	对主要产品（服务）在技术上发挥核心支持作用	≤ 8
3	知识产权数量	≤ 8
4	知识产权获得方式	≤ 6
5	（作为参考条件，最多加2分）企业参与编制国家标准、行业标准、检测方法、技术规范的情况	≤ 2

（1）技术的先进程度

    A. 高（7～8分）   B. 较高（5～6分）

    C. 一般（3～4分）   D. 较低（1～2分）

    E. 无（0分）

（2）对主要产品（服务）在技术上发挥核心支持作用

    A. 强（7～8分）   B. 较强（5～6分）

    C. 一般（3～4分）   D. 较弱（1～2分）

    E. 无（0分）

（3）知识产权数量

    A.1项及以上（Ⅰ类）（7～8分）

    B.5项及以上（Ⅱ类）（5～6分）

    C.3～4项（Ⅱ类）（3～4分）

    D.1～2项（Ⅱ类）（1～2分）

    E.0项（0分）

（4）知识产权获得方式

    A. 有自主研发（1～6分）

    B. 仅有受让、受赠和并购等（1～3分）

（5）企业参与编制国家标准、行业标准、检测方法、技术规范的情况。（此项为加分项，加分后"知识产权"总分不超过30分。相关标准、方法和规范须经国家有关部门认证认可）

    A. 是（1～2分）

    B. 否（0分）

2. 科技成果转化能力（≤ 30分）

依照《中华人民共和国促进科技成果转化法》，科技成果是指通过科学研究与技术开发所产生的具有实用价值的成果（专利、版权、集成电路布图设计等）。科技成果转化是指为提高生产力水平而对科技成果进行的后续试验、开发、应用、推广直至形成新产品、新工艺、新材料，发展新产业等活动。

科技成果转化形式包括：自行投资实施转化；向他人转让该技术成果；许可他人使用该科技成果；以该科技成果作为合作条件，与他人共同实施转化；以该科技成果作价投资、折算股份或者出资比例；以及其他协商确定的方式。

由技术专家根据企业科技成果转化总体情况和近三年内科技成果转化的年平均数进行综合评价。同一科技成果分别在国内外转化的，或转化为多个产品、服务、工艺、样品、样机等的，只计为一项。

A. 转化能力强，≥ 5 项（25 ～ 30 分）

B. 转化能力较强，≥ 4 项（19 ～ 24 分）

C. 转化能力一般，≥ 3 项（13 ～ 18 分）

D. 转化能力较弱，≥ 2 项（7 ～ 12 分）

E. 转化能力弱，≥ 1 项（1 ～ 6 分）

F. 转化能力无，0 项（0 分）

3. 研究开发组织管理水平（≤ 20 分）

由技术专家根据企业研究开发与技术创新组织管理的总体情况，结合以下几项评价，进行综合打分。

（1）制定了企业研究开发的组织管理制度，建立了研发投入核算体系，编制了研发费用辅助账。（≤ 6 分）

（2）设立了内部科学技术研究开发机构并具备相应的科研条件，与国内外研究开发机构开展多种形式产学研合作。（≤ 6 分）

（3）建立了科技成果转化的组织实施与激励奖励制度，建立开放式的创新创业平台。（≤ 4 分）

（4）建立了科技人员的培养进修、职工技能培训、优秀人才引进，以及人才绩效评价奖励制度。（≤ 4 分）

4. 企业成长性（≤ 20 分）

由财务专家选取企业净资产增长率、销售收入增长率等指标对企业成长性进行评价。企业实际经营期不满三年的按实际经营时间计算。计算方法如下：

（1）净资产增长率

净资产增长率 = 1/2 ×（第二年末净资产 ÷ 第一年末净资产 + 第三年末净资产 ÷ 第二年末净资产）– 1

净资产 = 资产总额 – 负债总额

资产总额、负债总额应以具有资质的中介机构鉴证的企业会计报表期末数为准。

（2）销售收入增长率

销售收入增长率 = 1/2 ×（第二年销售收入 ÷ 第一年销售收入 + 第三年销售收入 ÷ 第二年销售收入）– 1

企业净资产增长率或销售收入增长率为负的，按 0 分计算。第一年末净资产或销售收入为 0 的，按后两年计算；第二年末净资产或销售收入为 0 的，按 0 分计算。

以上两个指标分别对照下表评价档次（A、B、C、D、E、F）得出分值，两项得分相加计算出企业成长性指标综合得分。

成长性得分	指标赋值	分数					
		≥ 35%	≥ 25%	≥ 15%	≥ 5%	> 0	≤ 0
≤ 20 分	净资产增长率赋值 ≤ 10 分	A 9 ～ 10 分	B 7 ～ 8 分	C 5 ～ 6 分	D 3 ～ 4 分	E 1 ～ 2 分	F 0 分
	销售收入增长率赋值 ≤ 10 分						

四、享受税收优惠

1. 自认定当年起, 企业可持高新技术企业证书及其复印件, 按照《企业所得税法》及《实施条例》、《中华人民共和国税收征收管理法》(以下称《税收征管法》)、《中华人民共和国税收征收管理法实施细则》(以下称《实施细则》)、《认定办法》和本《工作指引》等有关规定, 到主管税务机关办理相关手续, 享受税收优惠。

2. 未取得高新技术企业资格或不符合《企业所得税法》及其《实施条例》、《税收征管法》及其《实施细则》, 以及《认定办法》等有关规定条件的企业, 不得享受高新技术企业税收优惠。

3. 高新技术企业资格期满当年内, 在通过重新认定前, 其企业所得税暂按 15% 的税率预缴, 在年度汇算清缴前未取得高新技术企业资格的, 应按规定补缴税款。

五、监督管理

(一) 重点检查

根据认定管理工作需要, 科技部、财政部、国家税务总局按照《认定办法》的要求, 可组织专家对各地高新技术企业认定管理工作进行重点检查, 对存在问题的视情况给予相应处理。

(二) 企业年报

企业获得高新技术企业资格后, 在其资格有效期内应于每年 5 月底前通过 "高新技术企业认定管理工作网", 报送上一年度知识产权、科技人员、研发费用、经营收入等年度发展情况报表 (附件 6); 在高新技术企业资格有效期内, 企业累计两年未按规定时限报送年度发展情况报表的, 由认定机构取消其高新技术企业资格, 在 "高新技术企业认定管理工作网" 上公告。

认定机构应提醒、督促企业及时填报年度发展情况报表, 并协助企业处理填报过程中的相关问题。

(三) 复核

对已认定的高新技术企业, 有关部门在日常管理过程中发现其不符合认定条件的, 应以书面形式提请认定机构复核。复核后确认不符合认定条件的, 由认定机构取消其高新技术企业资格, 并通知税务机关追缴其不符合认定条件年度起已享受的税收优惠。

属于对是否符合《认定办法》第十一条 [除 (五) 款外]、第十七条、第十八条和第十九条情况的企业, 按《认定办法》规定办理; 属于对是否符合《认定办法》第十一条 (五) 款产生异议的, 应以问题所属年度和前两个会计年度 (实际经营不满三年的按实际经营时间计算) 的研究开发费用总额与同期销售收入总额之比是否符合《认定办法》第十一条 (五) 款规定进行复核。

(四) 更名及重大变化事项

高新技术企业发生名称变更或与认定条件有关的重大变化 (如分立、合并、重组以及经营业务发生变化等), 应在发生之日起 3 个月内向认定机构报告, 在 "高新技术企业认定管理工作网" 上提交《高新技术企业名称变更申请表》(附件 7), 并将打印出的《高新技术企业名称变更申请表》与相关证明材料报认定机构, 由认定机构负责审核企业是否仍符合高新技术企业条件。

企业仅发生名称变更, 不涉及重大变化, 符合高新技术企业认定条件的, 由认定机构在本地区公示 10 个工作日, 无异议的, 由认定机构重新核发认定证书, 编号与有效期不变, 并在 "高新技术企业认定管理工作网" 上公告; 有异议的或有重大变化的 (无论名称变更与否), 由认定机构按《认定办法》第十一条进行核实处理, 不符合认定条件的, 自更名或条件变化年度起取消其高新技术企业资格, 并在 "高新技术企业认定管理工作网" 上公告。

（五）异地搬迁

1.《认定办法》第十八条中整体迁移是指符合《中华人民共和国公司登记管理条例》第二十九条所述情况。

2.跨认定机构管理区域整体迁移的高新技术企业须向迁入地认定机构提交有效期内的高新技术企业证书及迁入地工商等登记管理机关核发的完成迁入的相关证明材料。

3.完成整体迁移的，其高新技术企业资格和高新技术企业证书继续有效，编号与有效期不变。由迁入地认定机构给企业出具证明材料，并在"高新技术企业认定管理工作网"上公告。

（六）其他

1.有《认定办法》第十九条所列三种行为之一的企业，自行为发生之日所属年度起取消其高新技术企业资格，并在"高新技术企业认定管理工作网"上公告。

2.认定机构应依据有关部门根据相关法律法规出具的意见对"重大安全、重大质量事故或有严重环境违法行为"进行判定处理。

3.已认定的高新技术企业，无论何种原因被取消高新技术企业资格的，当年不得再次申请高新技术企业认定。

六、"高新技术企业认定管理工作网"功能及操作提要

"高新技术企业认定管理工作网"是根据《认定办法》建设的高新技术企业认定管理工作的信息化平台，由高新技术企业认定管理工作门户网站（以下简称门户网站）和高新技术企业认定管理系统（以下简称管理系统）构成。

（一）门户网站主要功能

门户网站（www.innocom.gov.cn）的主要功能包括：发布高新技术企业政策、工作动态、公示文件、公告备案、更名、异地搬迁、撤销资格、问题中介机构名单等信息，以及提供管理系统的登录入口。

（二）管理系统主要功能

管理系统由企业申报系统、认定机构管理系统和领导小组办公室管理系统 3 个子系统组成。

1. 企业申报系统主要功能

（1）企业注册

（2）企业信息变更

（3）企业名称变更

（4）认定申报

（5）年度发展情况报表

（6）查询

（7）密码找回

2. 认定机构管理系统主要功能

（1）企业注册管理

（2）认定申报管理

（3）撤销企业高企证书管理

（4）异地搬迁企业管理

（5）查询与统计

3. 领导小组办公室管理系统主要功能

（1）高企备案管理

（2）撤销企业高企证书管理

（3）异地搬迁企业管理

（4）查询与统计

附件 1

企业注册登记表

企业名称			注册时间		
注册类型			外资来源地		
注册资金			所属行业		
企业规模			行政区域		
组织机构代码／统一社会信用代码			税务登记号／统一社会信用代码		
企业所得税主管税务机关	□国税 □地税		企业所得税征收方式		□查账征收 □核定征收
通信地址				邮政编码	
企业法定代表人	姓名		手机	身份证号／护照号	
	电话		传真	E-mail	
联系人	姓名		手机		
	电话		传真	E-mail	
企业是否上市	□是 □否		上市时间		
股票代码			上市类型		
是否属于国家级高新区内企业	□是 □否		高新区名称		

附件2

系统填报号：＿＿＿＿＿＿＿＿＿＿

高新技术企业认定申请书

企业名称：＿＿＿＿＿＿＿＿＿＿＿＿＿＿＿＿＿＿＿＿＿＿＿＿＿＿＿＿

企业所在地区：＿＿＿＿＿＿＿＿＿＿省＿＿＿＿＿＿＿＿＿市（区、自治州）

认定机构：＿＿＿＿＿＿＿＿＿＿＿＿＿＿＿＿＿＿＿＿＿＿＿＿＿

申请日期：＿＿＿＿＿＿＿＿＿年＿＿＿＿＿＿月＿＿＿＿日

声明：本申请书上填写的有关内容和提交的资料均准确、真实、合法、有效、无涉密信息，本企业愿为此承担有关法律责任。

法定代表人（签名）：　　　　　　　　　　　　　　（企业公章）

科技部、财政部、国家税务总局编制
二〇一六年六月

填 报 说 明

企业应参照《高新技术企业认定管理办法》、《国家重点支持的高新技术领域》（国科发火〔2016〕32号）和《高新技术企业认定管理工作指引》（国科发火〔2016〕195号）的要求填报。

本表内的所有财务数据须出自专项报告、财务会计报告或纳税申报表。

1. 企业应如实填报所附各表。要求文字简洁，数据准确、翔实。

2. 各栏目不得空缺，无内容填写"0"；数据有小数时，保留小数点后2位。

3. 对企业知识产权情况采用分类评价方式，其中，发明专利（含国防专利）、植物新品种、国家级农作物品种、国家新药、国家一级中药保护品种、集成电路布图设计专有权等按Ⅰ类评价，实用新型专利、外观设计专利、软件著作权等（不含商标）按Ⅱ类评价。

4. "基础研究投入费用总额"是指：企业研究开发费用总额中，为获得科学与技术（不包括社会科学、艺术或人文学）新知识等基础研究活动支出的费用总额。

5. 销售收入＝主营业务收入＋其他业务收入

企业总收入 = 收入总额 – 不征税收入

净资产 = 资产总额 – 负债总额

6. "近三年""近一年"和"申请认定前一年内": 详见《工作指引》三（一）"年限"中的说明，"近三年"即"年限"中的"近三个会计年度"。

7. "研发活动": 详见《工作指引》三（六）1中"研究开发活动确定"。

8. "高新技术产品（服务）收入": 详见《工作指引》三（四）1中"高新技术产品（服务）收入"的定义。

9. IP代表知识产权编号，RD代表研究开发活动编号，PS代表高新技术产品（服务）编号。IP、RD、PS后取两位数（01、02……）。

一、主要情况

技术领域				
获得知识产权数量（件）	I 类		II 类	
人力资源情况（人）	职工总数		科技人员数	
近三年经营情况（万元）	年度种类	净资产	销售收入	利润总额
	第一年			
	第二年			
	第三年			
近三年研究开发费用总额（万元）			其中	在中国境内研发费用总额（万元）
				基础研究投入费用总额（万元）
近一年企业总收入（万元）				
近一年高新技术产品（服务）收入（万元）				
申请认定前一年内是否发生过重大安全、重大质量事故或严重环境违法行为			□是　□否	

二、知识产权汇总表

	发明专利		其中，国防专利	
获得知识产权数量（件）	植物新品种		国家级农作物品种	
	国家新药		国家一级中药保护品种	
	集成电路布图设计专有权		实用新型	
	外观设计		软件著作权	

知识产权编号	知识产权名称	类别	授权日期	授权号	获得方式
IP…					

三、人力资源情况表

（一）总体情况		
	企业职工	科技人员
总数（人）		
其中，在职人员		
兼职人员		
临时聘用人员		
外籍人员		
留学归国人员		
千人计划人员		

（二）全体人员结构			
学　历	博　士	硕　士	本　科	大专及以下
人　数				
职　称	高级职称	中级职称	初级职称	高级技工
人　数				
年　龄	30 岁及以下	31～40 岁	41～50 岁	51 岁及以上
人　数				

四、企业研究开发活动情况表（近三年执行的活动，按单一活动填报）

研发活动编号：RD…

研发活动名称			起止时间			
技术领域						
技术来源			知识产权编号			
研发经费总预算（万元）		研发经费近三年总支出（万元）		其中	第一年	
					第二年	
					第三年	
目的及组织实施方式（限400字）						
核心技术及创新点（限400字）						
取得的阶段性成果（限400字）						

五、企业年度研究开发费用结构明细表（按近三年每年分别填报）

_____年度 单位：万元

科目 累计发生额 研发项目编号	RD01	RD02	RD03	…	RD…	合计
内部研究开发费用						
其中，人员人工费用						
直接投入费用						
折旧费用与长期待摊费用						
无形资产摊销费用						
设计费用						
装备调试费用与试验费用						
其他费用						
委托外部研究开发费用						
其中，境内的外部研发费用						
研究开发费用（内、外部）小计						

企业填报人签字： 日 期：

六、上年度高新技术产品（服务）情况表［按单一产品（服务）填报］编号：PS

产品（服务）名称				
技术领域				
技术来源		上年度销售收入（万元）		
是否主要产品（服务）	□是　□否	知识产权编号		
关键技术及主要技术指标（限 400 字）				
与同类产品（服务）的竞争优势（限 400 字）				
知识产权获得情况及其对产品（服务）在技术上发挥的支持作用（限 400 字）				

七、企业创新能力

知识产权对企业竞争力的作用（限 400 字）	
科技成果转化情况（限 400 字）	

续表

研究开发与技术 创新组织管理情况 （限 400 字）	
管理与科技人员情况 （限 400 字）	

八、（加分项）企业参与国家标准或行业标准制定情况汇总表

序号	标准名称	标准级别	标准编号	参与方式
		□国家 □行业		□主持 □参与
		□国家 □行业		□主持 □参与
		□国家 □行业		□主持 □参与

附件 3

高新技术企业认定技术专家评价表

企业名称			
企业提交的资料是否符合要求	□是 □否		
企业是否注册成立一年以上	□是 □否		
企业是否获得符合条件的知识产权	□是 □否		
核心技术是否属于《技术领域》规定的范围	□是 □否 （若"是"，请填写 3 级技术领域标题或编号）		
科技人员占比是否符合要求	□是 □否		
近三年研发费用	研发活动核定数		核除研发活动编号	
	核定总额 （万元）		其中，境内核定总额 （万元）	
近一年高新技术产品（服务）收入	产品（服务）核定数		核除产品（服务）编号	
	收入核定总额 （万元）			

续表

1. 知识产权（≤30分）	得分：
技术的先进程度（≤8分） 　　□A. 高　　（7～8分）　　　□B. 较高（5～6分） 　　□C. 一般（3～4分）　　　□D. 较低（1～2分） 　　□E. 无　　（0分）	得分：
对主要产品（服务）在技术上发挥核心支持作用（≤8分） 　　□A. 强　　（7～8分）　　　□B. 较强（5～6分） 　　□C. 一般（3～4分）　　　□D. 较弱（1～2分） 　　□E. 无　（0分）	得分：
知识产权数量（≤8分） 　　□A.1 项及以上　　（Ⅰ类）（7～8分） 　　□B.5 项及以上　　（Ⅱ类）（5～6分） 　　□C.3～4 项　　　（Ⅱ类）（3～4分） 　　□D.1～2 项　　　（Ⅱ类）（1～2分） 　　□E.0 项　　　　　（0分）	得分：
知识产权获得方式（≤6分） 　　□A. 有自主研发　　　　　　（1～6分） 　　□B. 仅有受让、受赠和并购等　（1～3分）	得分：
（加分项，≤2分）企业是否参与编制国家标准、行业标准、检测方法、技术规范的情况 　　□A. 是（1～2分）　　　　□B. 否（0分）	得分：
2. 科技成果转化能力（≤30分）	得分：
□A. 转化能力强，≥5 项　　（25～30分）　　□B. 转化能力较强，≥4 项（19～24分） □C. 转化能力一般，≥3 项（13～18分）　　□D. 转化能力较弱，≥2 项（7～12分） □E. 转化能力弱，≥1 项　（1～6分）　　　□F. 转化能力无，0 项　　（0分）	
3. 研究开发组织管理水平（≤20分）	得分：
制定了企业研究开发的组织管理制度，建立了研发投入核算体系，编制了研发费用辅助账（≤6分）	得分：
设立了内部科学技术研究开发机构并具备相应的科研条件，与国内外研究开发机构开展多种形式的产学研合作（≤6分）	得分：
建立了科技成果转化的组织实施与激励奖励制度，建立开放式的创新创业平台（≤4分）	得分：
建立了科技人员的培养进修、职工技能培训、优秀人才引进，以及人才绩效评价奖励制度（≤4分）	得分：
对企业技术创新能力的综合评价	

合计得分		专家签名：　　　　年　　月　　日

注：各项均按整数打分。

附件 4

高新技术企业认定财务专家评价表

企业名称				
企业提交的财务资料是否符合要求				□是 □否
中介机构资质是否符合要求	□是 □否	中介机构出具的审计（鉴证）报告是否符合要求		□是 □否
近三年研究开发费用归集是否符合要求	□是 □否	近一年高新技术产品（服务）收入归集是否符合要求		□是 □否
近三年销售收入 （万元）	第一年		近三年净资产 （万元）	第一年	
	第二年			第二年	
	第三年			第三年	
净资产增长率			销售收入增长率		
近三年销售收入合计 （万元）			近一年企业总收入（万元）		

企业成长性（≤20分）		合计：
净资产增长率（≤10分） 　□A.≥35%（9～10分）　　□B.≥25%（7～8分） 　□C.≥15%（5～6分）　　□D.＞5%（3～4分） 　□E.＞0　（1～2分）　　□F.≤0　（0分）		得分：
销售收入增长率（≤10分） 　□A.≥35%（9～10分）　　□B.≥25%（7～8分） 　□C.≥15%（5～6分）　　□D.＞5%（3～4分） 　□E.＞0　（1～2分）　　□F.≤0　（0分）		得分：
对企业财务状况的综合评价		
专家签名：　　　　　　　　　　　　　年　　月　　日		

附件 5

高新技术企业认定专家组综合评价表

企业名称	
企业是否注册成立一年以上	□是　□否
企业是否获得符合条件的知识产权	□是　□否
核心技术是否属于《技术领域》规定的范围	□是　　□否 （若"是"，请填写3级技术领域标题或编号）

续表

科技人员占企业职工总数的比例（%）				□是 □否
近三年研究开发费用总额占同期销售收入总额比例（%）			是否符 合条件	□是 □否
近三年在中国境内研发费用总额占全部研发费用总额比例（%）				□是 □否
近一年高新技术产品（服务）收入占同期总收入比例（%）				□是 □否
创新能力 评价总分	1.知识产权得分		3.研究开发组织管理水平得分	
	技术先进程度		组织管理制度	
	核心支持作用		研发机构	
	知识产权数量		成果转化奖励制度	
	知识产权获得方式		人才绩效制度	
	（加分）参与标准制定		4.成长指标得分	
	2.科技成果转化能力得分		净资产增长率	
			销售收入增长率	
综合评价是否符合认定条件： □是 □否				
否（简述理由）				
专家组组长签字： 年 月 日				

附件6

_____年度高新技术企业发展情况报表

企业名称				
组织机构代码/ 统一社会信用代码			所属地区	
高新技术企业 认定证书编号			高新技术企业认定时间	
企业联系人			联系电话	
本年度获得的 知识产权数 （件）	发明专利		其中，国防专利	
	植物新品种		国家级农作物品种	
	国家新药		国家一级中药保护品种	
	集成电路布图设计 专有权		实用新型	
	外观设计		软件著作权	
本年度人员情况 （人）	职工总数		科技人员数	
	新增就业人数		其中，吸纳高校 应届毕业生人数	

续表

企业本年度财务状况（万元）	总收入		销售收入		
	净资产		高新技术产品（服务）收入		
	纳税总额		企业所得税减免额		
	利润总额		出口创汇总额（万美元）		
	研究开发费用额		其中	在中国境内研发费用额	
				基础研究投入费用总额	
企业是否上市	□是　□否		上市时间		
股票代码			上市类型		

注：以上信息应按《高新技术企业认定管理办法》和《高新技术企业认定管理工作指引》的规定填报。

附件7

高新技术企业名称变更申请表

企业名称	变更前	
	变更后	
高新技术企业证书编号		发证日期	
联系人		联系电话	
企业名称历史变更情况（认定高新技术企业后）			
序号	变更时间	变更内容	
企业更名原因（限100字内）			

续表

承 诺： 　　以上填报内容及附件信息属实。   　　　　　　　　　　　　　　　法人签字： 　　　　　　　　　　　　　　　申请企业（盖章）： 　　　　　　　　　　　　　　　　　年　月　日

附件 8

专家承诺书

　　我承诺，按照《高新技术企业认定管理办法》和《高新技术企业认定管理工作指引》的要求，履行评审专家职责，遵守评审专家纪律，做到：

　　1. 独立、客观、公正地对申请企业材料进行评价。

　　2. 评审与自身有利益关系的企业时，主动申明并回避。

　　3. 不披露、使用申请企业的技术经济信息和商业秘密，不复制保留或向他人扩散评审材料，不泄露评审结果。

　　4. 不利用特殊身份和影响，采取非正常手段为申请企业认定提供便利。

　　5. 认定评审期间，未经认定机构许可不擅自与企业联系或进入企业调查。

　　6. 不收受申请企业给予的任何好处和利益。

　　　　　　　　　　　　　　　承诺专家：
　　　　　　　　　　　　　　　日　期：

科学技术部办公厅　　　　　　　　　　　　　2016 年 6 月 27 日印

第三节　广西高新技术企业认定申报工作规程

广西高新技术企业认定申报工作规程

为进一步规范我区高新技术企业认定申报工作，根据科技部、财政部、国家税务总局印发的《高新技术企业认定管理办法》（国科发火〔2016〕32号）、《高新技术企业认定管理工作指引》（国科发火〔2016〕195号），特制订本工作规程。

一、申报流程

高新技术企业认定申报主要包括网上申报、纸质材料编制及其受理等工作流程（附件2-1），由申报企业、各市高企认定服务窗口单位（附件2-2）和广西高新技术企业认定工作领导小组办公室分别完成网上注册和申报、申报材料编制和报送、网上审核和审查以及申报材料受理等具体工作。

二、网上申报

（一）网上注册登记

初次申请认定的企业，应分别按顺序先后在"科学技术部政务服务平台"（网址：https：//fuwu.most.gov.cn/，以下简称科技部政务服务平台）和"广西高新技术企业认定管理系统"（网址：http：//gxgq.gxinfo.org.cn/，以下简称广西高企管理系统）完成注册。企业以前已完成注册且审核通过的，不得重复注册，须用已有的用户名和密码登录（附件2-3）。

1. 科技部政务服务平台注册。企业需登录科技部政务服务平台进行网上注册登记并提交，科技部火炬中心统一审核并激活账号（确认激活需3个工作日）。

2. 广西高企管理系统注册。企业在广西高企管理系统以"企业"为类型注册。注册的企业名称、统一社会信用代码等须与科技部政务服务平台一致。

（二）网上申请

1. 科技部政务服务平台上申请。企业网上注册登记后，首先根据用户名和密码登录科技部政务服务平台，按要求填写《高新技术企业认定申请书》，并上传相关附件材料。

2. 广西高企管理系统上申请。完成科技部政务服务平台填报后，企业（除涉密企业外，下同）在广西高企管理系统按要求填写《高企认定信息表》、上传相关认定材料（认定材料内容和编写要求详见附件2-4）并通过网络提交至各市高企认定服务窗口单位。

注意：企业需在科技部政务服务平台、广西高企管理系统分别填报高企认定申请资料。企业须认真检查上传的电子版材料，确保签字盖章齐全、清晰完整，广西高企管理系统填写的所有信息请务必与科技部政务服务平台所填内容及顺序一致。若不按要求完成填报，将无法进入评审程序。

（三）网上初审

实行"无纸化"认定初审，企业完成广西高企管理系统提交后，企业所在地高企认定服务窗口单位对企业提交的网上申报材料进行审核，审核无误后及时通过网络提交到区科技厅，由广西高新技术企业认定工作领导小组办公室（以下简称广西高企认定办）对企业提交的申报材料进行网上初步形式审查。

三、纸质申报材料编制

（一）申报材料下载

企业申报材料通过广西高企管理系统网上形式初审后，应在该系统中生成纸质申报材料"封面文件"以及具有"2021广西高新技术企业认定材料"水印的内容文件并下载。

（二）申报材料要求

申报材料封面使用广西高企管理系统中生成的"封面文件"打印。申报材料内容使用生成的内容文件打印并附上《专项审计报告》或《鉴证报告》、最近三年《企业所得税纳税申报表》以及《承诺保证书》等文件原件后装订成册。

注意：所有提交的申报材料请正反双面打印。企业同时应在科技部政务服务平台提交申请材料。

四、纸质申报材料受理

（一）企业提交

企业将装订成册的纸质材料提交给所在地高企认定工作服务窗口。

（二）各市高企认定服务窗口审查

各市高企认定服务窗口对纸质材料进行审查，将通过审查的申报企业相关信息汇总，并正式行文出具推荐函、《广西高新技术企业认定申报书推荐意见表》（附件2-5）、《广西高新技术企业申请认定推荐汇总表》（附件2-6）、《专项审计机构情况汇总表》（附件2-7）及企业的纸质申报材料各一式一份，统一寄送至材料代收单位广西科学技术情报研究所。

（三）广西高企认定办受理

广西高企认定办对各市高企认定服务窗口提交的材料进行审查，符合要求的申报材料予以受理。

注意：所提交材料一律不退还，请自备存档。

五、其他事项

（一）关于高企更名申请的受理工作安排

1.受理时间：高新技术企业更名工作采取常年开展、集中受理的方式，每年分5批受理高新技术企业更名申请，受理截止时间为3月、5月、7月、9月、11月最后一周的星期五。

2.受理方式：请发生名称变更的高新技术企业在科技部政务服务平台提交更名申请，同时将在线打印的《高新技术企业名称变更申请书》与相关证明材料（高企证书复印件、工商部门出具的《企业名称变更核准通知书》复印件、更名后的营业执照复印件等）一式一份提交至广西高企认定办。

（二）关于《专项审计报告》或《鉴证报告》的要求

企业开展研发费用、高新技术产品（服务）收入《专项审计报告》或《鉴证报告》需按照《工作指引》规定，选择符合条件的专项审计机构进行审计，建议在自治区科技厅网站（http://kjt.gxzf.gov.cn/）上公布的名单中选择（另文通知）。

（三）关于产学研合作证明材料的要求

产学研合作协议及合作证明材料（如支付高校、科研院所费用凭证、共同研发的科技项目、共同申请的知识产权、共同发表的论文等证明）。

（四）关于涉密企业申报的要求

1.脱密处理。对涉密企业，须将申请认定高新技术企业的申报内容与材料做脱密处理，确保涉密信息安全。

2.申报受理。涉密企业将脱密后的内容填报科技部政务服务平台，然后按照《广西高新技术企业认定申报书目录模板》（附件2-4）要求编制纸质申报材料并报广西高企认定办受理。

注意：涉密企业未经广西高企认定办许可，不得上广西高企管理系统填报。

（五）关于企业职工和科技人员证明材料的要求

须提供上年度年末社保缴纳人数证明材料（只需汇总数）。

（六）关于软件著作权证明材料的要求

以软件著作权作为成果转化的，须提供相应软件著作权的软件产品运行界面截图或照片作为证明材料。

附件：2-1. 高新技术企业认定申报工作流程图
　　　2-2. 各市高新技术企业认定服务窗口联系方式
　　　2-3. 企业用户名、密码找回说明
　　　2-4. 广西高新技术企业认定申报书目录模板
　　　2-5. 广西高新技术企业认定申报书推荐意见表
　　　2-6. 广西高新技术企业申请认定推荐汇总表
　　　2-7. 专项审计机构情况汇总表

附件 2-1

高新技术企业认定申报工作流程图

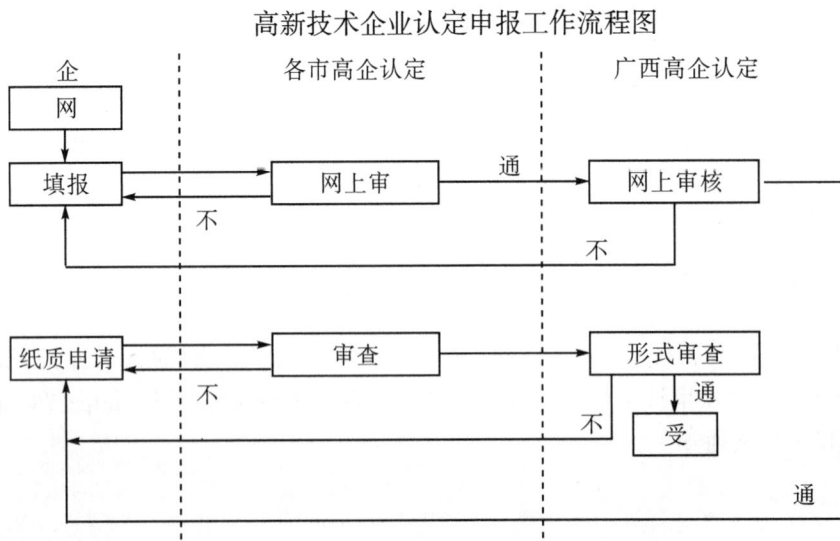

附件 2-2

各市高新技术企业认定工作服务窗口联系方式

单位名称	办公电话
南宁市科技局	0771-3813782
柳州市科技局	0772-2630786
桂林市科技局	0773-2825452
梧州市科技局	0774-3824882
北海市科技局	0779-2024251
防城港市科技局	0770-2823565
钦州市科技局	0777-2816213
贵港市科技局	0775-4563471
玉林市科技局	0775-2823402
百色市科技局	0776-2832531
贺州市科技局	0774-5121162
河池市科技局	0778-2562687
来宾市科技局	0772-4278369
崇左市科技局	0771-7964622
南宁高新区	0771-3221959
柳州高新区	0772-2673956
桂林高新区	0773-2536521
北海高新区	0779-2231189
梧州高新区	0774-5819581
崇左高新区	0771-7825143

附件 2-3

企业用户名、密码找回说明

一、科技部政务服务平台密码找回

企业在科技部政务服务平台上的原有注册用户名、密码丢失时，可在该网企业登录界面点击"忘记密码"，输入原注册时填写的"登录名""预留手机号"等信息后，提交后重新设置密码。如忘记登录名或预留手机号时，可通过填写单位信息并上传有效身份证件进行申诉重置密码。

二、广西高企管理系统密码找回

企业在广西高企管理系统上的原有注册用户名、密码丢失时，可在该网企业申报界面点击"忘记密码"或"账号申诉"，然后填写企业名称、联系人姓名与联系方式等相关信息，并提交营业执照扫描件与账号、密码找回函（均需加盖公章）扫描件到系统。通过审核后，系统将通过邮件的方式发送企业账号、密码至企业申诉时提供的联系邮箱。

附件 2-4

广西高新技术企业认定申报书目录

第一部分 高新技术企业认定申请书（科技部政务服务平台上打印）

第二部分 企业注册登记与资质证明请标注页码

★ 目录

一、企业注册登记证件

二、其他

第三部分 人员情况

★ 目录

一、2020 年企业职工人数、学历结构以及科技人员情况说明

二、企业科技人员概况表

三、社保缴纳证明材料

第四部分 知识产权

一、企业拥有知识产权一览表

二、企业参与编制国家标准、行业标准、检测方法、技术规范情况一览表

三、证明材料

第五部分 研发活动

一、近三年研究开发活动一览表

二、证明材料

第六部分 高新技术产品（服务）

一、高新技术产品（服务）一览表

二、高新技术产品（服务）情况说明

三、证明材料

第七部分 科技成果转化

一、近三年科技成果转化一览表

二、证明材料

第八部分 研究开发组织管理

★ 目录

一、研发组织管理制度

二、研发投入财务管理制度

三、研发机构科研条件

四、产学研合作

五、成果转化实施与奖励制度

六、创新创业平台

七、人才培养、引进、奖励相关制度

第九部分　其他

★　目录

一、其他相关证明材料

第十部分　审计报告

★　目录

一、2018—2020 年财务报告

二、2018—2020 年企业所得税年度纳税申报表

三、专项审计或鉴证报告

第十一部分　承诺保证书

★　目录

一、承诺保证书

企业注册登记与资质证明

目　录

序号	名称	页码
1	企业注册登记证件	
2	其他	
3	……	

备注：提供企业营业执照、特殊行业准入资质等证明材料复印件并加盖企业公章。

人员情况

目　录

序号	名称	页码
1	2020 年企业职工人数、学历结构以及科技人员情况说明	
2	企业科技人员概况表	
3	上年度年末社保缴纳人数证明材料（只需汇总数）	

2020 年企业职工人数、学历结构以及科技人员情况说明

（参考提纲）

根据《高新技术企业认定管理办法》《高新技术企业认定管理工作指引》的规定：

我公司 2020 年职工总数为＿＿＿＿＿人；

学历结构组成：研究生＿＿＿＿＿人（其中博士＿＿＿＿＿人），

本科＿＿＿＿＿人，大专＿＿＿＿＿人，

大专以下＿＿＿＿＿人；

公司具有从事研发和创新活动的科技人员＿＿＿＿＿人，

其中，工作满 183 天的兼职（临时聘用）技术人员＿＿＿＿＿人。

附表：企业科技人员概况表

注：上述对应人员名单清册留企业备查，工作满 183 天的兼职（临时聘用）技术人员需附相关证明资料

（企业盖章）

年　　月　　日

企业科技人员概况表

企业名称（盖章）：　　　　　　　　　　　　　　　　　　　2020 年

职工总数（人）	参保人员数（人）		科技人员数（人）	科技人员占职工总人数比例（％）	

科技人员花名册

序号	姓名	性别	身份证号	最高学历	所学专业	职称	岗位	聘用形式	是否缴纳社保
1									
2									
3									
4									
5									
6									
7									
8									

备注：

1.科技人员

企业科技人员是指直接从事研发和相关技术创新活动，以及专门从事上述活动的管理和提供直接技术服务的，累计实际工作时间在 183 天以上的人员，包括在职、兼职和临时聘用人员。

未真正从事研究开发活动的人员不得列入科技人员（如行政管理、财务、司机等人员）。

2.职工总数

企业职工总数包括企业在职、兼职和临时聘用人员。在职人员可以通过企业是否签订了劳动合同或缴纳社会保险费来鉴别，兼职、临时聘用人员全年须在企业累计工作 183 天以上。

3.统计方法

企业当年职工总数、科技人员数均按照全年月平均数计算。

月平均数 =（月初数 + 月末数）÷2

全年月平均数 = 全年各月平均数之和 ÷12

年度中间开业或者终止经营活动的，以其实际经营期作为一个纳税年度确定上述相关指标。

4."聘用形式"此表填写全职、兼职、临时聘用。

5.上述对应人员名单劳动合同、缴纳社保证明等证明材料留企业备查（如聘用形式为兼职、临时聘用须在申报材料中提供劳动合同）。

知识产权

企业拥有知识产权一览表

序号	知识产权名称	类别	授权日期	授权号	获得方式	出让方	转让时间	证明材料所在页次
IP01								
IP02								
IP03								
...								

备注：

1. "类别"填写发明专利（含国防专利）、实用新型、非简单改变的外观设计、软件著作权、植物新品种、国家级农作物品种、国家新药、国家一级中药保护品种、集成电路布图设计专有权等。

2. "授权日期"填写知识产权证书上的授权时间，转让获得的知识产权亦如此填写。

3. "获得方式"填写自主研发、权属转让（受让、受赠、并购）等。

4. "出让方"填写，若以转让方式获得知识产权，须填写"出让方"名称。

5. "转让时间"填写知识产权权属相关变更手续的批复时间或权属转让生效时间。

6. 自主研发获得知识产权须附证书，受让、受赠、并购获得知识产权须附证书、受让/受赠协议及专利权人变更手续合格通知书，相关知识产权请附缴费证明。

7. 发明和实用新型专利需附上专利说明书摘要。

企业参与编制国家标准、行业标准、检测方法、技术规范情况一览表
（加分项）

序号	名称	标准级别	标准编号	参与方式	证明材料所在页次
1		□国家 □行业		□主持 □参与	

备注：企业参与编制国家标准、行业标准、检测方法、技术规范的情况，相关标准、方法和规范须经国家有关部门认证认可。此表根据企业实际情况填写，如不存在，可不填写。

研发活动

近三年研究开发活动一览表

序号	研发活动名称	证明材料及其所在页次
RD01		

备注:

1. "研究开发活动"是指:为获得科学与技术(不包括社会科学、艺术或人文学)新知识,创造性运用科学技术新知识,或实质性改进技术、产品(服务)、工艺而持续进行的具有明确目标的活动。不包括企业对产品(服务)的常规性升级或对某项科研成果直接应用等活动(如直接采用新的材料、装置、产品、服务、工艺或知识等)。

2. "证明材料"是指:各级政府科技计划项目立项合同以及具有研发目标、创新内容、研发人员、时间、经费安排以及研发成效等方面内容的企业研发活动证明材料等。已验收或结题项目需附验收或结题报告。

3. 本表所列研发活动应与《高新技术企业认定申请书》的"企业研究开发活动情况表"相对应。

高新技术产品(服务)

高新技术产品(服务)一览表

序号	高新技术产品(服务)名称	证明材料及其所在页次
1		
2		
3		
...		

备注:

1. "证明材料"是指:相关的生产批文、销售合同、发票、实物照片、认证认可和资质证书、产品质量检验报告等材料。

2. 高新技术产品(服务)需提供情况说明并加盖企业公章。

★高新技术产品(服务)情况说明(参考格式)

分别说明高新技术产品(服务)的名称、核心技术情况、所属技术领域、与专利关联性等。

可以从产品或服务本身、制造技术等方面详细说明高新技术产品(服务)具体所属《国家重点支持的高新技术领域》的细项（如，该产品所属领域为：一、电子信息—（一）软件—基础软件—服务器/客户端操作系统），判断该产品（服务）为高新技术产品（服务）的依据及理由，介绍知识产权对主要产品（服务）在技术上发挥的核心支持作用，是否为主要高新技术产品等。

注：高新技术产品（服务）是指对其发挥核心支持作用的技术属于《国家重点支持的高新技术领域》规定范围的产品（服务）。

主要产品（服务）是指高新技术产品（服务）中，拥有在技术上发挥核心支持作用的知识产权的所有权，且收入之和在企业同期高新技术产品（服务）收入中超过50%的产品（服务）。

科技成果转化

近三年科技成果转化一览表

企业注册成立时间：　　　年　　　月

序号	科技成果名称	转化年度	成果类型	转化形式	转化结果	证明材料及其所在页次
1						
2						
3						
...						

备注：

1."科技成果名称"填写通过企业自主研发或技术转让等方式所获得的技术成果名称。

2."成果类型"是指：发明专利、实用新型、外观设计、软件著作权、集成电路布图设计专有权、植物新品种、国家级农作物品种、国家新药、国家一级中药保护品种、标准、检测方法、技术规范以及有关文件规定的应纳入的其他科技成果类型。

3."转化形式"是指：自行投资实施转化；向他人转让该技术成果；许可他人使用该科技成果；以该科技成果作为合作条件，与他人共同实施转化；以该科技成果作价投资、折算股份或者出资比例；以及其他协商确定的方式（注明具体形式）。

4."转化结果"填写产品、服务、工艺、样品、样机等（注明具体名称，或简要说明转化内容）。

5."证明材料"是指：包括证明所填内容是有效科技成果的材料和证明科技成果已转化的材料。例如知识产权证书、标准文件、检测方法文件、技术规范文件、科技奖励证书、成果鉴定报告、科技立项报告等，形成的产品如产品证书、产品检测报告、产品查新报告、产品销售证明、生产登记批准书等，形成的服务如销售合同、发票、用户意见、收入证明等，形成的样品、样机如检测报告、实物照片等。

6.同一科技成果分别在国内外转化的，或转化为多个产品、服务、工艺、样品、样机等，只能计为一项。

7.以软件著作权作为成果转化的，须提供相应软件著作权的软件产品运行界面截图或照片作为证明材料。

研究开发组织管理

目　录

序号	名称	页码	备注
1			
2			
3			

备注：企业所获得的各项荣誉证明。

审计报告

目　录

序号	名称	页码
1	研发组织管理制度	
2	研发投入财务管理制度	
3	研发机构科研条件	
4	产学研合作	
5	成果转化实施与奖励制度	
6	创新创业平台	
7	人才培养、引进、奖励相关制度	
...		

备注：企业研究开发组织管理水平证明材料应以企业正式下发执行的文件为准。

其 他

目 录

序号	名称	页码	备注
1	最近三年财务报告		包括会计报表、会计报表附注和财务情况说明书
1-1	20××年财务报告		
1-2	20××年财务报告		
1-3	20××年财务报告		
2	最近三年企业所得税纳税申报表		包括主表及附表，加盖主管税务机关受理章
2-1	20××年企业所得税纳税申报表		
2-2	20××年企业所得税纳税申报表		
2-3	20××年企业所得税纳税申报表		
3	专项审计或鉴证报告		需附研究开发活动说明材料

备注：

1. 财务会计报告中主要财务数据与所得税纳税申报表不一致的，以及财务会计报告中主要财务数据当年末与次年初不一致的，须提供文字说明。

2. 专项审计或鉴证报告要求审计或鉴证以下内容：

（1）近一个会计年度高新技术产品（服务）收入。

①高新技术产品（服务）收入及其分项明细；

②技术性收入及其分项明细（包括技术转让收入、技术服务收入、接受委托研究开发收入）；

③高新技术产品（服务）收入与技术性收入之和；

④高新技术产品（服务）收入与技术性收入之和占企业同期总收入的比值；

⑤主要产品（服务）收入总和占同期高新技术产品（服务）比值。

（2）近三个会计年度的研究开发费用。

①近三个会计年度的研究开发费用总额、在中国境内发生的研究开发费用总额；

②近三个会计年度的研究开发费用总额占同期销售收入总额的比值；

③研究开发费用结构及其分年度分项明细、研究开发费用结构科目明细。

承诺保证书

目　录

序号	名称	页码	备注
1	承诺保证书	.	
2			
3			

备注：企业申请认定前一年内未发生重大安全、重大质量事故或严重环境违法行为证明材料。如企业不涉及、未发生须提供承诺保证书。

企业承诺保证书

（参考格式）

　　本企业提交的高新技术企业纸质申报材料及上传至广西高新技术企业认定管理系统的电子版申报材料，均准确、真实、合法、有效、无涉密信息，且内容均一致，本企业愿为此承担有关法律责任。本企业若存在弄虚作假行为，按照《高新技术企业认定管理办法》的相关规定处理。

　　本企业申请认定前一年内未发生重大安全、重大质量事故或严重环境违法行为。

　　　　　　　　　　　　　　　　　　　申报企业（公章）：

　　　　　　　　　　　　　　　　　　　企业法定代表人签字：

　　　　　　　　　　　　　　　　　　　　　　年　　月　　日

附件 2-5

广西高新技术企业认定申报书推荐意见表

（各市高企认定工作服务窗口填报）

企业名称				
所属地区				
企业地址		与注册地是否一致	□是	
			□否	情况说明：
基本情况	企业运营情况是否正常	□是	□否	
	企业申请认定前一年是否发生重大安全、重大质量事故或严重环境违法行为	□是	□否	
高新技术产品（服务）情况	企业高新技术产品（服务）：			
	申报材料中的高新技术产品（服务）与实际情况是否一致	□是	□否	
研发能力	企业研发机构与申报材料内容是否一致	□是	□否	
	研发中心情况	□国家级 □省级 □地市级 □其他 □未认定		
	近三年承担项目情况	□国家级 □省级 □地市级 □企业自立项		
	申报材料中的各项管理制度是否实际有相关岗位对应运行		□是 □否	

推荐意见：

审查人：　　　　　　　推荐单位领导：　　　　　　　推荐单位（盖章）：

　　　　　　　　　　　　　　　　　　　　　　　　　年　　月　　日

附件 2-6

广西高新技术企业申请认定推荐汇总表

高企认定服务窗口单位（盖章）：＿＿＿＿＿＿＿＿　　　　　申报批次：＿＿＿年第＿＿＿批

序号	企业名称	所属地市	统一社会信用代码	企业联系人	联系地址	联系电话	纸质申报材料是否符合要求

高企认定服务窗口单位信用承诺：
按照相关要求，我们对以上企业进行了认真审查，现承诺如下：
1.企业提交的申报材料完整齐全、真实有效；
2.本单位在审查推荐过程中，无违规推荐、审查不严等失信行为；
3.按照相关管理规定，切实履行了高企认定服务窗口单位管理职责。

附件 2-7

专项审计机构情况汇总表

高企认定服务窗口单位（盖章）：＿＿＿＿＿＿＿＿

序号	企业名称	申报地区	专项审计机构类型（打"√"）		名称	是否在高企认定办公布的专项审计机构名单内	年/批次
			会计师事务所	税务师事务所			

高新技术产品（服务）情况说明

一、产品名称。

二、产品所属技术领域（至第四级），如八、先进制造与自动化（五）新型机械 2. 通用机械装备制造技术—其他新机理、节能环保型机械设备专用部件及动力机械技术。

三、核心关键技术描述及与知识产权的关联关系。

四、产品介绍。

近三年度研发活动情况说明

一、企业基本情况简介。

二、近三年度企业研发活动情况：

1. 研发项目列表。

2. 研发金额、研发人员数量、获得知识产权情况、成果转化情况。

3. 研发管理体制建设情况。

产学研合作协议（范本）

甲方：

乙方：

为充分发挥各自优势，本着集成双方科技资源，提升企业科技创新能力和技术水平，同时提高教学质量和科研水平，共同培养科技人才，以促进学校、企业共同进步为目标，经双方充分协商，一致同意在优势互补、平等合作、互利共赢、共同发展的基础上建立全面的产学研合作关系，并达成如下协议：

一、合作方向

主要合作方向包括但不限于

1.

2.

3.

二、合作内容

主要合作内容包括但不限于：

1. 双方合作开展科学研究、学习新知识新技术、探索新知识新技术的创造性应用、学习新思路新方法在生产中的应用、新产品测试、在合作项目中开展高新技术的开发和应用。

2. 甲乙双方共同从乙方先进成熟的科技成果中寻找符合甲方发展方向的成果，通过共享或者赠与、转让的方式，将成果转化为甲方的生产力。

3. 双方可以根据需要联合申报国家级、省级或市级科技计划项目，对于合作产生的科技成果双方可以共同申请知识产权。

4. 加强人员交流、培训和互访。以培养企业急需的技术技能型、复合技能型和知识技能型高技能人才为重点；为高校建立贴近生产实际的学生实训基地。

5. 加强科研条件建设和合作共享，促进科技成果转化。双方的实验室、测试室等科研条件资源相互开放、实现共享。相互支持对方的基础研究和技术开发等试验平台，进一步提升科研的支撑能力。形成高效的科技成果转化机制，实现高校科研与企业经营的双向促进。

三、合作机制

主要合作内容包括但不限于

1. 双方建立每年至少2次会晤的定期商议制度，共同研究解决合作过程中遇到的有关问题。双方各指定1名负责人具体负责双方合作的有关具体事项。

2. 双方在合作过程中应承担相应的技术和商业保密义务，如果泄密应承担相应的责任。未经另一方同意，任何单方都不得以任何形式泄露对方或合作过程中涉及的保密信息（包括图纸、参数、技术数据、各种形式软件及其他的商业和技术信息）。

四、其他

主要合作内容包括但不限于

1. 本协议经双方代表签字盖章之日起生效，暂定第一期合作期限为20××年1月1日至20××年12月31日，共叁年。到期后，双方可根据合作成效商定下一个合作期限。

2. 本协议如有未尽事宜，由双方友好协商解决。

3. 本协议一式两份，甲乙双方各持一份，具有同等法律效力。

甲方：　　　　　　　　乙方：

代表：　　　　　　　　代表：

日期：　　　　　　　　日期：

企业研究开发组织管理制度

（范本）

第一章 总 则

第一条 为加强 ××××× 公司（以下简称公司）自主创新能力，提高科研水平和科技创新实效，加强研发项目立项管理，实现公司科技项目管理的科学化、制度化和规范化，提高项目管理效率，结合本公司实际情况，特制定本管理制度。

第二条 公司按照集中管理、统一运作和授权实施相结合，并严格按照规范权限、明确职责、管理公开、精简高效的原则开展工作。

第三条 公司为保证研发项目立项管理的规范性和有效性，建立项目管理制度、报告制度、回避制度、监督检查和审计评价制度。

1. 公开制度。在执行有关技术保密规定的原则下，由公司研发中心对项目立项、项目实施、阶段性成果和验收鉴定结果等通过一定程序公开发布。

2. 报告制度。项目承担单位（部门）、项目负责人应定期报告项目执行情况，并根据要求按期如实填报有关报表。

3. 监督检查与审计评价制度。项目承担单位（部门）和项目负责人在项目实施过程中，应严格履行项目合同书，在项目合同书规定的范围内，享有充分的自主权。同时项目承担单位（部门）和项目负责人有义务主动接受研发中心的监督检查、绩效审计等跟踪管理。

第四条 本制度所指的科研项目是指我公司根据科技发展规划和市场开发的需要，经各级行政主管部门立项或公司自筹立项，由具备条件的技术负责人及其团队承担，在一定时限内围绕预定目标或任务进行的科学研究或技术开发活动。包括已列入国家、省部级各类运作和科技项目的实施，科技计划中的项目，公司急需解决的共性、关键性技术研究项目，对提高公司收益和核心竞争力有重大影响的企业自主研发项目。

第五条 本办法适用于公司科技攻关、技术创新、科技成果产业化及推广应用、实施与管理、验收等工作。涉及国家、省部级各类科技计划的项目，按照国家科技计划项目管理办法中的有关规定执行。

第二章 项目选题管理

第六条 项目选题必须和公司的发展目标一致，以市场为导向，以实现公司经济效益的增长为目的，以提高公司核心竞争力为目标。

第七条 项目选题应以公司的主要产品（服务）×××× 方向为主。

第八条 项目选题时，理论研究项目要有所创新，应用开发类研究项目应考虑研究成果转化与应用前景；服务类项目应考虑与公司实际相结合。

第九条 项目选题及实施主要由技术部负责。

第三章 项目申报管理

第十条 项目申报首先向公司进行申报，公司技术部门申报归口管理部门。

第十一条 项目申报时必须对所选课题的国内外研究状况、主要研究内容、关键技术、研究方案、创新点等有关问题作出充分论证，并填报相关的科研项目申报书。

第十二条　填写申报书时，必须明确项目负责人，项目负责人应具备一定的科研能力和经验，有一定的组织能力和时间保证。为维护科学研究和科研管理制度的严肃性，对下列情况之一，有关责任人不得以项目负责人的身份申报新的项目：

1. 在上一项目过程中有弄虚作假、伪造数据行为者。

2. 上一项目未办理结题手续者。

3. 因主观因素导致上一项目完成的质量较差，且对公司声誉造成不良影响者。

第十三条　凡与外单位合作或协作的项目，申请时需附有合作单位及其负责人盖章的协议书，在协议书中要按照国家知识产权的有关规定注明研究成果的归属及合作双方各自的权利与义务。

第十四条　项目的申报须经公司管理层、各部门以及专家委员会联合评审。严禁未经评审的项目以及评审未通过的项目直接向国家、自治区、市科研行政管理部门及其他有关单位进行申报。

第十五条　经公司联合评审同意立项的项目鼓励向上一级科研行政管理部门及其他有关单位进行申报。

第四章　项目的立项

第十六条　凡列入公司科技计划的项目，应由公司技术部门统一进行立项，并报公司领导通过后，形成文件下达。

第十七条　申请立项的项目在符合国家及行业产业技术政策和公司科技发展方向的同时，应符合下列要求：

1. 提高公司产品产量及质量、优化主要技术经济指标和高新技术，提升设备性能及安全性。

2. 公司产品生产过程中急需解决的关键技术。

3. 技术含量高、附加值高和具有自主知识产权可形成新的经济增长点的新产品开发及高新技术服务平台建设。

4. 引进技术的消化、吸收和创新。

5. 重大科技成果的产业化和推广应用。

第十八条　立项项目要编制科技项目计划任务书。

第十九条　项目计划任务书主要内容包括：

1. 项目概况、国内外同类研究情况（包括技术水平）。

2. 市场需求、经济、社会、生态效益分析。

3. 主要研究内容、关键技术。

4. 预期目标（要达到的主要技术、经济指标，知识产权申报情况）。

5. 现有技术的知识产权情况及自主知识产权的拥有设想。

6. 已有条件分析（包括原有基础、技术力量的投入、科研手段和研究成果得到或应用去向）。

7. 实施方案（包括进度安排）。

8. 项目预算（包括经费来源及用途）。

9. 预计项目主要参加人员及其简历。

第二十条　公司内部单位承担的项目签订计划任务书，公司以外单位承担的项目签订合同。

第二十一条　计划任务书和合同中的研究内容要准确和翔实，考核指标要量化；对考核指标不能量化的必须有准确含义的说明。

第五章　项目的实施与管理

第二十二条　公司研发中心负责科技计划项目的实施与管理。

第二十三条　公司研发中心在科技项目管理中的基本职责：

1. 编制公司每月科技项目经费计划。

2. 审查项目年度执行情况、项目完成后的总结报告和项目经费的使用情况。

3. 组织或委托组织专家进行项目定期检查和评估。

4. 组织协调并处理项目执行过程中出现的问题。

第二十四条　项目负责人的基本职责：

1. 严格执行计划任务书或合同，完成项目目标任务。

2. 真实报告项目完成情况和经费使用情况。

3. 接受对项目执行情况的管理检查。

4. 及时报告项目执行中出现的重大事项。

5. 提出知识产权保护的建议。

第二十五条　科技项目的经费使用和管理按照"研发财务管理制度"执行。

第六章　项目鉴定与验收

第二十六条　项目完成后，由公司技术部的研发中心统一组织，并按国家有关部门规定进行项目验收。

第二十七条　对所有项目验收均采取现场验收和书面验收两种方式。

第二十八条　项目验收应符合下列要求：

1. 项目验收工作须在任务完成后 3 个月内完成。

2. 项目负责人应提交项目验收报告。项目验收报告内容包括：对项目的总体评价、项目主要成果、目标考核情况、财务决算情况、需要说明的事项和验收人员名单等。验收结果要通知项目承担单位和项目负责人。

3. 研发中心对完成结题项目的文件资料归档，以及相关的合同和成果专利登记，将材料（须原件）交给公司存档。

第二十九条　被验收项目有下列情况之一者，不能通过验收：

1. 完成合同书任务不到 80%。

2. 预期成果未能实现或成果已无科学或实用价值。

3. 提供的验收文件、资料、数据不真实。

4. 擅自修改合同或计划任务书考核目标、内容、技术路线。

5. 超过合同或计划任务书规定期限 2 个月以上未完成任务，事先未作说明的。

第七章　奖　　惩

第三十条　对有重要意义或重大应用价值的科研成果，经公司高层领导审批后，由公司向有关部门推荐，对优秀的科研成果予以奖励，具体办法按照公司《科技成果奖励办法》执行。

第三十一条　具有下列情形之一的，公司技术部将提交有关部门对有关人员提出处罚。

1. 玩忽职守，给公司造成重大经济损失的。

2. 弄虚作假，欺上瞒下，情节严重并造成恶劣影响的。

3.截留、挪用科技经费的。

第三十二条　参加公司科技项目研究和管理的单位和个人应按保密法规定承担相应的保密义务，违反规定者将依法追究其法律责任。

第八章　附　则

第三十三条　本办法自发文之日起执行。

第三十四条　本办法的解释权归公司技术部。未尽事宜由技术部提出补充方案，经公司高层领导审批后实施。

××××××××××××××公司

二○××年××月××日

企业研究开发费用管理制度

（范本）

第一章　总　则

第一条　为了加强科学技术研究开发经费（以下简称研究开发经费）的财务管理，加速××××× 有限公司（以下简称公司）的科学研究和新技术的推广应用，促进公司经济效益的提高，根据国家和 ×× 省 ×× 市的相关规定，结合公司的实际情况制定本制度。

第二条　研究开发经费是指公司用于进行科学技术研究、开发、新技术推进应用的专项费用。

第三条　研究开发经费必须由公司主要领导及财务部统筹安排，力求节约使用，讲求经济效益。

第二章　研究经费的来源

第四条　研究经费的来源：

（一）政府部门各级部门、公司对重点研究开发项目的专项拨款。

（二）由公司成本列支的研究开发项目费用。

（三）其他方面筹措来用于研究开发项目的费用。

第三章　研究开发经费的适用范围

第五条　研究开发经费的适用范围：

（一）为进行科学技术研究、开发、新技术推广所发生的调研费、资料费、培训费、差旅费、技术协作费、材料费、测试仪器的购置费等费用。

（二）为进行研究开发项目评定，进行技术咨询和学术交流等活动的评审费、咨询费、会议费等费用。

（三）为开展科技情报及知识产权工作所发生的技术资料费、出版印刷费、专利年费等费用。

第四章　研究开发经费的管理

第六条　公司财务部是研究开发经费的归口管理部门，具体负责研究开发项目的审定和费用的指标方案的制定及项目结果的评定工作。

第七条　研究开发经费由公司按研究开发项目计划下达到项目开发小组，实行专款专用，严格管理，不得挪作他用。

第八条　研究开发有关内容需要与外单位（公司以外的单位）合作或委托其进行的，必须签订科研项目外委技术合作研究合同，该合同须由公司技术部门审查后才能生效拨款。

第九条　研究开发经费的拨付按照公司资金拨付的规定执行，各项目承担单位只有在研究开发项目委托开发合同签订后才能启用，并由项目承担单位按规定的使用范围严格控制、合理使用。

第十条　公司技术中心承担研究开发项目，经费先由公司技术中心领导审核签字，再到公司主要领导审核签字，最后到公司财务部审核。

第十一条　对外单位付款方式全部以银行转账方式，按照项目进度进行分批转款，转款程序见第十条。

第十二条　各项目承担单位、部门对已经发生的研究开发经费要及时填列。

（一）差旅费：用于项目调研发生的差旅费。

（二）情报资料费：为进行项目研究所支付的专项资料费和科技情报费。

（三）检验试验费：用于进行项目研究所支付的检验、化验、分析、测量等费用。

（四）外委技术协作费：在研究开发项目中，某项工作需要委托其他单位协作或咨询所支付的费用。

（五）管理费：为进行研究开发项目评定、技术交流等所发生的评审费、会议费等。

（六）研究用设备仪器费：为进行项目研究所必须的小型设备、器具、仪器仪表等购置费。

第五章　附　则

第十六条　本制度由财务部负责解释。

第十七条　本制度自发布之日起开始执行。

×××××× 公司

二○×× 年 ×× 月 ×× 日

关于成立研发中心的通知

（范本）

为进一步扩大和加强新技术开发工作，实现公司集×××研发、制造、销售于一体的高新科技公司的目标，为客户提供优质的××××××产品（服务）。经公司研究决定：成立公司研发中心。

一、研发中心职责

1. 根据国内外（×××××领域）发展现状和趋势，提出公司研发项目计划，包括立项目的、依据、关键技术、创新点、人员和经费需求、资金筹措等；

2. 成立项目组，负责研发项目实施、成果验收和成果转化；

3. 负责公司研发项目、人员和经费管理及经济核算；

4. 负责公司技术培训，提高员工技术水平。

二、机构设置

研发中心主任：

副主任：由研发中心主任任命。

项目组：根据项目需求，招聘或选拔公司技术人员作为项目组成员从事研发工作。研发中心主任任命项目负责人。

财务：由公司会计和出纳担任，建立公司研发经费辅助核算账目并负责经费管理和核算。

管理部：制定研发中心管理制度，负责项目、人员和设备管理。

三、项目经费

项目组制定经费使用需求和计划，经总经理批准后从公司自有资金中拨付，经费管理按照公司的财务管理制度执行。

××××××××××××公司

二○××年××月××日

（科技）研发人员的绩效考核奖励制度

（范本）

一、总则

（一）目的

为促进公司技术创新工作开展，更好地完善公司项目管理和研发中心内部管理机制，以及全面、客观、简洁地评价公司技术研发人员的工作成绩，保证研发项目按期、高效、高质完成，促进公司和研发中心员工自身的发展，特制定本绩效考核奖励制度。

二、范围

（二）本制度适用于公司技术中心所有员工

三、绩效考核实施

（三）考核原则

1. 公开公正原则

考核内容、标准与方法公开，考核结果以事实为依据，做到客观、公正、公平。

2. 内容确定原则

根据目标制定、绩效考核、外评与内评相结合的原则，对公司研发人员全部进行绩效考核制。通过工作量化分析，结合周总结以及月指标完成情况进行综合评定，采用打分制；根据分数高低采用绩效扣罚与奖励方式，与绩效工资挂钩，与年底奖金挂钩；通过绩效考核的方式，激励中心人员工作积极性，每年进行人员适当调配，秉持"能者上、庸者下"的调配理念。

3. 时效固定原则

在一段连续时间之内，考核的内容和标准不能有太大的变化，至少应保持一年之内考核方法的一致性。

4. 逐级考核与360度评估相结合

逐级考核即根据管理权限，从上至下按顺序考核，一级考核一级；360度评估即从上级、下级、同事、客户、自评等多个角度进行考评。

（四）考核流程

考核流程包括绩效目标设定、绩效评价、绩效反馈与沟通、绩效改进等环节，循环进行。考核周期为一年。

1. 绩效目标设定

根据企业发展的总体目标，结合企业实际情况，在与相关研发人员协商的基础上确定部门目标和个人目标。

2. 绩效评价

对每个研发人员按（三）考核原则执行考核，做好评价记录，每月出具一份阅读评价结果，暂为研发中心保管。

3. 绩效反馈与沟通

考核结束后，各级主管应与每一位下属进行考核面谈。主要是肯定业绩，指出不足，并分析产生不足的原因，最后确定下年度（或考核周期）各项工作的考核目标。

4. 绩效改进

考核的结果，经上级主管核准后报人事部，以便进行必要的调整与改进。

5. 其他

考核资料必须严格管理，一经考核结束，人事部须将原始表格归入员工档案，员工个人与主管只能保留复印件。

（五）考核程序

1. 由企业管理办公室承担绩效考核工作，并由企业管理办公室主持考核会议。

2. 逐个将研发人员的月度评估结果、自评结果与绩效考核目标进行对比评估，形成考核结果。

3. 考核会议形成会议纪要，考核结果要形成书面材料，由研发中心保存，作为面谈、考核之用，最终移交给人事部管理。

4. 绩效考核结果报请总经理批准执行。

5. 经批准的绩效考核结果，研发中心必须于批准次日公布。

（六）考核的方式、方法

由企业管理办公室和技术部、行政部、人事部、财务部组成考评小组负责对研发人员的考核；考核者根据被考核者在考核期间的工作业绩、工作能力、工作表现和考核指标标准，对被考核者评分。

（七）考核时间

1. 按年度考核，应于每年 12 月 25 日之前完成。

2. 按考核周期考核，从其协议。

3. 无论是按年度考核还是按考核周期考核，每月的月度评价结果应于下个月 5 日前完成。

四、绩效考核内容

（八）本制度的研发人员绩效指标包括工作业绩指标、工作能力指标和工作表现指标，3 个指标所占比例分别为 70%、15%、15%

1. 工作业绩考核是对研发人员的工作完成情况进行评价，主要考核工作完成程度及质量好坏，根据不同的职位赋予不同的关键业绩指标及权重。

2. 工作能力考核是指针对岗位要求，对研发人员的基本素质和工作中体现出来的能力进行评估。

3. 工作表现考核是指针对岗位要求，对考核对象的精神面貌和职务行为作出评价，主要包括服从性、积极性、团队意识、责任感 4 个子项。

4. 工作业绩指标考核

根据不同职位（技术总监、项目负责人、研发人员）赋予不同的指标及权重。

五、绩效考核奖励

根据考核结果来决定绩效工资的额度。鼓励员工技术创新，根据研发成果转化效果，每年评选出公司技术创新优秀员工。

研发人员完成的项目被市级以上科技部门立项资助的，按资助金额多少，给予相应奖励。

鼓励广大员工积极申请专利，凡申请专利并被国家知识产权局受理的，在受理当年及获授权后，由公司给予职务发明人一定金额的奖励。

六、人才培训

对有突出贡献的研发人员，公司优先考虑委托科研院所或对口企业培养深造，为企业技术创新作更大贡献。企业研发部门技术中心对公司内部员工不定期进行各项培训，以此提高公司员工的素质和科技创新及成果转化工作能力。

七、附则

（九）本制度由公司技术中心负责解释

（十）本制度自批准发布之日起施行

（十一）本制度根据需要定期评审修订

×××××××××××公司

二〇××年××月××日

科技成果转化奖励制度

（范本）

第一章 总 则

第一条 为了规范×××××××××××公司（以下简称公司）的科技成果转化管理工作，调动公司各阶层人员从事科技成果转化的积极性、主动性和创造性。根据国家和我省的有关规定，结合本公司的实际情况特制定本制度。

第二条 基本原则。公司对参与产品开发的各项目小组及高新技术委托服务团队，依据承担科研任务的比重及对科研成果的贡献程度进行成果效收益分配。

第三条 成果收益。成果收益主要体现为如下三种形式：

1. 研发中心将研究成果向本公司外的企业进行转让获得转让费。

2. 研究成果在本企业使用获得生产效益。

3. 受公司外的企业进行产品设计及研发委托服务或检验检测服务获得的服务效益。

第二章 奖励设置

第四条 奖励对象。参与主要产品研究开发、生产制造等领域的基础研究、应用研究、电器设备检验检测服务及委托产品设计研究服务工作，获得重要研究成果，并在应用中取得良好经济效益的科技人员。

第五条 奖励范围。

1. 应用研究成果（包括新电路设计、新产品、新设备等）国内、省内、市内首创的，对本行业技术具有创新推动的，经检测及实践证明具有重大经济效益或社会效益的。

2. 具有国内、省内先进水平的技术基础理论研究成果。

3. 取得国家专利证书（即授权）或申报发明专利、实用新型专利已进入实质性审查阶段。

4. 市场推广、转化、应用已有的科学技术成果成效显著的。

5. 引进、消化国内外先进成熟技术成果贡献突出的。

6. 实施社会公益性重点项目的。

7. 从事标准、质量、科技信息等科学基础性检验检测和电器产品设计研究开发服务等项目取得重要成果，创造显著社会效益的。

第六条 成果收益的整体分配。科技成果转化所取得的收益一律进入公司账户统一核算、统一管理，并按照本制度进行收益分配。

第七条 收益分配按如下办法执行：

成果收益的人员分配主要依据研究人员承担科研任务的情况，采用"事先认定、事后调整"的方式进行，确定承担任务比重及对科研成果的贡献程度。

1. 科技成果转让或者许可他人使用，所得的收益按照9：1的比例进行奖励，即成果完成人（项目组）获得的收益的10%，该奖励的发放按照获得收益后进行10%的分配方式进行。另外，项目组多个人的情况，奖励的形式按照均等分配的方式，项目组组长有权进行项目奖励的分配方案的制定和实施分配。

2. 科技研发成果是在企业内部转化和实施的，奖励方式按照公司的奖励制度进行，通过对项目成果的实施情况和经济效益情况进行评估，给予一定的金额奖励，分配方案按照项目组成员在项目转化过程中负担的工作进行分配，项目组组长有权进行项目奖励的分配方案的制定和实施分配。

成果收益的奖励制度是年薪制、绩效奖励制度并列的研究人员激励制度，研究人员的成果收益不影响其年薪和绩效奖励的发放。

第八条 成果完成人（项目组）之间的收益分配由项目负责人确定。

第九条 在科技成果转化中获得报酬和获得奖励的个人，依法缴纳个人所得税。

第三章 法律责任

第十条 在科技成果转化活动中弄虚作假，给企业造成经济损失的，按照公司的相关规定，视影响的大小和损失情况进行相应的处罚和赔偿；构成犯罪的，公司有权对当事人追究法律责任。

第十一条 违反本制度及知识产权保密的相关管理规定，泄露技术秘密，擅自转让、变相转让公司技术成果，或者以技术指导等其他方式损害公司知识产权权益的，公司将根据中华人民共和国有关知识产权相关法律、法规、司法解释，追究其相应的法律责任。

第四章 附 则

第二十三条 奖励发放同意年终发放。

第二十四条 本管理制度由我公司负责解释。

第二十五条 本制度自发布之日起实施。

××××××××××××××××××公司
二○××年××月××日

第四节 中华人民共和国企业所得税法

中华人民共和国企业所得税法

目 录

第一章　总　则

第一条　在中华人民共和国境内，企业和其他取得收入的组织（以下统称企业）为企业所得税的纳税人，依照本法的规定缴纳企业所得税。

个人独资企业、合伙企业不适用本法。

第二条　企业分为居民企业和非居民企业。

本法所称居民企业，是指依法在中国境内成立，或者依照外国（地区）法律成立但实际管理机构在中国境内的企业。

本法所称非居民企业，是指依照外国（地区）法律成立且实际管理机构不在中国境内，但在中国境内设立机构、场所的，或者在中国境内未设立机构、场所，但有来源于中国境内所得的企业。

第三条　居民企业应当就其来源于中国境内、境外的所得缴纳企业所得税。

非居民企业在中国境内设立机构、场所的，应当就其所设机构、场所取得的来源于中国境内的所得，以及发生在中国境外但与其所设机构、场所有实际联系的所得缴纳企业所得税。

非居民企业在中国境内未设立机构、场所的，或者虽设立机构、场所但取得的所得与其所设机构、场所没有实际联系的，应当就其来源于中国境内的所得缴纳企业所得税。

第四条　企业所得税的税率为 25%。

非居民企业取得本法第三条第三款规定的所得，适用税率为 20%。

第二章　应纳税所得额

第五条　企业每一纳税年度的收入总额，减除不征税收入、免税收入、各项扣除以及允许弥补的以前年度亏损后的余额，为应纳税所得额。

第六条　企业以货币形式和非货币形式从各种来源取得的收入，为收入总额。包括：

（一）销售货物收入；

（二）提供劳务收入；

（三）转让财产收入；

（四）股息、红利等权益性投资收益；

（五）利息收入；

（六）租金收入；

（七）特许权使用费收入；

（八）接受捐赠收入；

（九）其他收入。

第七条　收入总额中的下列收入为不征税收入：

（一）财政拨款；

（二）依法收取并纳入财政管理的行政事业性收费、政府性基金；

（三）国务院规定的其他不征税收入。

第八条　企业实际发生的与取得收入有关的、合理的支出，包括成本、费用、税金、损失和其他支出，准予在计算应纳税所得额时扣除。

第九条　企业发生的公益性捐赠支出，在年度利润总额 12% 以内的部分，准予在计算应纳税所得额时扣除；超过年度利润总额 12% 的部分，准予结转以后 3 年内在计算应纳税所得额时扣除。

第十条　在计算应纳税所得额时，下列支出不得扣除：

（一）向投资者支付的股息、红利等权益性投资收益款项；

（二）企业所得税税款；

（三）税收滞纳金；

（四）罚金、罚款和被没收财物的损失；

（五）本法第九条规定以外的捐赠支出；

（六）赞助支出；

（七）未经核定的准备金支出；

（八）与取得收入无关的其他支出。

第十一条　在计算应纳税所得额时，企业按照规定计算的固定资产折旧，准予扣除。

下列固定资产不得计算折旧扣除：

（一）房屋、建筑物以外未投入使用的固定资产；

（二）以经营租赁方式租入的固定资产；

（三）以融资租赁方式租出的固定资产；

（四）已足额提取折旧仍继续使用的固定资产；

（五）与经营活动无关的固定资产；

（六）单独估价作为固定资产入账的土地；

（七）其他不得计算折旧扣除的固定资产。

第十二条　在计算应纳税所得额时，企业按照规定计算的无形资产摊销费用，准予扣除。

下列无形资产不得计算摊销费用扣除：

（一）自行开发的支出已在计算应纳税所得额时扣除的无形资产；

（二）自创商誉；

（三）与经营活动无关的无形资产；

（四）其他不得计算摊销费用扣除的无形资产。

第十三条　在计算应纳税所得额时，企业发生的下列支出作为长期待摊费用，按照规定摊销的，准予扣除：

（一）已足额提取折旧的固定资产的改建支出；

（二）租入固定资产的改建支出；

（三）固定资产的大修理支出；

（四）其他应当作为长期待摊费用的支出。

第十四条　企业对外投资期间，投资资产的成本在计算应纳税所得额时不得扣除。

第十五条　企业使用或者销售存货，按照规定计算的存货成本，准予在计算应纳税所得额时扣除。

第十六条　企业转让资产，该项资产的净值，准予在计算应纳税所得额时扣除。

第十七条　企业在汇总计算缴纳企业所得税时，其境外营业机构的亏损不得抵减境内营业机构的盈利。

第十八条　企业纳税年度发生的亏损，准予向以后年度结转，用以后年度的所得弥补，但结转年限最长不得超过 5 年。

第十九条　非居民企业取得本法第三条第三款规定的所得，按照下列方法计算其应纳税所得额：

（一）股息、红利等权益性投资收益和利息、租金、特许权使用费所得，以收入全额为应纳税所得额；

（二）转让财产所得，以收入全额减除财产净值后的余额为应纳税所得额；

（三）其他所得，参照前两项规定的方法计算应纳税所得额。

第二十条　本章规定的收入，扣除的具体范围、标准和资产的税务处理的具体办法，由国务院财政、税务主管部门规定。

　　第二十一条　在计算应纳税所得额时，企业财务、会计处理办法与税收法律、行政法规的规定不一致的，应当依照税收法律、行政法规的规定计算。

第三章　应纳税额

　　第二十二条　企业的应纳税所得额乘以适用税率，减除依照本法关于税收优惠的规定减免和抵免的税额后的余额，为应纳税额。

　　第二十三条　企业取得的下列所得已在境外缴纳的所得税税额，可以从其当期应纳税额中抵免，抵免限额为该项所得依照本法规定计算的应纳税额；超过抵免限额的部分，可以在以后 5 个年度内，用每年度抵免限额抵免当年应抵税额后的余额进行抵补：

　　（一）居民企业来源于中国境外的应税所得；

　　（二）非居民企业在中国境内设立机构、场所，取得发生在中国境外但与该机构、场所有实际联系的应税所得。

　　第二十四条　居民企业从其直接或者间接控制的外国企业分得的来源于中国境外的股息、红利等权益性投资收益，外国企业在境外实际缴纳的所得税税额中属于该项所得负担的部分，可以作为该居民企业的可抵免境外所得税税额，在本法第二十三条规定的抵免限额内抵免。

第四章　税收优惠

　　第二十五条　国家对重点扶持和鼓励发展的产业和项目，给予企业所得税优惠。

　　第二十六条　企业的下列收入为免税收入：

　　（一）国债利息收入；

　　（二）符合条件的居民企业之间的股息、红利等权益性投资收益；

　　（三）在中国境内设立机构、场所的非居民企业从居民企业取得与该机构、场所有实际联系的股息、红利等权益性投资收益；

　　（四）符合条件的非营利组织的收入。

　　第二十七条　企业的下列所得，可以免征、减征企业所得税：

　　（一）从事农、林、牧、渔业项目的所得；

　　（二）从事国家重点扶持的公共基础设施项目投资经营的所得；

　　（三）从事符合条件的环境保护、节能节水项目的所得；

　　（四）符合条件的技术转让所得；

　　（五）本法第三条第三款规定的所得。

　　第二十八条　符合条件的小型微利企业，减按 20％的税率征收企业所得税。

　　国家需要重点扶持的高新技术企业，减按 15％的税率征收企业所得税。

　　第二十九条　民族自治地方的自治机关对本民族自治地方的企业应缴纳的企业所得税中属于地方分享的部分，可以决定减征或者免征。自治州、自治县决定减征或者免征的，须报省、自治区、直辖市人民政府批准。

　　第三十条　企业的下列支出，可以在计算应纳税所得额时加计扣除：

　　（一）开发新技术、新产品、新工艺发生的研究开发费用；

　　（二）安置残疾人员及国家鼓励安置的其他就业人员所支付的工资。

　　第三十一条　创业投资企业从事国家需要重点扶持和鼓励的创业投资，可以按投资额的一定比例抵扣应纳税所得额。

第三十二条 企业的固定资产由于技术进步等原因，确需加速折旧的，可以缩短折旧年限或者采取加速折旧的方法。

第三十三条 企业综合利用资源，生产符合国家产业政策规定的产品所取得的收入，可以在计算应纳税所得额时减计收入。

第三十四条 企业购置用于环境保护、节能节水、安全生产等专用设备的投资额，可以按一定比例实行税额抵免。

第三十五条 本法规定的税收优惠的具体办法，由国务院规定。

第三十六条 根据国民经济和社会发展的需要，或者由于突发事件等原因对企业经营活动产生重大影响的，国务院可以制定企业所得税专项优惠政策，报全国人民代表大会常务委员会备案。

第五章　源泉扣缴

第三十七条 对非居民企业取得本法第三条第三款规定的所得应缴纳的所得税，实行源泉扣缴，以支付人为扣缴义务人。税款由扣缴义务人在每次支付或者到期应支付时，从支付或者到期应支付的款项中扣缴。

第三十八条 对非居民企业在中国境内取得工程作业和劳务所得应缴纳的所得税，税务机关可以指定工程价款或者劳务费的支付人为扣缴义务人。

第三十九条 依照本法第三十七条、第三十八条规定应当扣缴的所得税，扣缴义务人未依法扣缴或者无法履行扣缴义务的，由纳税人在所得发生地缴纳。纳税人未依法缴纳的，税务机关可以从该纳税人在中国境内其他收入项目的支付人应付的款项中，追缴该纳税人的应纳税款。

第四十条 扣缴义务人每次代扣的税款，应当自代扣之日起 7 日内缴入国库，并向所在地的税务机关报送扣缴企业所得税报告表。

第六章　特别纳税调整

第四十一条 企业与其关联方之间的业务往来，不符合独立交易原则而减少企业或者其关联方应纳税收入或者所得额的，税务机关有权按照合理方法调整。

企业与其关联方共同开发、受让无形资产，或者共同提供、接受劳务发生的成本，在计算应纳税所得额时应当按照独立交易原则进行分摊。

第四十二条 企业可以向税务机关提出与其关联方之间业务往来的定价原则和计算方法，税务机关与企业协商、确认后，达成预约定价安排。

第四十三条 企业向税务机关报送年度企业所得税纳税申报表时，应当就其与关联方之间的业务往来，附送年度关联业务往来报告表。

税务机关在进行关联业务调查时，企业及其关联方，以及与关联业务调查有关的其他企业，应当按照规定提供相关资料。

第四十四条 企业不提供与其关联方之间业务往来资料，或者提供虚假、不完整资料，未能真实反映其关联业务往来情况的，税务机关有权依法核定其应纳税所得额。

第四十五条 由居民企业，或者由居民企业和中国居民控制的设立在实际税负明显低于本法第四条第一款规定税率水平的国家（地区）的企业，并非由于合理的经营需要而对利润不做分配或者减少分配的，上述利润中应归属于该居民企业的部分，应当计入该居民企业的当期收入。

第四十六条 企业从其关联方接受的债权性投资与权益性投资的比例超过规定标准而发生的利息

支出，不得在计算应纳税所得额时扣除。

第四十七条 企业实施其他不具有合理商业目的的安排而减少其应纳税收入或者所得额的，税务机关有权按照合理方法调整。

第四十八条 税务机关依照本章规定做出纳税调整，需要补征税款的，应当补征税款，并按照国务院规定加收利息。

第七章 征收管理

第四十九条 企业所得税的征收管理除本法规定外，依照《中华人民共和国税收征收管理法》的规定执行。

第五十条 除税收法律、行政法规另有规定外，居民企业以企业登记注册地为纳税地点；但登记注册地在境外的，以实际管理机构所在地为纳税地点。

居民企业在中国境内设立不具有法人资格的营业机构的，应当汇总计算并缴纳企业所得税。

第五十一条 非居民企业取得本法第三条第二款规定的所得，以机构、场所所在地为纳税地点。非居民企业在中国境内设立两个或者两个以上机构、场所，符合国务院税务主管部门规定条件的，可以选择由其主要机构、场所汇总缴纳企业所得税。

非居民企业取得本法第三条第三款规定的所得，以扣缴义务人所在地为纳税地点。

第五十二条 除国务院另有规定外，企业之间不得合并缴纳企业所得税。

第五十三条 企业所得税按纳税年度计算。纳税年度自公历1月1日起至12月31日止。

企业在一个纳税年度中间开业，或者终止经营活动，使该纳税年度的实际经营期不足12个月的，应当以其实际经营期为一个纳税年度。

企业依法清算时，应当以清算期间作为一个纳税年度。

第五十四条 企业所得税分月或者分季预缴。

企业应当自月份或者季度终了之日起15日内，向税务机关报送预缴企业所得税纳税申报表，预缴税款。

企业应当自年度终了之日起5个月内，向税务机关报送年度企业所得税纳税申报表，并汇算清缴，结清应缴应退税款。

企业在报送企业所得税纳税申报表时，应当按照规定附送财务会计报告和其他有关资料。

第五十五条 企业在年度中间终止经营活动的，应当自实际经营终止之日起60日内，向税务机关办理当期企业所得税汇算清缴。

企业应当在办理注销登记前，就其清算所得向税务机关申报并依法缴纳企业所得税。

第五十六条 依照本法缴纳的企业所得税，以人民币计算。所得以人民币以外的货币计算的，应当折合成人民币计算并缴纳税款。

第八章 附 则

第五十七条 本法公布前已经批准设立的企业，依照当时的税收法律、行政法规规定，享受低税率优惠的，按照国务院规定，可以在本法施行后5年内，逐步过渡到本法规定的税率；享受定期减免税优惠的，按照国务院规定，可以在本法施行后继续享受到期满为止，但因未获利而尚未享受优惠的，优惠期限从本法施行年度起计算。

法律设置的发展对外经济合作和技术交流的特定地区内，以及国务院已规定执行上述地区特殊政策的地区内新设立的国家需要重点扶持的高新技术企业，可以享受过渡性税收优惠，具体办法由国务院规定。

国家已确定的其他鼓励类企业，可以按照国务院规定享受减免税优惠。

第五十八条 中华人民共和国政府同外国政府订立的有关税收的协定与本法有不同规定的，依照协定的规定办理。

第五十九条 国务院根据本法制定实施条例。

第六十条 本法自 2008 年 1 月 1 日起施行。1991 年 4 月 9 日第七届全国人民代表大会第四次会议通过的《中华人民共和国外商投资企业和外国企业所得税法》和 1993 年 12 月 13 日国务院发布的《中华人民共和国企业所得税暂行条例》同时废止。

第五节 中华人民共和国企业所得税法实施条例

第一章 总 则

第一条 根据《中华人民共和国企业所得税法》（以下简称企业所得税法）的规定，制定本条例。

第二条 企业所得税法第一条所称个人独资企业、合伙企业，是指依照中国法律、行政法规成立的个人独资企业、合伙企业。

第三条 企业所得税法第二条所称依法在中国境内成立的企业，包括依照中国法律、行政法规在中国境内成立的企业、事业单位、社会团体以及其他取得收入的组织。

企业所得税法第二条所称依照外国（地区）法律成立的企业，包括依照外国（地区）法律成立的企业和其他取得收入的组织。

第四条 企业所得税法第二条所称实际管理机构，是指对企业的生产经营、人员、账务、财产等实施实质性全面管理和控制的机构。

第五条 企业所得税法第二条第三款所称机构、场所，是指在中国境内从事生产经营活动的机构、场所，包括：

（一）管理机构、营业机构、办事机构；

（二）工厂、农场、开采自然资源的场所；

（三）提供劳务的场所；

（四）从事建筑、安装、装配、修理、勘探等工程作业的场所；

（五）其他从事生产经营活动的机构、场所。

非居民企业委托营业代理人在中国境内从事生产经营活动的，包括委托单位或者个人经常代其签订合同，或者储存、交付货物等，该营业代理人视为非居民企业在中国境内设立的机构、场所。

第六条 企业所得税法第三条所称所得，包括销售货物所得、提供劳务所得、转让财产所得、股息红利等权益性投资所得、利息所得、租金所得、特许权使用费所得、接受捐赠所得和其他所得。

第七条 企业所得税法第三条所称来源于中国境内、境外的所得，按照以下原则确定：

（一）销售货物所得，按照交易活动发生地确定；

（二）提供劳务所得，按照劳务发生地确定；

（三）转让财产所得，不动产转让所得按照不动产所在地确定，动产转让所得按照转让动产的企业或者机构、场所所在地确定，权益性投资资产转让所得按照被投资企业所在地确定；

（四）股息、红利等权益性投资所得，按照分配所得的企业所在地确定；

（五）利息所得、租金所得、特许权使用费所得，按照负担、支付所得的企业或者机构、场所所在地确定，或者按照负担、支付所得的个人的住所地确定；

（六）其他所得，由国务院财政、税务主管部门确定。

第八条 企业所得税法第三条所称实际联系，是指非居民企业在中国境内设立的机构、场所拥有据以取得所得的股权、债权，以及拥有、管理、控制据以取得所得的财产等。

第二章 应纳税所得额

第一节 一般规定

第九条 企业应纳税所得额的计算，以权责发生制为原则，属于当期的收入和费用，不论款项是否收付，均作为当期的收入和费用；不属于当期的收入和费用，即使款项已经在当期收付，均不作为当期的收入和费用。本条例和国务院财政、税务主管部门另有规定的除外。

第十条 企业所得税法第五条所称亏损，是指企业依照企业所得税法和本条例的规定将每一纳税年度的收入总额减除不征税收入、免税收入和各项扣除后小于零的数额。

第十一条 企业所得税法第五十五条所称清算所得，是指企业的全部资产可变现价值或者交易价格减除资产净值、清算费用以及相关税费等后的余额。

投资方企业从被清算企业分得的剩余资产，其中相当于从被清算企业累计未分配利润和累计盈余公积中应当分得的部分，应当确认为股息所得；剩余资产减除上述股息所得后的余额，超过或者低于投资成本的部分，应当确认为投资资产转让所得或者损失。

第二节　收入

第十二条 企业所得税法第六条所称企业取得收入的货币形式，包括现金、存款、应收账款、应收票据、准备持有至到期的债券投资以及债务的豁免等。

企业所得税法第六条所称企业取得收入的非货币形式，包括固定资产、生物资产、无形资产、股权投资、存货、不准备持有至到期的债券投资、劳务以及有关权益等。

第十三条 企业所得税法第六条所称企业以非货币形式取得的收入，应当按照公允价值确定收入额。

前款所称公允价值，是指按照市场价格确定的价值。

第十四条 企业所得税法第六条第（一）项所称销售货物收入，是指企业销售商品、产品、原材料、包装物、低值易耗品以及其他存货取得的收入。

第十五条 企业所得税法第六条第（二）项所称提供劳务收入，是指企业从事建筑安装、修理修配、交通运输、仓储租赁、金融保险、邮电通信、咨询经纪、文化体育、科学研究、技术服务、教育培训、餐饮住宿、中介代理、卫生保健、社区服务、旅游、娱乐、加工以及其他劳务服务活动取得的收入。

第十六条 企业所得税法第六条第（三）项所称转让财产收入，是指企业转让固定资产、生物资产、无形资产、股权、债权等财产取得的收入。

第十七条 企业所得税法第六条第（四）项所称股息、红利等权益性投资收益，是指企业因权益性投资从被投资方取得的收入。

股息、红利等权益性投资收益，除国务院财政、税务主管部门另有规定外，按照被投资方做出利润分配决定的日期确认收入的实现。

第十八条 企业所得税法第六条第（五）项所称利息收入，是指企业将资金提供给他人使用但不构成权益性投资，或者因他人占用本企业资金取得的收入，包括存款利息、贷款利息、债券利息、欠款利息等收入。

利息收入，按照合同约定的债务人应付利息的日期确认收入的实现。

第十九条 企业所得税法第六条第（六）项所称租金收入，是指企业提供固定资产、包装物或者其他有形资产的使用权取得的收入。

租金收入，按照合同约定的承租人应付租金的日期确认收入的实现。

第二十条 企业所得税法第六条第（七）项所称特许权使用费收入，是指企业提供专利权、非专利技术、商标权、著作权以及其他特许权的使用权取得的收入。

特许权使用费收入，按照合同约定的特许权使用人应付特许权使用费的日期确认收入的实现。

第二十一条 企业所得税法第六条第（八）项所称接受捐赠收入，是指企业接受的来自其他企业、组织或者个人无偿给予的货币性资产、非货币性资产。

接受捐赠收入，按照实际收到捐赠资产的日期确认收入的实现。

第二十二条　企业所得税法第六条第（九）项所称其他收入，是指企业取得的除企业所得税法第六条第（一）项至第（八）项规定的收入外的其他收入，包括企业资产溢余收入、逾期未退包装物押金收入、确实无法偿付的应付款项、已作坏账损失处理后又收回的应收款项、债务重组收入、补贴收入、违约金收入、汇兑收益等。

第二十三条　企业的下列生产经营业务可以分期确认收入的实现：

（一）以分期收款方式销售货物的，按照合同约定的收款日期确认收入的实现；

（二）企业受托加工制造大型机械设备、船舶、飞机，以及从事建筑、安装、装配工程业务或者提供其他劳务等，持续时间超过 12 个月的，按照纳税年度内完工进度或者完成的工作量确认收入的实现。

第二十四条　采取产品分成方式取得收入的，按照企业分得产品的日期确认收入的实现，其收入额按照产品的公允价值确定。

第二十五条　企业发生非货币性资产交换，以及将货物、财产、劳务用于捐赠、偿债、赞助、集资、广告、样品、职工福利或者利润分配等用途的，应当视同销售货物、转让财产或者提供劳务，但国务院财政、税务主管部门另有规定的除外。

第二十六条　企业所得税法第七条第（一）项所称财政拨款，是指各级人民政府对纳入预算管理的事业单位、社会团体等组织拨付的财政资金，但国务院和国务院财政、税务主管部门另有规定的除外。

企业所得税法第七条第（二）项所称行政事业性收费，是指依照法律法规等有关规定，按照国务院规定程序批准，在实施社会公共管理，以及在向公民、法人或者其他组织提供特定公共服务过程中，向特定对象收取并纳入财政管理的费用。

企业所得税法第七条第（二）项所称政府性基金，是指企业依照法律、行政法规等有关规定，代政府收取的具有专项用途的财政资金。

企业所得税法第七条第（三）项所称国务院规定的其他不征税收入，是指企业取得的，由国务院财政、税务主管部门规定专项用途并经国务院批准的财政性资金。

第三节　扣除

第二十七条　企业所得税法第八条所称有关的支出，是指与取得收入直接相关的支出。

企业所得税法第八条所称合理的支出，是指符合生产经营活动常规，应当计入当期损益或者有关资产成本的必要和正常的支出。

第二十八条　企业发生的支出应当区分收益性支出和资本性支出。收益性支出在发生当期直接扣除；资本性支出应当分期扣除或者计入有关资产成本，不得在发生当期直接扣除。

企业的不征税收入用于支出所形成的费用或者财产，不得扣除或者计算对应的折旧、摊销扣除。

除企业所得税法和本条例另有规定外，企业实际发生的成本、费用、税金、损失和其他支出，不得重复扣除。

第二十九条　企业所得税法第八条所称成本，是指企业在生产经营活动中发生的销售成本、销货成本、业务支出以及其他耗费。

第三十条　企业所得税法第八条所称费用，是指企业在生产经营活动中发生的销售费用、管理费用和财务费用，已经计入成本的有关费用除外。

第三十一条　企业所得税法第八条所称税金，是指企业发生的除企业所得税和允许抵扣的增值税以外的各项税金及其附加。

第三十二条　企业所得税法第八条所称损失，是指企业在生产经营活动中发生的固定资产和存货的盘亏、毁损、报废损失，转让财产损失，呆账损失，坏账损失，自然灾害等不可抗力因素造成的损失以及其他损失。

企业发生的损失，减除责任人赔偿和保险赔款后的余额，依照国务院财政、税务主管部门的规定扣除。

企业已经作为损失处理的资产，在以后纳税年度又全部收回或者部分收回时，应当计入当期收入。

第三十三条 企业所得税法第八条所称其他支出，是指除成本、费用、税金、损失外，企业在生产经营活动中发生的与生产经营活动有关的、合理的支出。

第三十四条 企业发生的合理的工资薪金支出，准予扣除。

前款所称工资薪金，是指企业每一纳税年度支付给在本企业任职或者受雇的员工的所有现金形式或者非现金形式的劳动报酬，包括基本工资、奖金、津贴、补贴、年终加薪、加班工资，以及与员工任职或者受雇有关的其他支出。

第三十五条 企业依照国务院有关主管部门或者省级人民政府规定的范围和标准为职工缴纳的基本养老保险费、基本医疗保险费、失业保险费、工伤保险费、生育保险费等基本社会保险费和住房公积金，准予扣除。

企业为投资者或者职工支付的补充养老保险费、补充医疗保险费，在国务院财政、税务主管部门规定的范围和标准内，准予扣除。

第三十六条 除企业依照国家有关规定为特殊工种职工支付的人身安全保险费和国务院财政、税务主管部门规定可以扣除的其他商业保险费外，企业为投资者或者职工支付的商业保险费，不得扣除。

第三十七条 企业在生产经营活动中发生的合理的不需要资本化的借款费用，准予扣除。

企业为购置、建造固定资产、无形资产和经过12个月以上的建造才能达到预定可销售状态的存货发生借款的，在有关资产购置、建造期间发生的合理的借款费用，应当作为资本性支出计入有关资产的成本，并依照本条例的规定扣除。

第三十八条 企业在生产经营活动中发生的下列利息支出，准予扣除：

（一）非金融企业向金融企业借款的利息支出、金融企业的各项存款利息支出和同业拆借利息支出、企业经批准发行债券的利息支出；

（二）非金融企业向非金融企业借款的利息支出，不超过按照金融企业同期同类贷款利率计算的数额的部分。

第三十九条 企业在货币交易中，以及纳税年度终了时将人民币以外的货币性资产、负债按照期末即期人民币汇率中间价折算为人民币时产生的汇兑损失，除已经计入有关资产成本以及与向所有者进行利润分配相关的部分外，准予扣除。

第四十条 企业发生的职工福利费支出，不超过工资薪金总额14%的部分，准予扣除。

第四十一条 企业拨缴的工会经费，不超过工资薪金总额2%的部分，准予扣除。

第四十二条 除国务院财政、税务主管部门另有规定外，企业发生的职工教育经费支出，不超过工资薪金总额2.5%的部分，准予扣除；超过部分，准予在以后纳税年度结转扣除。

第四十三条 企业发生的与生产经营活动有关的业务招待费支出，按照发生额的60%扣除，但最高不得超过当年销售（营业）收入的5‰。

第四十四条 企业发生的符合条件的广告费和业务宣传费支出，除国务院财政、税务主管部门另有规定外，不超过当年销售（营业）收入15%的部分，准予扣除；超过部分，准予在以后纳税年度结转扣除。

第四十五条 企业依照法律、行政法规有关规定提取的用于环境保护、生态恢复等方面的专项资金，准予扣除。上述专项资金提取后改变用途的，不得扣除。

第四十六条 企业参加财产保险，按照规定缴纳的保险费，准予扣除。

第四十七条 企业根据生产经营活动的需要租入固定资产支付的租赁费，按照以下方法扣除：

（一）以经营租赁方式租入固定资产发生的租赁费支出，按照租赁期限均匀扣除；

（二）以融资租赁方式租入固定资产发生的租赁费支出，按照规定构成融资租入固定资产价值的部分应当提取折旧费用，分期扣除。

第四十八条 企业发生的合理的劳动保护支出，准予扣除。

第四十九条 企业之间支付的管理费、企业内营业机构之间支付的租金和特许权使用费，以及非银行企业内营业机构之间支付的利息，不得扣除。

第五十条 非居民企业在中国境内设立的机构、场所，就其中国境外总机构发生的与该机构、场所生产经营有关的费用，能够提供总机构出具的费用汇集范围、定额、分配依据和方法等证明文件，并合理分摊的，准予扣除。

第五十一条 企业所得税法第九条所称公益性捐赠，是指企业通过公益性社会团体或者县级以上人民政府及其部门，用于《中华人民共和国公益事业捐赠法》规定的公益事业的捐赠。

第五十二条 本条例第五十一条所称公益性社会团体，是指同时符合下列条件的基金会、慈善组织等社会团体：

（一）依法登记，具有法人资格；

（二）以发展公益事业为宗旨，且不以营利为目的；

（三）全部资产及其增值为该法人所有；

（四）收益和营运结余主要用于符合该法人设立目的的事业；

（五）终止后的剩余财产不归属任何个人或者营利组织；

（六）不经营与其设立目的无关的业务；

（七）有健全的财务会计制度；

（八）捐赠者不以任何形式参与社会团体财产的分配；

（九）国务院财政、税务主管部门会同国务院民政部门等登记管理部门规定的其他条件。

第五十三条 企业发生的公益性捐赠支出，不超过年度利润总额12%的部分，准予扣除。

年度利润总额，是指企业依照国家统一会计制度的规定计算的年度会计利润。

第五十四条 企业所得税法第十条第（六）项所称赞助支出，是指企业发生的与生产经营活动无关的各种非广告性质支出。

第五十五条 企业所得税法第十条第(七)项所称未经核定的准备金支出，是指不符合国务院财政、税务主管部门规定的各项资产减值准备、风险准备等准备金支出。

第四节 资产的税务处理

第五十六条 企业的各项资产，包括固定资产、生物资产、无形资产、长期待摊费用、投资资产、存货等，以历史成本为计税基础。

前款所称历史成本，是指企业取得该项资产时实际发生的支出。

企业持有各项资产期间资产增值或者减值，除国务院财政、税务主管部门规定可以确认损益外，不得调整该资产的计税基础。

第五十七条 企业所得税法第十一条所称固定资产，是指企业为生产产品、提供劳务、出租或者经营管理而持有的、使用时间超过12个月的非货币性资产，包括房屋、建筑物、机器、机械、运输工具以及其他与生产经营活动有关的设备、器具、工具等。

第五十八条 固定资产按照以下方法确定计税基础：

（一）外购的固定资产，以购买价款和支付的相关税费以及直接归属于使该资产达到预定用途发生的其他支出为计税基础；

（二）自行建造的固定资产，以竣工结算前发生的支出为计税基础；

（三）融资租入的固定资产，以租赁合同约定的付款总额和承租人在签订租赁合同过程中发生的相关费用为计税基础，租赁合同未约定付款总额的，以该资产的公允价值和承租人在签订租赁合同过程中发生的相关费用为计税基础；

（四）盘盈的固定资产，以同类固定资产的重置完全价值为计税基础；

（五）通过捐赠、投资、非货币性资产交换、债务重组等方式取得的固定资产，以该资产的公允价值和支付的相关税费为计税基础；

（六）改建的固定资产，除企业所得税法第十三条第（一）项和第（二）项规定的支出外，以改建过程中发生的改建支出增加计税基础。

第五十九条 固定资产按照直线法计算的折旧，准予扣除。

企业应当自固定资产投入使用月份的次月起计算折旧；停止使用的固定资产，应当自停止使用月份的次月起停止计算折旧。

企业应当根据固定资产的性质和使用情况，合理确定固定资产的预计净残值。固定资产的预计净残值一经确定，不得变更。

第六十条 除国务院财政、税务主管部门另有规定外，固定资产计算折旧的最低年限如下：

（一）房屋、建筑物，为20年；

（二）飞机、火车、轮船、机器、机械和其他生产设备，为10年；

（三）与生产经营活动有关的器具、工具、家具等，为5年；

（四）飞机、火车、轮船以外的运输工具，为4年；

（五）电子设备，为3年。

第六十一条 从事开采石油、天然气等矿产资源的企业，在开始商业性生产前发生的费用和有关固定资产的折耗、折旧方法，由国务院财政、税务主管部门另行规定。

第六十二条 生产性生物资产按照以下方法确定计税基础：

（一）外购的生产性生物资产，以购买价款和支付的相关税费为计税基础；

（二）通过捐赠、投资、非货币性资产交换、债务重组等方式取得的生产性生物资产，以该资产的公允价值和支付的相关税费为计税基础。

前款所称生产性生物资产，是指企业为生产农产品、提供劳务或者出租等而持有的生物资产，包括经济林、薪炭林、产畜和役畜等。

第六十三条 生产性生物资产按照直线法计算的折旧，准予扣除。

企业应当自生产性生物资产投入使用月份的次月起计算折旧；停止使用的生产性生物资产，应当自停止使用月份的次月起停止计算折旧。

企业应当根据生产性生物资产的性质和使用情况，合理确定生产性生物资产的预计净残值。生产性生物资产的预计净残值一经确定，不得变更。

第六十四条 生产性生物资产计算折旧的最低年限如下：

（一）林木类生产性生物资产，为10年；

（二）畜类生产性生物资产，为3年。

第六十五条 企业所得税法第十二条所称无形资产，是指企业为生产产品、提供劳务、出租或者经营管理而持有的、没有实物形态的非货币性长期资产，包括专利权、商标权、著作权、土地使用权、非专利技术、商誉等。

第六十六条　无形资产按照以下方法确定计税基础：

（一）外购的无形资产，以购买价款和支付的相关税费以及直接归属于使该资产达到预定用途发生的其他支出为计税基础；

（二）自行开发的无形资产，以开发过程中该资产符合资本化条件后至达到预定用途前发生的支出为计税基础；

（三）通过捐赠、投资、非货币性资产交换、债务重组等方式取得的无形资产，以该资产的公允价值和支付的相关税费为计税基础。

第六十七条　无形资产按照直线法计算的摊销费用，准予扣除。

无形资产的摊销年限不得低于 10 年。

作为投资或者受让的无形资产，有关法律规定或者合同约定了使用年限的，可以按照规定或者约定的使用年限分期摊销。

外购商誉的支出，在企业整体转让或者清算时，准予扣除。

第六十八条　企业所得税法第十三条第（一）项和第（二）项所称固定资产的改建支出，是指改变房屋或者建筑物结构、延长使用年限等发生的支出。

企业所得税法第十三条第（一）项规定的支出，按照固定资产预计尚可使用年限分期摊销；第（二）项规定的支出，按照合同约定的剩余租赁期限分期摊销。

改建的固定资产延长使用年限的，除企业所得税法第十三条第（一）项和第（二）项规定外，应当适当延长折旧年限。

第六十九条　企业所得税法第十三条第（三）项所称固定资产的大修理支出，是指同时符合下列条件的支出：

（一）修理支出达到取得固定资产时的计税基础50%以上；

（二）修理后固定资产的使用年限延长 2 年以上。

企业所得税法第十三条第（三）项规定的支出，按照固定资产尚可使用年限分期摊销。

第七十条　企业所得税法第十三条第（四）项所称其他应当作为长期待摊费用的支出，自支出发生月份的次月起，分期摊销，摊销年限不得低于 3 年。

第七十一条　企业所得税法第十四条所称投资资产，是指企业对外进行权益性投资和债权性投资形成的资产。

企业在转让或者处置投资资产时，投资资产的成本，准予扣除。

投资资产按照以下方法确定成本：

（一）通过支付现金方式取得的投资资产，以购买价款为成本；

（二）通过支付现金以外的方式取得的投资资产，以该资产的公允价值和支付的相关税费为成本。

第七十二条　企业所得税法第十五条所称存货，是指企业持有以备出售的产品或者商品、处在生产过程中的在产品、在生产或者提供劳务过程中耗用的材料和物料等。

存货按照以下方法确定成本：

（一）通过支付现金方式取得的存货，以购买价款和支付的相关税费为成本；

（二）通过支付现金以外的方式取得的存货，以该存货的公允价值和支付的相关税费为成本；

（三）生产性生物资产收获的农产品，以产出或者采收过程中发生的材料费、人工费和分摊的间接费用等必要支出为成本。

第七十三条　企业使用或者销售的存货的成本计算方法，可以在先进先出法、加权平均法、个别计价法中选用一种。计价方法一经选用，不得随意变更。

第七十四条　企业所得税法第十六条所称资产的净值和第十九条所称财产净值，是指有关资产、财产的计税基础减除已经按照规定扣除的折旧、折耗、摊销、准备金等后的余额。

第七十五条 除国务院财政、税务主管部门另有规定外，企业在重组过程中，应当在交易发生时确认有关资产的转让所得或者损失，相关资产应当按照交易价格重新确定计税基础。

第三章　应纳税额

第七十六条 企业所得税法第二十二条规定的应纳税额的计算公式为：

应纳税额 = 应纳税所得额 × 适用税率 − 减免税额 − 抵免税额

公式中的减免税额和抵免税额，是指依照企业所得税法和国务院的税收优惠规定减征、免征和抵免的应纳税额。

第七十七条 企业所得税法第二十三条所称已在境外缴纳的所得税税额，是指企业来源于中国境外的所得依照中国境外税收法律以及相关规定应当缴纳并已经实际缴纳的企业所得税性质的税款。

第七十八条 企业所得税法第二十三条所称抵免限额，是指企业来源于中国境外的所得，依照企业所得税法和本条例的规定计算的应纳税额。除国务院财政、税务主管部门另有规定外，该抵免限额应当分国（地区）不分项计算，计算公式如下：

抵免限额 = 中国境内、境外所得依照企业所得税法和本条例的规定计算的应纳税总额 × 来源于某国（地区）的应纳税所得额 ÷ 中国境内、境外应纳税所得总额。

第七十九条 企业所得税法第二十三条所称5个年度，是指从企业取得的来源于中国境外的所得，已经在中国境外缴纳的企业所得税性质的税额超过抵免限额的当年的次年起连续5个纳税年度。

第八十条 企业所得税法第二十四条所称直接控制，是指居民企业直接持有外国企业20%以上股份。

企业所得税法第二十四条所称间接控制，是指居民企业以间接持股方式持有外国企业20%以上股份，具体认定办法由国务院财政、税务主管部门另行制定。

第八十一条 企业依照企业所得税法第二十三条、第二十四条的规定抵免企业所得税税额时，应当提供中国境外税务机关出具的税款所属年度的有关纳税凭证。

第四章　税收优惠

第八十二条 企业所得税法第二十六条第（一）项所称国债利息收入，是指企业持有国务院财政部门发行的国债取得的利息收入。

第八十三条 企业所得税法第二十六条第（二）项所称符合条件的居民企业之间的股息、红利等权益性投资收益，是指居民企业直接投资于其他居民企业取得的投资收益。企业所得税法第二十六条第（二）项和第（三）项所称股息、红利等权益性投资收益，不包括连续持有居民企业公开发行并上市流通的股票不足12个月取得的投资收益。

第八十四条 企业所得税法第二十六条第（四）项所称符合条件的非营利组织，是指同时符合下列条件的组织：

（一）依法履行非营利组织登记手续；

（二）从事公益性或者非营利性活动；

（三）取得的收入除用于与该组织有关的、合理的支出外，全部用于登记核定或者章程规定的公益性或者非营利性事业；

（四）财产及其孳息不用于分配；

（五）按照登记核定或者章程规定，该组织注销后的剩余财产用于公益性或者非营利性目的，或者由登记管理机关转赠给与该组织性质、宗旨相同的组织，并向社会公告；

（六）投入人对投入该组织的财产不保留或者享有任何财产权利；

（七）工作人员工资福利开支控制在规定的比例内，不变相分配该组织的财产。

前款规定的非营利组织的认定管理办法由国务院财政、税务主管部门会同国务院有关部门制定。

第八十五条　企业所得税法第二十六条第（四）项所称符合条件的非营利组织的收入，不包括非营利组织从事营利性活动取得的收入，但国务院财政、税务主管部门另有规定的除外。

第八十六条　企业所得税法第二十七条第（一）项规定的企业从事农、林、牧、渔业项目的所得，可以免征、减征企业所得税，是指：

（一）企业从事下列项目的所得，免征企业所得税：

1.蔬菜、谷物、薯类、油料、豆类、棉花、麻类、糖料、水果、坚果的种植；

2.农作物新品种的选育；

3.中药材的种植；

4.林木的培育和种植；

5.牲畜、家禽的饲养；

6.林产品的采集；

7.灌溉、农产品初加工、兽医、农技推广、农机作业和维修等农、林、牧、渔服务业项目；

8.远洋捕捞。

（二）企业从事下列项目的所得，减半征收企业所得税：

1.花卉、茶以及其他饮料作物和香料作物的种植；

2.海水养殖、内陆养殖。

企业从事国家限制和禁止发展的项目，不得享受本条规定的企业所得税优惠。

第八十七条　企业所得税法第二十七条第（二）项所称国家重点扶持的公共基础设施项目，是指《公共基础设施项目企业所得税优惠目录》规定的港口码头、机场、铁路、公路、城市公共交通、电力、水利等项目。

企业从事前款规定的国家重点扶持的公共基础设施项目的投资经营的所得，自项目取得第一笔生产经营收入所属纳税年度起，第一年至第三年免征企业所得税，第四年至第六年减半征收企业所得税。

企业承包经营、承包建设和内部自建自用本条规定的项目，不得享受本条规定的企业所得税优惠。

第八十八条　企业所得税法第二十七条第（三）项所称符合条件的环境保护、节能节水项目，包括公共污水处理、公共垃圾处理、沼气综合开发利用、节能减排技术改造、海水淡化等。项目的具体条件和范围由国务院财政、税务主管部门商国务院有关部门制订，报国务院批准后公布施行。

企业从事前款规定的符合条件的环境保护、节能节水项目的所得，自项目取得第一笔生产经营收入所属纳税年度起，第一年至第三年免征企业所得税，第四年至第六年减半征收企业所得税。

第八十九条　依照本条例第八十七条和第八十八条规定享受减免税优惠的项目，在减免税期限内转让的，受让方自受让之日起，可以在剩余期限内享受规定的减免税优惠；减免税期限届满后转让的，受让方不得就该项目重复享受减免税优惠。

第九十条　企业所得税法第二十七条第（四）项所称符合条件的技术转让所得免征、减征企业所得税，是指一个纳税年度内，居民企业技术转让所得不超过500万元的部分，免征企业所得税；超过500万元的部分，减半征收企业所得税。

第九十一条　非居民企业取得企业所得税法第二十七条第（五）项规定的所得，减按10%的税率征收企业所得税。

下列所得可以免征企业所得税：

（一）外国政府向中国政府提供贷款取得的利息所得；

（二）国际金融组织向中国政府和居民企业提供优惠贷款取得的利息所得；

（三）经国务院批准的其他所得。

第九十二条 企业所得税法第二十八条第一款所称符合条件的小型微利企业，是指从事国家非限制和禁止行业，并符合下列条件的企业：

（一）工业企业，年度应纳税所得额不超过 30 万元，从业人数不超过 100 人，资产总额不超过 3000 万元；

（二）其他企业，年度应纳税所得额不超过 30 万元，从业人数不超过 80 人，资产总额不超过 1000 万元。

第九十三条 企业所得税法第二十八条第二款所称国家需要重点扶持的高新技术企业，是指拥有核心自主知识产权，并同时符合下列条件的企业：

（一）产品（服务）属于《国家重点支持的高新技术领域》规定的范围；

（二）研究开发费用占销售收入的比例不低于规定比例；

（三）高新技术产品（服务）收入占企业总收入的比例不低于规定比例；

（四）科技人员占企业职工总数的比例不低于规定比例；

（五）高新技术企业认定管理办法规定的其他条件。

《国家重点支持的高新技术领域》和《高新技术企业认定管理办法》由国务院科技、财政、税务主管部门商国务院有关部门制订，报国务院批准后公布施行。

第九十四条 企业所得税法第二十九条所称民族自治地方，是指依照《中华人民共和国民族区域自治法》的规定，实行民族区域自治的自治区、自治州、自治县。

对民族自治地方内国家限制和禁止行业的企业，不得减征或者免征企业所得税。

第九十五条 企业所得税法第三十条第（一）项所称研究开发费用的加计扣除，是指企业为开发新技术、新产品、新工艺发生的研究开发费用，未形成无形资产计入当期损益的，在按照规定据实扣除的基础上，按照研究开发费用的 50% 加计扣除；形成无形资产的，按照无形资产成本的 150% 摊销。

第九十六条 企业所得税法第三十条第（二）项所称企业安置残疾人员所支付的工资的加计扣除，是指企业安置残疾人员的，在按照支付给残疾职工工资据实扣除的基础上，按照支付给残疾职工工资的 100% 加计扣除。残疾人员的范围适用《中华人民共和国残疾人保障法》的有关规定。

企业所得税法第三十条第（二）项所称企业安置国家鼓励安置的其他就业人员所支付的工资的加计扣除办法，由国务院另行规定。

第九十七条 企业所得税法第三十一条所称抵扣应纳税所得额，是指创业投资企业采取股权投资方式投资于未上市的中小高新技术企业 2 年以上的，可以按照其投资额的 70% 在股权持有满 2 年的当年抵扣该创业投资企业的应纳税所得额；当年不足抵扣的，可以在以后纳税年度结转抵扣。

第九十八条 企业所得税法第三十二条所称可以采取缩短折旧年限或者采取加速折旧的方法的固定资产，包括：

（一）由于技术进步，产品更新换代较快的固定资产；

（二）常年处于强震动、高腐蚀状态的固定资产。

采取缩短折旧年限方法的，最低折旧年限不得低于本条例第六十条规定折旧年限的 60%；采取加速折旧方法的，可以采取双倍余额递减法或者年数总和法。

第九十九条 企业所得税法第三十三条所称减计收入，是指企业以《资源综合利用企业所得税优惠目录》规定的资源作为主要原材料，生产国家非限制和禁止并符合国家和行业相关标准的产品取得的收入，减按 90% 计入收入总额。

前款所称原材料占生产产品材料的比例不得低于《资源综合利用企业所得税优惠目录》规定的标准。

第一百条　企业所得税法第三十四条所称税额抵免，是指企业购置并实际使用《环境保护专用设备企业所得税优惠目录》《节能节水专用设备企业所得税优惠目录》和《安全生产专用设备企业所得税优惠目录》规定的环境保护、节能节水、安全生产等专用设备的，该专用设备的投资额的 10% 可以从企业当年的应纳税额中抵免；当年不足抵免的，可以在以后 5 个纳税年度结转抵免。

享受前款规定的企业所得税优惠的企业，应当实际购置并自身实际投入使用前款规定的专用设备；企业购置上述专用设备在 5 年内转让、出租的，应当停止享受企业所得税优惠，并补缴已经抵免的企业所得税税款。

第一百零一条　本章第八十七条、第九十九条、第一百条规定的企业所得税优惠目录，由国务院财政、税务主管部门商国务院有关部门制订，报国务院批准后公布施行。

第一百零二条　企业同时从事适用不同企业所得税待遇的项目的，其优惠项目应当单独计算所得，并合理分摊企业的期间费用；没有单独计算的，不得享受企业所得税优惠。

第五章　源泉扣缴

第一百零三条　依照企业所得税法对非居民企业应当缴纳的企业所得税实行源泉扣缴的，应当依照企业所得税法第十九条的规定计算应纳税所得额。

企业所得税法第十九条所称收入全额，是指非居民企业向支付人收取的全部价款和价外费用。

第一百零四条　企业所得税法第三十七条所称支付人，是指依照有关法律规定或者合同约定对非居民企业直接负有支付相关款项义务的单位或者个人。

第一百零五条　企业所得税法第三十七条所称支付，包括现金支付、汇拨支付、转账支付和权益兑价支付等货币支付和非货币支付。

企业所得税法第三十七条所称到期应支付的款项，是指支付人按照权责发生制原则应当计入相关成本、费用的应付款项。

第一百零六条　企业所得税法第三十八条规定的可以指定扣缴义务人的情形，包括：

（一）预计工程作业或者提供劳务期限不足一个纳税年度，且有证据表明不履行纳税义务的；

（二）没有办理税务登记或者临时税务登记，且未委托中国境内的代理人履行纳税义务的；

（三）未按照规定期限办理企业所得税纳税申报或者预缴申报的。

前款规定的扣缴义务人，由县级以上税务机关指定，并同时告知扣缴义务人所扣税款的计算依据、计算方法、扣缴期限和扣缴方式。

第一百零七条　企业所得税法第三十九条所称所得发生地，是指依照本条例第七条规定的原则确定的所得发生地。在中国境内存在多处所得发生地的，由纳税人选择其中之一申报缴纳企业所得税。

第一百零八条　企业所得税法第三十九条所称该纳税人在中国境内的其他收入，是指该纳税人在中国境内取得的其他各种来源的收入。

税务机关在追缴该纳税人应纳税款时，应当将追缴理由、追缴数额、缴纳期限和缴纳方式等告知该纳税人。

第六章　特别纳税调整

第一百零九条　企业所得税法第四十一条所称关联方，是指与企业有下列关联关系之一的企业、其他组织或者个人：

（一）在资金、经营、购销等方面存在直接或者间接的控制关系；

（二）直接或者间接地同为第三者控制；

（三）在利益上具有相关联的其他关系。

第一百一十条 企业所得税法第四十一条所称独立交易原则，是指没有关联关系的交易各方，按照公平成交价格和营业常规进行业务往来遵循的原则。

第一百一十一条 企业所得税法第四十一条所称合理方法，包括：

（一）可比非受控价格法，是指按照没有关联关系的交易各方进行相同或者类似业务往来的价格进行定价的方法；

（二）再销售价格法，是指按照从关联方购进商品再销售给没有关联关系的交易方的价格，减除相同或者类似业务的销售毛利进行定价的方法；

（三）成本加成法，是指按照成本加合理的费用和利润进行定价的方法；

（四）交易净利润法，是指按照没有关联关系的交易各方进行相同或者类似业务往来取得的净利润水平确定利润的方法；

（五）利润分割法，是指将企业与其关联方的合并利润或者亏损在各方之间采用合理标准进行分配的方法；

（六）其他符合独立交易原则的方法。

第一百一十二条 企业可以依照企业所得税法第四十一条第二款的规定，按照独立交易原则与其关联方分摊共同发生的成本，达成成本分摊协议。

企业与其关联方分摊成本时，应当按照成本与预期收益相配比的原则进行分摊，并在税务机关规定的期限内，按照税务机关的要求报送有关资料。

企业与其关联方分摊成本时违反本条第一款、第二款规定的，其自行分摊的成本不得在计算应纳税所得额时扣除。

第一百一十三条 企业所得税法第四十二条所称预约定价安排，是指企业就其未来年度关联交易的定价原则和计算方法，向税务机关提出申请，与税务机关按照独立交易原则协商、确认后达成的协议。

第一百一十四条 企业所得税法第四十三条所称相关资料，包括：

（一）与关联业务往来有关的价格、费用的制定标准、计算方法和说明等同期资料；

（二）关联业务往来所涉及的财产、财产使用权、劳务等的再销售（转让）价格或者最终销售（转让）价格的相关资料；

（三）与关联业务调查有关的其他企业应当提供的与被调查企业可比的产品价格、定价方式以及利润水平等资料；

（四）其他与关联业务往来有关的资料。

企业所得税法第四十三条所称与关联业务调查有关的其他企业，是指与被调查企业在生产经营内容和方式上相类似的企业。

企业应当在税务机关规定的期限内提供与关联业务往来有关的价格、费用的制定标准、计算方法和说明等资料。关联方以及与关联业务调查有关的其他企业应当在税务机关与其约定的期限内提供相关资料。

第一百一十五条 税务机关依照企业所得税法第四十四条的规定核定企业的应纳税所得额时，可以采用下列方法：

（一）参照同类或者类似企业的利润率水平核定；

（二）按照企业成本加合理的费用和利润的方法核定；

（三）按照关联企业集团整体利润的合理比例核定；

（四）按照其他合理方法核定。

企业对税务机关按照前款规定的方法核定的应纳税所得额有异议的，应当提供相关证据，经税务机关认定后，调整核定的应纳税所得额。

第一百一十六条　企业所得税法第四十五条所称中国居民，是指根据《中华人民共和国个人所得税法》的规定，就其从中国境内、境外取得的所得在中国缴纳个人所得税的个人。

第一百一十七条　企业所得税法第四十五条所称控制，包括：

（一）居民企业或者中国居民直接或者间接单一持有外国企业10%以上有表决权股份，且由其共同持有该外国企业50%以上股份；

（二）居民企业，或者居民企业和中国居民持股比例没有达到第（一）项规定的标准，但在股份、资金、经营、购销等方面对该外国企业构成实质控制。

第一百一十八条　企业所得税法第四十五条所称实际税负明显低于企业所得税法第四条第一款规定税率水平，是指低于企业所得税法第四条第一款规定税率的50%。

第一百一十九条　企业所得税法第四十六条所称债权性投资，是指企业直接或者间接从关联方获得的，需要偿还本金和支付利息或者需要以其他具有支付利息性质的方式予以补偿的融资。

企业间接从关联方获得的债权性投资，包括：

（一）关联方通过无关联第三方提供的债权性投资；

（二）无关联第三方提供的、由关联方担保且负有连带责任的债权性投资；

（三）其他间接从关联方获得的具有负债实质的债权性投资。

企业所得税法第四十六条所称权益性投资，是指企业接受的不需要偿还本金和支付利息，投资人对企业净资产拥有所有权的投资。

企业所得税法第四十六条所称标准，由国务院财政、税务主管部门另行规定。

第一百二十条　企业所得税法第四十七条所称不具有合理商业目的，是指以减少、免除或者推迟缴纳税款为主要目的。

第一百二十一条　税务机关根据税收法律、行政法规的规定，对企业作出特别纳税调整的，应当对补征的税款，自税款所属纳税年度的次年6月1日起至补缴税款之日止的期间，按日加收利息。

前款规定加收的利息，不得在计算应纳税所得额时扣除。

第一百二十二条　企业所得税法第四十八条所称利息，应当按照税款所属纳税年度中国人民银行公布的与补税期间同期的人民币贷款基准利率加5个百分点计算。

企业依照企业所得税法第四十三条和本条例的规定提供有关资料的，可以只按前款规定的人民币贷款基准利率计算利息。

第一百二十三条　企业与其关联方之间的业务往来，不符合独立交易原则，或者企业实施其他不具有合理商业目的安排的，税务机关有权在该业务发生的纳税年度起10年内，进行纳税调整。

第七章　征收管理

第一百二十四条　企业所得税法第五十条所称企业登记注册地，是指企业依照国家有关规定登记注册的住所地。

第一百二十五条　企业汇总计算并缴纳企业所得税时，应当统一核算应纳税所得额，具体办法由国务院财政、税务主管部门另行制定。

第一百二十六条　企业所得税法第五十一条所称主要机构、场所，应当同时符合下列条件：

（一）对其他各机构、场所的生产经营活动负有监督管理责任；

（二）设有完整的账簿、凭证，能够准确反映各机构、场所的收入、成本、费用和盈亏情况。

第一百二十七条 企业所得税法第五十一条所称经税务机关审核批准，是指经各机构、场所所在地税务机关的共同上级税务机关审核批准。

非居民企业经批准汇总缴纳企业所得税后，需要增设、合并、迁移、关闭机构、场所或者停止机构、场所业务的，应当事先由负责汇总申报缴纳企业所得税的主要机构、场所向其所在地税务机关报告；需要变更汇总缴纳企业所得税的主要机构、场所的，依照前款规定办理。

第一百二十八条 企业所得税分月或者分季预缴，由税务机关具体核定。

企业根据企业所得税法第五十四条规定分月或者分季预缴企业所得税时，应当按照月度或者季度的实际利润额预缴；按照月度或者季度的实际利润额预缴有困难的，可以按照上一纳税年度应纳税所得额的月度或者季度平均额预缴，或者按照经税务机关认可的其他方法预缴。预缴方法一经确定，该纳税年度内不得随意变更。

第一百二十九条 企业在纳税年度内无论盈利或者亏损，都应当依照企业所得税法第五十四条规定的期限，向税务机关报送预缴企业所得税纳税申报表、年度企业所得税纳税申报表、财务会计报告和税务机关规定应当报送的其他有关资料。

第一百三十条 企业所得以人民币以外的货币计算的，预缴企业所得税时，应当按照月度或者季度最后一日的人民币汇率中间价，折合成人民币计算应纳税所得额。年度终了汇算清缴时，对已经按照月度或者季度预缴税款的，不再重新折合计算，只就该纳税年度内未缴纳企业所得税的部分，按照纳税年度最后一日的人民币汇率中间价，折合成人民币计算应纳税所得额。

经税务机关检查确认，企业少计或者多计前款规定的所得的，应当按照检查确认补税或者退税时的上一个月最后一日的人民币汇率中间价，将少计或者多计的所得折合成人民币计算应纳税所得额，再计算应补缴或者应退的税款。

第八章 附 则

第一百三十一条 企业所得税法第五十七条第一款所称本法公布前已经批准设立的企业，是指企业所得税法公布前已经完成登记注册的企业。

第一百三十二条 在香港特别行政区、澳门特别行政区和台湾地区成立的企业，参照适用企业所得税法第二条第二款、第三款的有关规定。

第一百三十三条 本条例自 2008 年 1 月 1 日起施行。1991 年 6 月 30 日国务院发布的《中华人民共和国外商投资企业和外国企业所得税法实施细则》和 1994 年 2 月 4 日财政部发布的《中华人民共和国企业所得税暂行条例实施细则》同时废止。

第六节 国家税务总局关于贯彻落实《高新技术企业认定管理办法》的通知

国家税务总局关于贯彻落实
《高新技术企业认定管理办法》的通知

税总函〔2016〕74号

各省、自治区、直辖市和计划单列市国家税务局、地方税务局：

经国务院批准，科技部、财政部、国家税务总局联合修订印发了《高新技术企业认定管理办法》（以下简称认定办法）。为做好认定办法的贯彻落实工作，现就有关问题通知如下：

一、高度重视，确保政策全面落实

高新技术企业税收优惠政策是供给侧结构性改革的重要举措，是加快产业结构调整、促进经济提质增效的重要推手。优惠政策"含金量"大，社会关注度高，税务机关要统一思想，高度重视，统筹谋划，扎实部署，建立科学有序、衔接顺畅的工作机制，既要加强内部各部门、各环节之间的配合，又要注重与科技、财政等部门的沟通，形成合力。要通过优化服务，简政放权，为纳税人享受税收优惠政策营造良好环境，降低纳税人享受税收优惠的成本，充分释放政策红利，将对企业的税收优惠转化为鼓励市场主体加大研发投入、提高创新水平的强大动力。

二、广泛宣传，保证企业应享尽知

既要通过报纸杂志、税务网站、办税服务厅等传统媒介，又要充分利用微博、微信等新媒体，因地制宜地开展政策宣传，提升宣传深度和广度，确保纳税人及时准确掌握统一的政策口径。要将政策规定、认定程序、申报条件、管理方式等内容及时充实到"12366"知识库，规范"12366"热线人员答复口径，保证政策解释权威准确、口径统一、容易理解。要加大税务机关内部培训力度，着力提升税务干部的业务素质，确保其能准确、迅速掌握和落实政策。要与科技、财政部门之间建立顺畅的沟通机制，发挥部门合力，及时收集、发现政策执行中存在的问题，共同研究，妥善解决，防止出现多头管理、互相推诿的现象，确保政策全面落地。

三、简化程序，切实降低办税成本

简化备案程序，严格按照《国家税务总局关于发布〈企业所得税优惠政策事项办理办法〉的公告》（国家税务总局公告2015年第76号）的规定，认真做好所得税优惠政策备案和后续管理工作，不得以任何理由变相审批。

各地税务机关还要加强联系、信息共享，采取有效手段，对跨认定机构管理区域迁移的高新技术企业实现管理的无缝对接，降低纳税人的涉税成本。

四、强化统计，做好政策效应分析

结合高新技术企业认定情况和享受优惠情况，用好用活现有数据，扎实做好统计分析工作。及时、全面掌握高新技术企业认定的户数、享受优惠的户数及优惠金额等数据，认真进行政策效应分析，及时发现问题，全面实施政策落实情况的跟踪问效，为进一步完善政策、加强管理提供参考依据，为国家经济升级发展建言献策。

国家税务总局

2016 年 2 月 18 日

第七节　财政部　国家税务总局关于延长高新技术企业和科技型中小企业亏损结转年限的通知

财政部　国家税务总局关于延长高新技术企业和科技型中小企业亏损结转年限的通知

财税〔2018〕76 号

各省、自治区、直辖市、计划单列市财政厅（局），国家税务总局各省、自治区、直辖市、计划单列市税务局，新疆生产建设兵团财政局：

为支持高新技术企业和科技型中小企业发展，现就高新技术企业和科技型中小企业亏损结转年限政策通知如下：

一、自 2018 年 1 月 1 日起，当年具备高新技术企业或科技型中小企业资格（以下统称资格）的企业，其具备资格年度之前 5 个年度发生的尚未弥补完的亏损，准予结转以后年度弥补，最长结转年限由 5 年延长至 10 年。

二、本通知所称高新技术企业，是指按照《科技部、财政部、国家税务总局关于修订印发〈高新技术企业认定管理办法〉的通知》（国科发火〔2016〕32 号）规定认定的高新技术企业；所称科技型中小企业，是指按照《科技部、财政部、国家税务总局关于印发〈科技型中小企业评价办法〉的通知》（国科发政〔2017〕115 号）规定取得科技型中小企业登记编号的企业。

三、本通知自 2018 年 1 月 1 日开始执行。

财政部、国家税务总局
2018 年 7 月 11 日

第八节　财政部　国家税务总局　科技部关于完善研究开发费用税前加计扣除政策的通知

财政部　国家税务总局　科技部关于完善研究开发费用税前加计扣除政策的通知

财税〔2015〕119号

各省、自治区、直辖市、计划单列市财政厅（局）、国家税务局、地方税务局、科技厅（局），新疆生产建设兵团财务局、科技局：

根据《中华人民共和国企业所得税法》及其实施条例有关规定，为进一步贯彻落实《中共中央 国务院关于深化体制机制改革加快实施创新驱动发展战略的若干意见》精神，更好地鼓励企业开展研究开发活动（以下简称研发活动）和规范企业研究开发费用（以下简称研发费用）加计扣除优惠政策执行，现就企业研发费用税前加计扣除有关问题通知如下：

一、研发活动及研发费用归集范围

本通知所称研发活动，是指企业为获得科学与技术新知识，创造性运用科学技术新知识，或实质性改进技术、产品（服务）、工艺而持续进行的具有明确目标的系统性活动。

（一）允许加计扣除的研发费用

企业开展研发活动中实际发生的研发费用，未形成无形资产计入当期损益的，在按规定据实扣除的基础上，按照本年度实际发生额的50%，从本年度应纳税所得额中扣除；形成无形资产的，按照无形资产成本的150%在税前摊销。研发费用的具体范围包括：

1. 人员人工费用。

直接从事研发活动人员的工资薪金、基本养老保险费、基本医疗保险费、失业保险费、工伤保险费、生育保险费和住房公积金，以及外聘研发人员的劳务费用。

2. 直接投入费用。

（1）研发活动直接消耗的材料、燃料和动力费用。

（2）用于中间试验和产品试制的模具、工艺装备开发及制造费，不构成固定资产的样品、样机及一般测试手段购置费，试制产品的检验费。

（3）用于研发活动的仪器、设备的运行维护、调整、检验、维修等费用，以及通过经营租赁方式租入的用于研发活动的仪器、设备租赁费。

3. 折旧费用。

用于研发活动的仪器、设备的折旧费。

4. 无形资产摊销。

用于研发活动的软件、专利权、非专利技术（包括许可证、专有技术、设计和计算方法等）的摊销费用。

5. 新产品设计费、新工艺规程制定费、新药研制的临床试验费、勘探开发技术的现场试验费。

6. 其他相关费用。

与研发活动直接相关的其他费用，如技术图书资料费、资料翻译费、专家咨询费、高新科技研发保险费，研发成果的检索、分析、评议、论证、鉴定、评审、评估、验收费用，知识产权的申请费、注册费、代理费，差旅费、会议费等。此项费用总额不得超过可加计扣除研发费用总额的10%。

7.财政部和国家税务总局规定的其他费用。

（二）下列活动不适用税前加计扣除政策

1.企业产品（服务）的常规性升级。

2.对某项科研成果的直接应用，如直接采用公开的新工艺、材料、装置、产品、服务或知识等。

3.企业在商品化后为顾客提供的技术支持活动。

4.对现存产品、服务、技术、材料或工艺流程进行的重复或简单改变。

5.市场调查研究、效率调查或管理研究。

6.作为工业（服务）流程环节或常规的质量控制、测试分析、维修维护。

7.社会科学、艺术或人文学方面的研究。

二、特别事项的处理

1.企业委托外部机构或个人进行研发活动所发生的费用，按照费用实际发生额的80%计入委托方研发费用并计算加计扣除，受托方不得再进行加计扣除。委托外部研究开发费用实际发生额应按照独立交易原则确定。

委托方与受托方存在关联关系的，受托方应向委托方提供研发项目费用支出明细情况。

企业委托境外机构或个人进行研发活动所发生的费用，不得加计扣除。

2.企业共同合作开发的项目，由合作各方就自身实际承担的研发费用分别计算加计扣除。

3.企业集团根据生产经营和科技开发的实际情况，对技术要求高、投资数额大，需要集中研发的项目，其实际发生的研发费用，可以按照权利和义务相一致、费用支出和收益分享相配比的原则，合理确定研发费用的分摊方法，在受益成员企业间进行分摊，由相关成员企业分别计算加计扣除。

4.企业为获得创新性、创意性、突破性的产品进行创意设计活动而发生的相关费用，可按照本通知规定进行税前加计扣除。

创意设计活动是指多媒体软件、动漫游戏软件开发，数字动漫、游戏设计制作；房屋建筑工程设计（绿色建筑评价标准为三星）、风景园林工程专项设计；工业设计、多媒体设计、动漫及衍生产品设计、模型设计等。

三、会计核算与管理

1.企业应按照国家财务会计制度要求，对研发支出进行会计处理；同时，对享受加计扣除的研发费用按研发项目设置辅助账，准确归集核算当年可加计扣除的各项研发费用实际发生额。企业在一个纳税年度内进行多项研发活动的，应按照不同研发项目分别归集可加计扣除的研发费用。

2.企业应对研发费用和生产经营费用分别核算，准确、合理归集各项费用支出，对划分不清的，不得实行加计扣除。

四、不适用税前加计扣除政策的行业

1.烟草制造业。

2.住宿和餐饮业。

3.批发和零售业。

4.房地产业。

5.租赁和商务服务业。

6. 娱乐业。

7. 财政部和国家税务总局规定的其他行业。

上述行业以《国民经济行业分类与代码（GB/4754-2011）》为准，并随之更新。

五、管理事项及征管要求

1. 本通知适用于会计核算健全、实行查账征收并能够准确归集研发费用的居民企业。

2. 企业研发费用各项目的实际发生额归集不准确、汇总额计算不准确的，税务机关有权对其税前扣除额或加计扣除额进行合理调整。

3. 税务机关对企业享受加计扣除优惠的研发项目有异议的，可以转请地市级（含）以上科技行政主管部门出具鉴定意见，科技部门应及时回复意见。企业承担省部级（含）以上科研项目的，以及以前年度已鉴定的跨年度研发项目，不再需要鉴定。

4. 企业符合本通知规定的研发费用加计扣除条件而在 2016 年 1 月 1 日以后未及时享受该项税收优惠的，可以追溯享受并履行备案手续，追溯期限最长为 3 年。

5. 税务部门应加强研发费用加计扣除优惠政策的后续管理，定期开展核查，年度核查面不得低于 20%。

六、执行时间

本通知自 2016 年 1 月 1 日起执行。《国家税务总局关于印发〈企业研究开发费用税前扣除管理办法（试行）〉的通知》（国税发〔2008〕116 号）和《财政部 国家税务总局关于研究开发费用税前加计扣除有关政策问题的通知》（财税〔2013〕70 号）同时废止。

财政部　国家税务总局　科技部

2015 年 11 月 2 日

第九节　国家税务总局关于发布修订后的《企业所得税优惠政策 事项办理办法》的公告

国家税务总局关于发布修订后的《企业所得税优惠政策事项 办理办法》的公告

国家税务总局公告 2018 年第 23 号

为优化税收环境，有效落实企业所得税各项优惠政策，根据《国家税务总局关于进一步深化税务系统"放管服"改革 优化税收环境的若干意见》（税总发〔2017〕101 号）有关精神，现将修订后的《企业所得税优惠政策事项办理办法》予以发布。

特此公告。

附件：《企业所得税优惠事项管理目录（2017 年版）》

国家税务总局

2018 年 4 月 25 日

第十节 企业所得税优惠政策事项办理办法

第一条 为落实国务院简政放权、放管结合、优化服务要求，规范企业所得税优惠政策事项（以下简称优惠事项）办理，根据《中华人民共和国企业所得税法》（以下简称企业所得税法）及其实施条例、《中华人民共和国税收征收管理法》（以下简称税收征管法）及其实施细则，制定本办法。

第二条 本办法所称优惠事项是指企业所得税法规定的优惠事项，以及国务院和民族自治地方根据企业所得税法授权制定的企业所得税优惠事项。包括免税收入、减计收入、加计扣除、加速折旧、所得减免、抵扣应纳税所得额、减低税率、税额抵免等。

第三条 优惠事项的名称、政策概述、主要政策依据、主要留存备查资料、享受优惠时间、后续管理要求等，见本公告附件《企业所得税优惠事项管理目录（2017年版）》（以下简称《目录》）。

《目录》由国家税务总局编制、更新。

第四条 企业享受优惠事项采取"自行判别、申报享受、相关资料留存备查"的办理方式。企业应当根据经营情况以及相关税收规定自行判断是否符合优惠事项规定的条件，符合条件的可以按照《目录》列示的时间自行计算减免税额，并通过填报企业所得税纳税申报表享受税收优惠。同时，按照本办法的规定归集和留存相关资料备查。

第五条 本办法所称留存备查资料是指与企业享受优惠事项有关的合同、协议、凭证、证书、文件、账册、说明等资料。留存备查资料分为主要留存备查资料和其他留存备查资料两类。主要留存备查资料由企业按照《目录》列示的资料清单准备，其他留存备查资料由企业根据享受优惠事项情况自行补充准备。

第六条 企业享受优惠事项的，应当在完成年度汇算清缴后，将留存备查资料归集齐全并整理完成，以备税务机关核查。

第七条 企业同时享受多项优惠事项或者享受的优惠事项按照规定分项目进行核算的，应当按照优惠事项或者项目分别归集留存备查资料。

第八条 设有非法人分支机构的居民企业以及实行汇总纳税的非居民企业机构、场所享受优惠事项的，由居民企业的总机构以及汇总纳税的主要机构、场所负责统一归集并留存备查资料。分支机构以及被汇总纳税的非居民企业机构、场所按照规定可独立享受优惠事项的，由分支机构以及被汇总纳税的非居民企业机构、场所负责归集并留存备查资料，同时分支机构以及被汇总纳税的非居民企业机构、场所应当在完成年度汇算清缴后将留存的备查资料清单送总机构以及汇总纳税的主要机构、场所汇总。

第九条 企业对优惠事项留存备查资料的真实性、合法性承担法律责任。

第十条 企业留存备查资料应从企业享受优惠事项当年的企业所得税汇算清缴期结束次日起保留10年。

第十一条 税务机关应当严格按照本办法规定的方式管理优惠事项，严禁擅自改变优惠事项的管理方式。

第十二条 企业享受优惠事项后，税务机关将适时开展后续管理。在后续管理时，企业应当根据税务机关管理服务的需要，按照规定的期限和方式提供留存备查资料，以证实享受优惠事项符合条件。其中，享受集成电路生产企业、集成电路设计企业、软件企业、国家规划布局内的重点软件企业和集成电路设计企业等优惠事项的企业，应当在完成年度汇算清缴后，按照《目录》"后续管理要求"项目中列示的清单向税务机关提交资料。

第十三条 企业享受优惠事项后发现其不符合优惠事项规定条件的，应当依法及时自行调整并补缴税款及滞纳金。

第十四条 企业未能按照税务机关要求提供留存备查资料，或者提供的留存备查资料与实际生产经营情况、财务核算情况、相关技术领域、产业、《目录》、资格证书等不符，无法证实符合优惠事项规定条件的，或者存在弄虚作假情况的，税务机关将依法追缴其已享受的企业所得税优惠，并按照税收征管法等相关规定处理。

第十五条　本办法适用于 2017 年度企业所得税汇算清缴及以后年度企业所得税优惠事项办理工作。《国家税务总局关于发布〈企业所得税优惠政策事项办理办法〉的公告》（国家税务总局公告 2015 年第 76 号）同时废止。